湛庐文化 Cheers Publishing
a mindstyle business
与 思 想 有 关

# 中国资产管理行业发展报告

2014年

新常态下的大资管转型

巴曙松 杨倞 刘少杰 等◎著

中国人民大学出版社
·北京·

**图书在版编目（CIP）数据**

2014年中国资产管理行业发展报告：新常态下的大资管转型 / 巴曙松，刘少杰，杨倞等著．—北京：中国人民大学出版社，2014.12

ISBN 978-7-300-20149-8

Ⅰ．①2… Ⅱ．①巴… ②刘… ③杨… Ⅲ．①证券投资—基金—研究报告—中国—2014 Ⅳ．①F832.51

中国版本图书馆CIP数据核字（2014）第237577号

**上架指导：资产管理 / 金融投资**



**本书法律顾问　北京诚英律师事务所　吴京菁律师**
**北京市证信律师事务所　李云翔律师**

**2014年中国资产管理行业发展报告：新常态下的大资管转型**

巴曙松　刘少杰　杨　倞等　著

2014 Nian Zhongguo Zichan Guanli Hangye Fazhan Baogao: Xinchangtai Xia de Daziguan Zhuanxing

| | | | |
|---|---|---|---|
| **出版发行** | 中国人民大学出版社 | | |
| **社　　址** | 北京中关村大街31号 | **邮政编码** | 100080 |
| **电　　话** | 010-62511242（总编室） | | 010-62511770（质管部） |
| | 010-82501766（邮购部） | | 010-62514148（门市部） |
| | 010-62515195（发行公司） | | 010-62515275（盗版举报） |
| **网　　址** | http:// www. crup. com. cn | | |
| | http:// www. ttrnet. com（人大教研网） | | |
| **经　　销** | 新华书店 | | |
| **印　　刷** | 北京中印联印务有限公司 | | |
| **规　　格** | 170 mm×230 mm　16开本 | **版　次** | 2014年12月第1版 |
| **印　　张** | 21.25　插页1 | **印　次** | 2014年12月第1次印刷 |
| **字　　数** | 311 000 | **定　价** | 62.90元 |

# 中国资产管理行业发展报告课题组简介

## 课题主持人

**巴曙松 研究员** 国务院发展研究中心金融研究所副所长，博士生导师
中国银行业协会首席经济学家
哥伦比亚大学高级访问学者

## 课题协调人

**刘少杰** 北京金融资产交易所产品部
**杨　倞** 兴业全球基金管理有限公司固定收益部

## 合作的金融机构

**百瑞信托** 罗靖、高志杰、陈进
**源乐晟投资** 王猛、曾晓洁、吕小九、胡一帆
**清科集团** 符星华、姬利
**诺亚财富** 李要深

## 课题组成员

**周冠南** 中信银行总行营业部零售银行部
**郭红涛** 交通银行上海分行
**高　扬** 兴业证券固定收益部
**郑子龙** 南开大学经济学院博士，波士顿大学管理学院金融系访问学者
**郑伟一** 越秀金融控股集团金融研究所
**刘蕾蕾** 中国人民银行西安分行营业管理部
**马文霄** 中央财经大学
**吴乔乔** 上海财经大学
**刘茜然** 上海财经大学
**张　悦** 北京大学汇丰商学院
**张　喆** 南开大学

# 走向经济金融新常态中的资产管理行业转型趋势

巴曙松
国务院发展研究中心金融研究所副所长，研究员
中国银行业协会首席经济学家
哥伦比亚大学高级访问学者

在金融危机之后，从旧常态向新常态的切换转变，是当前和未来一段时间全球经济金融体系面临的共同课题。而在中国经济运行中，走向新常态又具有了新的含义和特征，这些特征也会直接影响到资产管理行业的发展，值得高度关注。

经过30余年的改革开放，如同所有经历过高速增长的新兴经济体一样，中国经济增长中枢逐步从高速向中速区间回落，经济增长波动幅度逐步缩窄，宏观经济在“三期叠加”中逐步化解去杠杆、去产能、培育新增长点的多重压力。同时，在“宏观政策稳、微观政策活”的政策指引下，宏观政策着眼于推进经济金融领域的各项市场化改革，在相对平稳的宏观经济环境下引导调整一系列经济结构失衡等问题，从而推动实现增长动力的平稳转换，引领中国经济走向新常态。

中国经济体系走向新常态，必然会带动金融体系走向新常态，资产管理行业也不例外。资产管理行业的这个走向新常态的过程，恰好与近些年蓬勃兴起的大资管跨界竞合与综合化经营趋势契合互动，也可以说是决策者的市场化

改革举措与行业主动寻求业务格局突破的合力推动形成的。一方面，决策者在尝试顺应市场需求，分类推动符合大资管市场化规律的政策落地，对于资管牌照放开、金融创新力度、大资管领域金融风险防范的重视程度都提升到一个新的水平。另一方面，资产管理机构的跨界复制扩张开始触碰行业天花板，信托、证券基金系资管规模增速开始放缓。在宏观经济逐步走向新常态阶段，中国资产管理行业的发展环境在发生变化，也会直接反映到资产管理体系的变化中。例如，“类信贷、重规模”的传统资管模式也在发生着变化，行业生态和游戏规则的变化构成了转型期的大资管新常态。

在这个转型的过程中，资产管理行业正逐步呈现出一些新的特征：

**资产管理新常态之一：行政管制与市场边界的重新划定，市场化监管规则与市场化竞争并行推进。**伴随着各类资管牌照放开，资管行业准入门槛已大幅降低，资产管理行业市场化竞争的趋势不可逆转。中国资产管理行业起步之初，为了快速建立起较为规范的、以不同市场化资产管理机构为主导的资产管理市场，监管约束一度成为行业发展的主要制约因素，资产管理机构的牌照价值因其稀缺性被畸形放大。在此背景下，一些资产管理机构的运作方式也带着浓厚的行政色彩。经过十余年的发展，中国资产管理市场规模已超过 40 万亿元人民币，各类机构主体在竞争中逐步形成了一套初步的市场规则。这一系列的市场化实践，为大资管领域下一步的市场化改革提供了有益的经验和借鉴。因此，监管机构及时转变监管方式，以更市场化的角色定位服务市场，不仅可以提高新常态时期金融监管的有效性，也能进一步激发市场活力，在新起点上提升资产管理市场的运行效率。

**资产管理新常态之二：中国金融市场的双向开放将拓展资产管理行业的广度和深度。**对内而言，利率市场化已推进至最后一公里，如何在市场化定价的外部条件下创新资产管理工具，借鉴成熟市场经验，发展适应利率市场化浪潮的资产管理模式都是值得研究的课题。对外而言，随着离岸人民币市场的设立和发展，跨境人民币跨境结算和双向使用规模的扩大，人民币国际化进程正在加速。未来，以人民币计价的各类资产管理工具将不断丰富，海外投资者将有机会持有更多的人民币资产配置工具。因此，中国金融体系对内对外的多元化开放格局，需要资产管理行业加快创新市场化的、有深度的资产管理工具和新型业务模式。在一定意义上可以说，这种双向开放已经成为中国金融体系成长的活力之源。

**资产管理新常态之三：信用风险暴露与金融创新加速并存的新资管市场环境到来，潮水退去后更凸显真正的风险管理能力和创新能力的重要性。**在中国经济结构进入深度转型、培育新的增长点的新常态时期，如何打破刚性兑付成为资管市场的主要关键词之一。尽管监管机构多次警示风险，信托、债券等兑付违约事件依然在市场规律推动下出现，这对整个金融体系来说也是一个有意义的考验。在一定程度上，这反映出前期在国内外共同刺激政策的推动下，大幅加杠杆的金融体系在资管市场上进入风险去化期，不同部门在加杠杆与去杠杆之间拉锯争持，全市场风险溢价水平也呈现更大的波动。同时，为了积极盘活存量，监管机构也在分类有序、多层次地推进金融创新步伐。譬如资产证券化事后备案和负面清单制的加速落地，为证券、基金等资产管理机构打开崭新的创新空间；保险资产管理协会等自律组织的成立和其功能的逐步完善成为资管市场化改革的重要一步，保险资管产品注册制和二级交易流动也在探索推进。从新常态的经济结构调整角度来看，加快资产管理行业的金融创新和市场化步伐，可以为化解当前金融体系结构性风险提供大量工具和实现途径。多元化的资产管理业务形态和多层次的市场格局有助于提高金融体系产品和服务的可获得性，从而推动中国经济金融结构发生积极而深刻的变化。

**资产管理新常态之四：人口结构迅速变化的背景下，居民资产结构多元化配置将成为影响资产管理行业的重要变量。**人口结构变化是影响资产价格和资产管理市场格局的长期因素之一。目前中国的人口结构总体面临劳动人口下降、老龄化加剧、生育率下降等问题。对比美国和日本人口结构变化可以发现，当社会整体步入老龄化社会，人口抚养比出现上升的拐点，储蓄率和经济潜在增长率将出现下滑。在人口红利快速消退期的宏观背景下，储蓄率下降将会改变资产管理行业资金来源和风险投资偏好需求。从目前的趋势预测，预计到 2015 年，中国家庭财富总值将超过 35 万亿美元，从而超越日本成为全球第二高的经济体。因此，以一般性的家庭、企业资金作为来源的中国资产管理行业，其发展空间非常广阔，居民资产结构的多元化以及跨境配置趋势都会成为推动中国金融结构调整的重要推动力之一。

**资产管理新常态之五：互联网金融将持续冲击传统资产管理模式，其“鲶鱼效应”会促进传统资管行业的变迁，其中缺乏风险控制能力的野蛮生长部分也必然会经历残酷的市场洗礼。**从全球市场看，单独的互联网金融机构很难在市场上赢得持续的竞争力。欧美等海外发达经济体的互联网金融是在金融体系竞争充分、市场管制较为宽松的环境下成长起来的，而中国当前金融环境下成长起来的互联网金融，还具有冲击原有金融管制、促进金融体系竞争的“搅局者”的作用。随着互联网金融对资产管理产业链渗透与融合的进程加速，互联网金融开始从销售端逐步切入资产管理产品的研发、研究决策、组合投资等环节。对于资产管理行业而言，这意味着从募集到投资整个流程中的各个环节将会变得效率更高、成本更低。

2005—2006 年间，一家海外资产管理机构试图进入中国市场，他们首先启动了对中国资产管理市场的研究，我应邀参与并主持了这个研究。在研究调研过程中，我意识到这是一个未来会有巨大成长空间、也会显著改变中国金融市场结构的重要领域。于是，2007 年，我们自己组织力量继续对中国资产管理行业进行跟踪研究，并公开出版了研究报告。基于对资产管理行业研究重要性的把握，我们一直坚持下来了，到 2014 年应该是第 9 年了。在这 9 年的持续跟踪研究中，我们尝试探索建立了从产业发展和金融机构实践有机结合的分析框架，同时也建立了由资产管理机构的实际操作者与理论研究者相结合的研究团队。

2014 年的这本资产管理报告，继续延续了我们 9 年来的研究线索，并强调宏观视角和中观视角的整体分析结构。第一部分，从中国资产管理行业面临的宏观环境出发，以传统金融理论和客观行业数据为基础，对资产管理行业发展的新趋势进行阐述。报告首先从金融功能的视角出发，回顾资产管理行业经历的三次浪潮，进而勾勒出第三次行业浪潮下宏观融合与微观创新并行的资产管理行业新生态。在分析行业纵向轨迹的基础上，报告从资产管理行业的综合经营、新型城镇化带来的环境变化、中国资产管理机构的国际化策略、信用违约带来的行业冲击与机遇以及类信托资产管理机构的发展方向等角度展开分析，尝试勾勒出立体的行业横向版图。

第二部分，报告立足于细分行业的中观视角，重点对 2014 年表现抢眼的资产管理子行业进行深入刻画。这一部分主要论述在第三次行业浪潮中，公募基金、信托公司、私募基金、阳光私募以及高端财富管理机构如何利用行业边界的快速扩张和市场环境的迅速变化进行有效地行业突围。在此过程中，各类资产管理公司组织架构的重构、业务模式的转变以及资源整合能力再造都成为行业发展中的新亮点。

是为序。同时也十分欢迎各位读者提出宝贵的修订意见，希望更多的优秀资产管理机构共同参与到对资产管理行业的研究活动中来，共同促进这个行业走向一个富有生机和活力的新常态。

于哥伦比亚大学<br>2014 年 10 月 29 日

# 目录

|第一部分|

## 行业篇：新常态，新探索

- 如何从金融功能观的角度审视中国资产管理行业发展的三次浪潮？
- 新型城镇化的大背景为市场化的融资体制和多样化的金融创新带来了哪些机遇与挑战？
- 随着资本全球化时代的到来，中国资产管理机构的国际化趋势将凸显哪些态势？

|第二部分|
## 机构篇：突破与转型

- 以各种“宝”为代表的互联网金融如何部分改变了金融市场的利益分配和游戏规则？
- 中国阳光私募基金行业的未来在哪里？
- 推进汇率、利率的市场化和建设多层次资本市场是金融变革的主题，未来变革的趋势将如何加速进行？

|第一部分|

# 行业篇：新常态，新探索

- 如何从金融功能观的角度审视中国资产管理行业发展的三次浪潮？
- 新型城镇化的大背景为市场化的融资体制和多样化的金融创新带来了哪些机遇与挑战？
- 随着资本全球化时代的到来，中国资产管理机构的国际化趋势将凸显哪些态势？

# 第1章

# 三次浪潮：
# 金融功能观下的中国资产管理行业新常态

## 本章导读

- 从金融功能观的角度来看，资产管理机构的动态变化机制是通过中介与市场之间竞争性的金融创新螺旋实现的。这一过程最终实现了金融产品的标准化、交易范围的扩大、金融系统参与成本的降低和运行效率的提高。
- 中国资产管理行业发展的三次浪潮与金融功能的变化密切相关。其中，第二次浪潮即发源于信托业的大资管创新浪潮，是由金融功能的拓展替代驱动的，替代的是投行信用网络功能。
- 第三次浪潮是由跨类别金融功能的组合叠加驱动的。造成这一现象的原因是互联网技术的应用突破了莫顿提出的金融功能观的假设，其表现形式是以互联网技术为基础的大数据资产管理创新。
- 互联网技术将加快降低资产管理行业的交易成本，盈利空间压缩将引发更加激烈的机构竞争。在资产管理机构扩张的信息边际成本与边际收益均衡点两侧，行业将向宏观尺度和微观尺度加速分化。
- 在宏观尺度上，资产管理行业竞争格局将建立在不同金融生态闭环之上，特征是形成大型化、全功能的资产管理组织体系。在微观尺度上，金融功能融合趋势更加显著，更多带有互联网金融属性、融合多种金融功能元素的创新业务模式和产品将会出现，小型化、专业化的资产管理机构将成为金融创新的重要力量。

在过去 8 年的报告中，我们已经通过多个成熟的理论模型建立了国内资产管理行业的分析框架。其中，包括注重刻画资产管理行业成长性的产业生命周期理论、注重分析宏观经济与资产管理周期性配置的美林投资时钟理论，以及注重解释资产管理行业内部分工与业务格局的产业组织理论。我们也尝试通过深入剖析产品创新、监管框架、客户行为等诸多方面的变化，并通过与海外经验的比较来解释国内资产管理行业发展的整体脉络。

但我们也注意到，近些年来国内资产管理行业始终存在着行业边界加速扩张的现象，这些现象背后的逻辑和动力亟需找到相应的理论支持。譬如，近些年信托产品和银行理财规模迅速扩张，伴随着资产管理行业的边界从传统的公募基金业不断向外扩展。然而，美林投资时钟理论和产业组织理论很难对这一行业扩张模式的必然性作出解释，自然也无法预言未来将会发生什么；而产业生命周期理论注重解释那些边界相对清晰的行业的成长脉络，很难对国内资产管理行业跨领域扩张的内在逻辑给出合理的解释。

作为金融业的有机组成部分，资产管理行业和机构始终处于动态变化中。与其说资产管理是一个独立的行业，不如说它是由资产管理产品和服务而广泛联系起来的由资产管理中介形成的综合性金融市场。其中，资产管理市场的发展方向为机构导向，资产管理机构的角色则依据服务实体经济的需求而变化。同时，资产管理机构与市场之间的界限并不那么明晰，它们之间并非此消彼长的二元状态，因此，资产管理市场与其内部机构、外部其他金融市场之间的关系更像是一个共生共荣的生态系统。

近些年来资产管理行业边界的扩张，在某种意义上可以看作是同类型资产管理机构规模增长推动资产管理市场向外延伸的过程。在这一过程中，资产管理机构的行为主导了市场的格局和发展脉络。因此，我们尝试从金融功能观的角度出发，来理解资产管理机构行为的动机和逻辑。通过建立这一理论分析框架，对勾勒资产管理行业未来的发展脉络提供一些线索和依据。

# 资产管理金融功能观分析框架的搭建

## 金融功能静态差异：金融中介与金融市场

金融功能观是从金融功能角度研究金融发展问题的一种分析方法。对金融功能观较为完整和深入的研究来自罗伯特·莫顿（Robert C. Merton）和兹维·博迪（Zvi Bodie）的论述，比如莫顿的《金融中介的功能观》（*A Functional Perspective of Financial Intermediation*）。在莫顿获得诺贝尔经济学奖后，金融功能观的思想获得了更为广泛的传播。

金融功能观认为，在一定的技术进步速度和全球金融市场一体化的背景下，金融系统的功能比运行这些功能的金融中介的结构更为稳定。金融功能本身具有稳定性、层次性、稀缺性等特征，因此，金融结构和市场格局可以用金融功能内涵的拓展和不同功能之间的组合来解释。

这一理论实际上提供了一种研究金融发展更为稳定的参考架构。金融系统的基本功能是在充满不确定性的现实世界中，在时间上和空间上便利经济资源的配置和拓展。以资源配置这一功能为基础可以进一步拓展出金融系统的6个核心功能：

- 提供商品和服务交易的支付手段；
- 为从事大规模技术上不可分的企业提供融资机制；
- 为跨时间、跨地域和跨产业的经济资源转移提供途径；
- 为管理不确定性和控制风险提供手段；
- 提供有助于协调不同经济领域分散决策的价格信息；
- 提供处理不对称信息和激励问题的策略方法。

虽然金融中介和金融市场都扮演了运行这些金融功能的角色，但它们各自在不同的领域中存在一些能力差异。譬如，金融中介可以利用自身信用网络来更有效地进行风险管理、减少信息不对称程度和提高金融系统支付结算效率。金融市场则更擅长提供大规模的融资机制解决方案，提供跨时间、跨地域和跨产业的经济资源转移途径以及提供便于分散决策的价格信息（见图 1—1）。

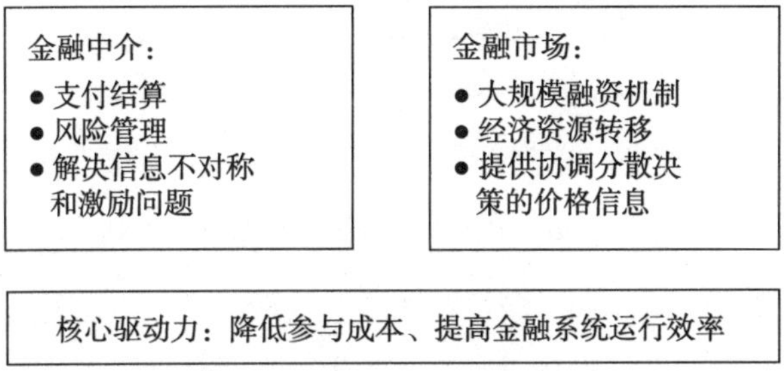

| 金融中介： | 金融市场： |
|---|---|
| ● 支付结算<br>● 风险管理<br>● 解决信息不对称和激励问题 | ● 大规模融资机制<br>● 经济资源转移<br>● 提供协调分散决策的价格信息 |

核心驱动力：降低参与成本、提高金融系统运行效率

**图 1—1　金融中介与金融市场在金融功能上存在差异**

资料来源：课题组。

促使中介和市场在实现金融功能上出现差异的根本驱动力是，金融中介能发现更多途径来更有效率地运行一种或多种金融功能，并通过不断完善市场、降低金融系统整体交易成本和参与成本、扩展金融服务来实现自身的价值增值，而最终这一价值创造过程也推动着金融系统向着更有经济效率的目标演进。

## 金融中介动态变化的反馈机制

**金融中介的动态变化是通过中介与市场之间竞争性的金融创新螺旋实现的。金融中介和金融市场在产品提供上存在竞争关系。**金融中介所创造的金融产品会降低金融系统的交易成本，而交易成本的大幅度降低会导致金融市场交易量的巨幅提高并加剧这种竞争程度，同时在制度结构上部分替代金融中介所履行的金融功能，最终反过来刺激金融中介加快创新的步伐。按照罗斯（Ross，1989）的分类，如果把金融市场也看作金融中介的话，就存在从不透明中介到透明中介的筛选模式（见图 1—2）。

| 非透明中介 | 半透明中介 | 透明中介 |
|---|---|---|
| • 商业银行<br>• 保险公司 | • 信托<br>• 证券公司<br>• 共同基金<br>• 养老基金 | • 股票市场<br>• 债券市场<br>• 衍生品市场 |

**图 1—2　按业务透明程度对金融中介的分类**

资料来源：课题组。

芬纳蒂（Finnerty，1988，1992）提出一种范式，即最初由金融中介提供的金融产品最终都完成了向金融市场转移的过程。这一动态变化意味着金融中介（特别是非透明中介）的相对重要性逐步下降，成熟的金融产品交易将更多地由金融市场来完成。比如，货币工具市场的发展使得货币市场共同基金（半透明中介）对银行（不透明中介）产生替代效应；证券化创新实质上降低了金融中介的地位，而将这种资产负债表上的非交易资产更多地转移到金融市场上进行打包出售并被标准化。

**金融市场交易量的提升会进一步刺激金融中介的创新效率。**造成这一变化的原因是，金融系统对金融创新提升经济效率的要求。由于信息不对称，金融创新需求通常只来自于金融中介所服务的极少量客户，因而，金融中介可以进行高度定制化的金融产品设计。随着对管理和规避此类产品风险的需求的提升，金融中介将更多地参与市场交易并推动交易量的扩大。交易量的增加反过来减少了边际交易成本，并使得金融中介能进一步开发更多的新产品和交易策略，从而刺激交易量向更高的水平迈进，并最终成为具有标准化的合约条款、交易活跃的市场化产品。金融中介除了完成定制产品功能外，伴随着交易量的提升还将对新产品进行检验和完善，从而提高金融市场的活跃度。

譬如欧洲美元期货市场的产生，起初是由于金融中介试图对冲浮动LIBOR挂钩的客户定制利率互换合约风险的需求。随着金融中介套利规模的扩大,具有相对标准化条款的互换交易开始从定制合约向市场化交易品种转变，这也进一步丰富了金融中介的对冲套利工具组合，使金融中介能够更高效地定制新型互换合约和其他相关金融产品（见图 1—3）。

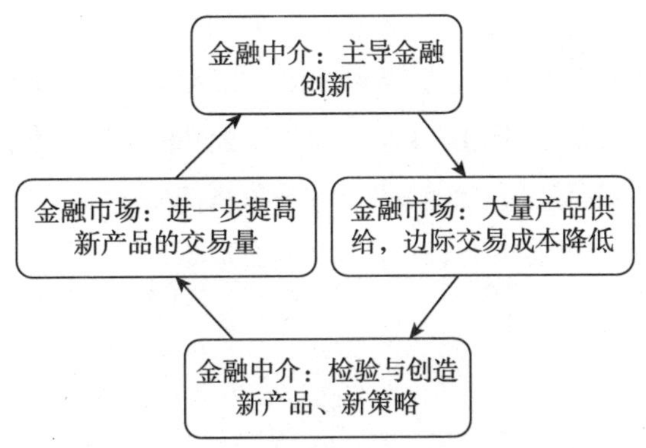


**图 1—3　金融中介与金融市场之间的金融创新螺旋**

资料来源：课题组。

总的来看，金融中介的动态变化与金融市场的互动密不可分。金融中介主导了金融创新的方向，通过扩张金融市场交易量来帮助市场成长。反过来，通过降低金融产品的生产成本，金融市场帮助金融中介打开了定制更高端金融产品的创新空间。如果仅从静态角度来看，金融中介和金融市场是两种相互竞争的制度，但如果动态观察金融系统的演进，两者应当是互补性的制度组合，在发挥金融功能上可以彼此相互加强、相互促进。从金融创新螺旋的溢出效应来看，金融中介与金融市场的动态互补性提高了市场的完整性，增加交易量的同时也极大地降低了市场的参与成本，并推动着金融市场向边际交易成本为零的完全竞争市场演进。

值得注意的是，莫顿在系统地提出金融中介功能观时，是以 20 世纪 80 年代至 90 年代的技术进步速度和全球金融市场一体化的速度为基本假设的。在这一技术假设条件下，预测金融创新和金融中介的变化以及金融监管的方向是非常有效的，这一假设也是接下来我们讨论的基础。

# 金融功能拓展、替代与融合：中国资产管理行业三次浪潮

## 外生变量催生资产管理行业萌芽：第一次浪潮

回首近10年来资产管理行业蓬勃发展的历程可以发现，2005年末至2007年波澜壮阔的牛市成就了基金业的成长壮大，而这无疑是整个资产管理行业繁荣发展的起点（见图1—4）。从金融功能观的角度来看，这一时期金融系统的功能基本保持稳定，金融业处于平稳发展的分业经营格局中。因此，资产管理行业的第一次浪潮是人民币汇率改革、股权分置改革以及宏观经济环境合力作用的结果。

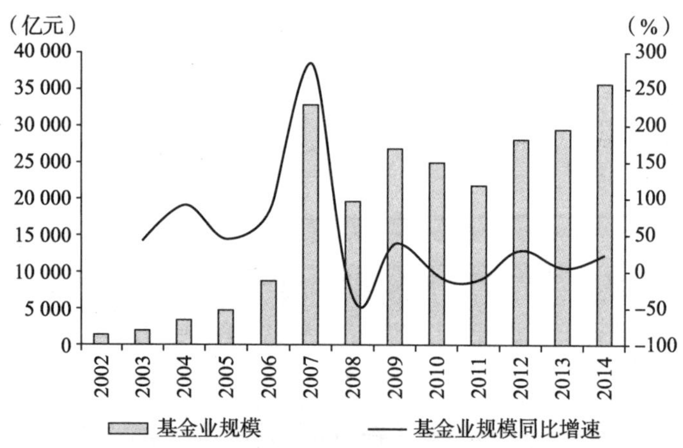


**图1—4　2006—2007年的牛市推动基金业规模快速增长**

资料来源：Wind资讯。

首先，汇改后人民币升值对资产价格重估作用逐渐凸显。2005年7月21日，我国开始实行以市场供求为基础、参考一篮子货币进行调节、有管理的浮动汇率制度，人民币汇率不再单一地盯住美元，而是形成了更富弹性的人民币汇率机制。从2005年7月汇改开始至2008年年中，人民币累计升值接近20%（见图1—5）。在升值预期下，国内资本市场吸引短期和长期资金的能力

逐步增强。其次，股权分置改革完善了上市公司的治理结构，恢复了资本市场的资源配置功能，从而奠定了牛市基础。最后，宏观经济保持较高速度增长，流动性过剩和上市公司业绩提升都成为股市上涨的驱动力（见图1—6）。

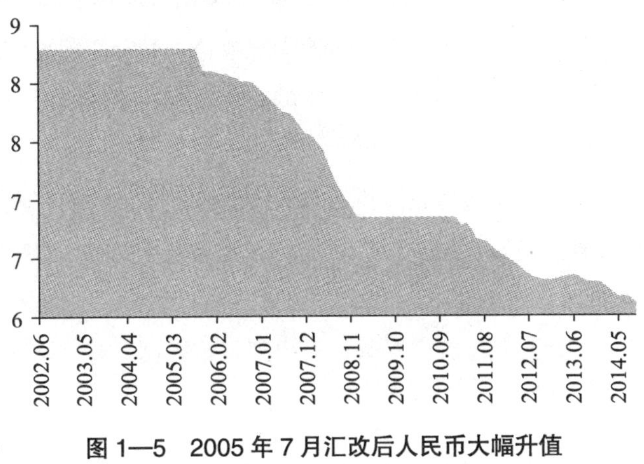


**图1—5　2005年7月汇改后人民币大幅升值**

资料来源：Wind资讯。

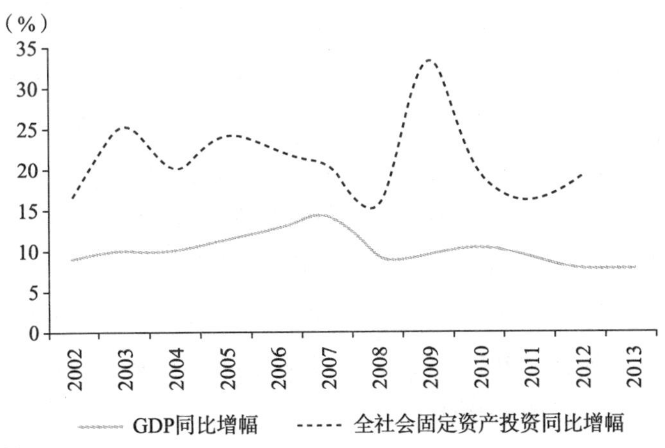


**图1—6　2005—2007年GDP和投资保持高速增长**

资料来源：Wind资讯。

## 金融功能的拓展与替代：第二次浪潮

资产管理行业为金融体系提供的价值增值，是将资产配置需求与实际的金融资产供给相匹配，并在这一过程中完成风险管理、资产配置、减少信息不对称等诸多金融功能。在过去很长一段时间，国内金融体系处于金融抑制环境，利率管制导致居民部门缺乏多元资产管理渠道，其资产配置需求也被长期抑制。而信贷配给作为实体经济资金供给的主要来源，使轻资产型企业难以获得融资支持，金融资产供给增长受到配额管制的信贷市场控制。从广义金融经济资源配置的角度来看，金融资产供给和资产配置需求被抑制在较低水平，风险管理、资产配置、融资机制等资产管理功能彼此相互割裂，对实体经济的支撑效用并不明显。总的来看，在2004—2008年资产管理行业发展的第一次浪潮期间，资产管理市场的潜在需求并没有得到有效释放，市场处于非出清、非均衡状态。

2009年，随着应对金融危机的非正常货币政策推出，国内金融体系资产负债表急速扩张，金融资产供给曲线向右移动进入均衡区域。2009年新增人民币贷款规模达到9.59万亿元，同比增幅达132%（见图1—7）。

如果这一时期国内的信贷配给状况没有发生改变，那么需求曲线依然会保持不动。但实际上，2009年开始，信托行业替代了应由投资银行履行的融资功能，在一定程度上缓解了国内金融抑制环境下的融资结构失衡问题，成为发挥直接融资信用中介功能的金融中介主体。2010年第一季度的信托业管理资产规模为2.37万亿元，第四季度突破了3万亿元，而之后每年的资产管理规模都跃升到一个新的水平。截至2014年第一季度，信托业管理规模达到11.72万亿元，自2010年以来，平均年度增幅达到53.18%（见图1—8）。总的来看，信托业规模的扩张降低了金融系统整体的信息不对称水平，推动了需求曲线向均衡区域移动。

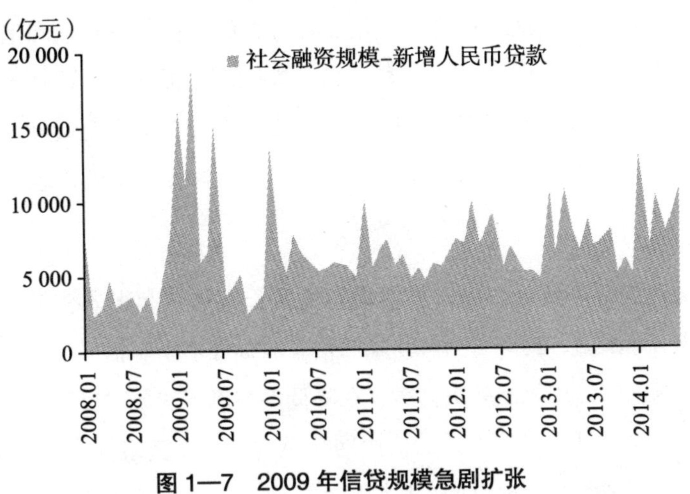


**图 1—7　2009 年信贷规模急剧扩张**

资料来源：Wind 资讯。

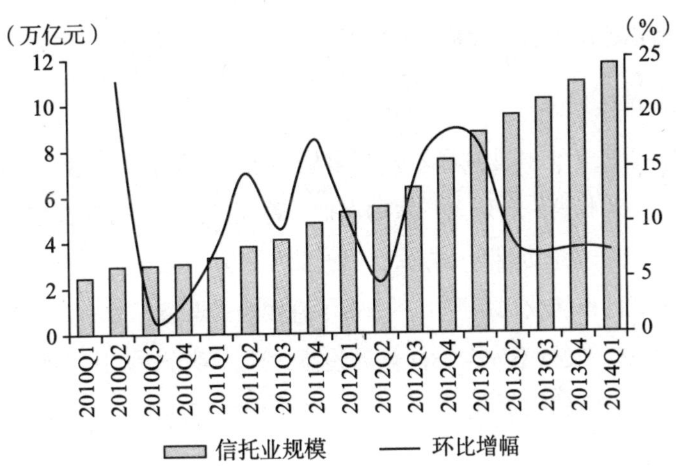


**图 1—8　2010 年后信托业规模快速增长**

资料来源：中国信托业协会。

信托业对投行功能的替代，主要是由于国内金融体系直接融资使得信用中介功能长期缺位，导致资产管理市场出现资本错配问题。金融交易的基础是对信息的合理定价，这需要建立一整套强有力的保护信息获取和信息对价交换的金融产权制度。但由于信息本身具有排他性和稀缺性，这种产权制度的运行和维护与其他所有权制度不同，它的公正执行无法完全依赖司法诉讼制度，而需要一种能大幅度降低参与成本和信息不对称水平的市场化信用解决机制。

在发达的海外资本市场，投资银行凭借长期建立起来的基于交易对手隐性知识的信息网络，提升了金融体系的信息对称性水平和信息定价效率，提供了一种市场化的信用机制解决方案，在降低参与成本的同时提高了资本配置效率。同时，这一基于私募关系的信用网络也构成了投资银行赖以生存的基础。但是，反观国内资产管理市场，长期以来一级市场多元化的股权、债权融资工具的缺乏使金融产品的风险与收益无法分层匹配，市场化信息披露和惩罚机制对投资者利益保护的长期缺位，二级市场对修正错误定价的低效率造成资本在资产管理市场趋同配置，多种因素削弱了国内投资银行对信用中介功能的正常运作。

因此，近些年信托业在私募发行市场的繁荣发展，实质上是利用了信托制度对信托受益权这一特殊财产权的保护，替代了投资银行在资产管理市场中本应发挥的信用中介功能。一方面，信托业凭借其与融资企业的私募关系，建立起了中国式的市场化信用网络，丰富了直接融资渠道。另一方面，信托公司通过信托化 SPV 发行不完全标准化的收益凭证，部分地解决了股票和债券不能常态化稳定发行的问题。

除此以外，中国银监会于 2004 年公布的银行理财管理规则，也为 2008 年股市牛市终结后居民部门的资金配置打开了广阔空间。通过银行理财产品这一全口径资产配置渠道，全市场资产配置需求得到了空前释放，共同推动了需求曲线进入均衡区域。总的来看，2009 年以来资产管理市场供求曲线基本决定了均衡的市场风险收益水平，市场也基本处于出清状态（见图 1—9）。

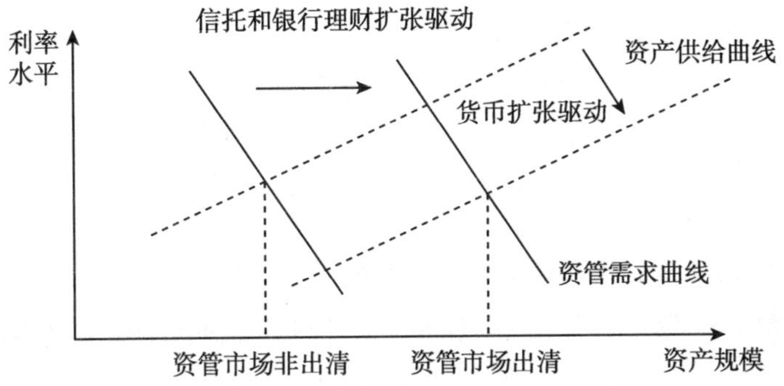


**图 1—9 资产管理市场均衡状态演化路径**

2012 年下半年以来，中国证监会和保监会连续推出了一系列监管新政，放宽限制，降低券商、基金、保险等金融机构参与资产管理市场的准入门槛，同时批准基金公司设立子公司参与一级市场资产管理业务，众多金融机构开始在相同的业务领域展开竞争，资产管理行业的大融合、大竞争时代也随之到来。从金融功能观的角度来看，“大资管时代”的机构跨界竞争和综合化经营，实质上是金融中介主动发挥处理信息不对称和风险管理功能的一次“能力拓展”，是券商、基金等机构对信托业信用中介网络和业务模式的复制和升级。因此，券商资管计划、基金子公司专项计划等业务模式的基础是类信托模式，2012 年以来的大资管扩张浪潮是中国资产管理行业第二次浪潮的高潮。

回归金融发展的角度来看，资产管理行业综合化经营的趋势是金融广度不断扩展和延伸的表现。资产管理行业机构参与者类型的复杂程度、资产管理产品的丰富程度以及金融消费者需求的满足程度都在资产管理行业的快速发展中发生了质的变化，全市场资产管理服务的可获得性大幅提高。

## 突破技术假设的金融功能叠加组合：第三次浪潮萌芽

在金融功能观的技术假设被突破后，国内资产管理行业掀起了以跨类别金融功能相互组合叠加为核心驱动力的第三次浪潮。正如前文所述，莫顿提出的金融功能观以20世纪末的技术进步速度为基本假设。当电子信息技术经过近30年的高速发展，互联网产业已经开始对其他产业和商业模式产生显著的溢出效应。商业零售业、物流业、银行业等众多行业开始被逐步纳入到互联网商业模式的范畴。

**大数据处理、云计算等互联网技术的广泛应用，对金融业的深层次影响使传统金融功能模块之间的界限逐渐模糊，因此跨类别金融功能之间的融合便成为可能。**这一趋势在资产管理行业便表现为互联网金融背景下的资产管理行业跨界竞争与综合化经营。2013年以来，以余额宝为代表的互联网金融产品改变了基金业在内的资产管理行业格局。2013年6月底，全市场货币基金规模约为3 038.69亿元，占全部开放式基金净值的13.08%。随着各种“宝”类产品的上线发行，截至2014年6月30日，货币基金规模达到15 926.04亿元，同比增长424%，占全部开放式基金净值规模的45.74%（见图1—10）。

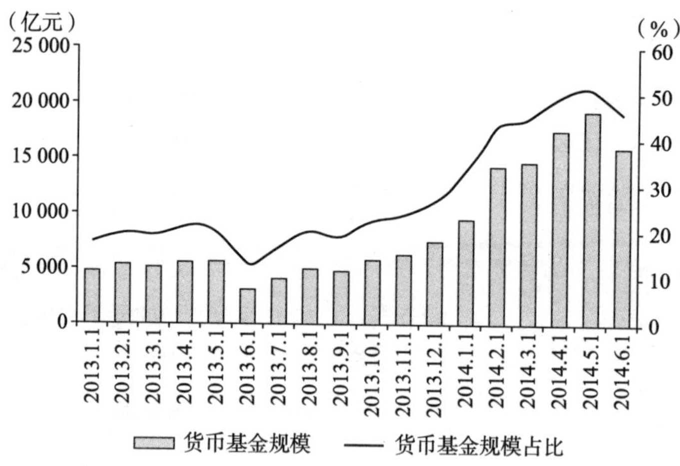


**图1—10　余额宝推动一系列互联网货币基金规模快速增长**

资料来源：Wind资讯。

从信息成本与产出的角度来看，信息成本的降低扩展了资产管理机构的客户范围，将部分潜在客户转化为可提供服务的客户，从而提高了可信性信息的产出（见图 1—11）。在这一过程中，不透明中介、半透明中介和透明中介所提供的金融服务都将向透明度较低的客户开放。譬如，以银行、保险为代表的不透明中介将不仅仅局限于服务大型企业等透明客户，其资产管理客户将涵盖一部分财务半透明、信用较好的小企业和个人。对于金融市场等透明中介来说，利用基于互联网的众筹、网络小贷等资产管理模式，可以服务于一般农户、个体创业者等不透明客户，从而提高普惠金融覆盖面和金融服务的可获得性（见图 1—12）。

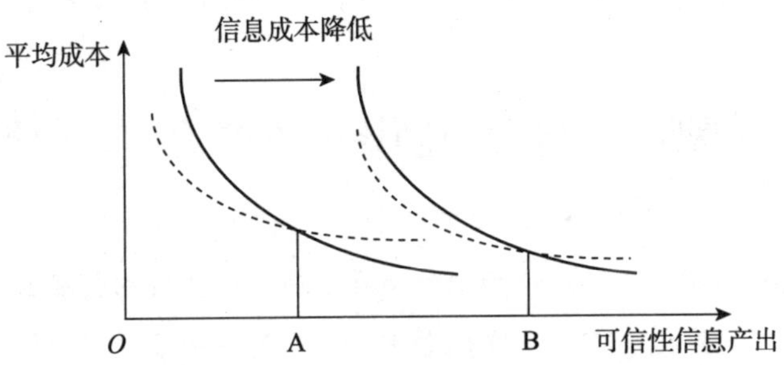


**图 1—11　信息成本降低增加了金融中介的信息产出**

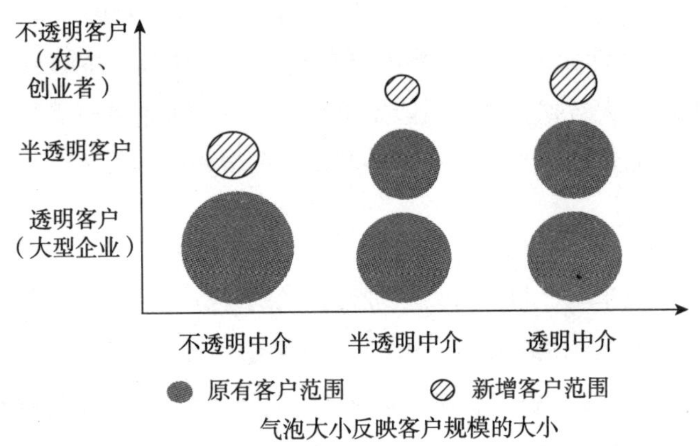


**图 1—12　不同类型中介的客户范围及规模得到进一步拓展**

从金融功能观的角度来看，以信息技术变革为基础的资产管理创新体现为金融功能之间的相互融合。譬如，以余额宝为代表的互联网理财产品是支付结算功能和资源配置功能的组合，P2P 网络贷款、小贷产品是基于互联网大数据处理的风险管理功能与大范围融资机制功能的组合。从理论上看，在互联网快速发展的新技术条件下，6 种金融功能之间的两两组合或多个金融功能的组合会衍生出新的资产管理商业模式，譬如基于互联网技术的金融定价与支付结算挂钩的金融产品，或者融合支付结算、激励功能与大数据行为金融定价等多个功能的资产管理创新模式等。总的来看，未来资产管理行业的创新将体现不同金融功能相互组合叠加所释放的巨大规模经济和范围经济。

## 展望：宏观融合与微观创新的资产管理行业新生态

过去，国内资产管理行业发展的驱动力依靠的是金融功能的内涵式扩展及不同金融功能之间的替代与组合，其最终目标体现为交易成本下降和信息不对称程度的降低。在第二次浪潮中，资产管理市场是以交易成本为对价换取解决信息不对称的方案，这部分本应降低的交易成本催生了信托业、银行理财规模以及后来的券商资管、基金子公司资产规模的扩张，而这些金融中介提供了相应的资产定价和风险管理的解决方案。在第三次浪潮的初期，互联网技术在降低交易成本和解决信息不对称上具有天然的竞争优势，因此，基于互联网大数据分析的风险定价解决方案在未来将使交易成本降至极低水平，这可能重塑建立在金融中介基础上的资产管理行业的竞争格局（见表 1—1）。

从外部环境来看，目前资产管理行业受到经济下行压力的考验，表现为资金价格维持高位的债务风险集中暴露、风险收益转移和资产重定价过程。外部宏观经济金融环境对资产管理行业内部产生分化效应，以交易成本置换资源配置效率的传统资产管理商业模式已经难以适应市场要求。在技术突破使得互联网与资产管理产业融合的背景下，以互联网金融为主导的金融功能跨类组合趋势将进一步降低交易成本，挤压传统资产管理行业的盈利空间。

表 1—1　　国内资产管理行业发展的三次浪潮特征总结

| 特征 | 第一次浪潮 | 第二次浪潮 | 第三次浪潮初期 |
|---|---|---|---|
| 金融功能属性 | 无显著变化 | 个别金融功能的内涵拓展与替代 | 跨类金融功能的整合与叠加 |
| 交易成本 | 无显著变化 | 有所下降，但交易成本置换成为行业利润，因此交易成本下降不明显 | 显著下降 |
| 盈利空间 | 大幅提升 | 继续提升 | 增速大幅下滑，盈利空间被压缩 |
| 技术条件 | 无变化 | 无变化 | 基于互联网技术的大数据处理与应用，突破传统金融行业的技术条件 |
| 机构变化 | 基金业成为资产管理行业的代表 | 前期是信托业繁荣和银行理财规模的增长，后期是券商资管、基金子公司等资产管理机构的兴起 | 互联网金融为代表的创新型资产管理机构兴起，银行、保险与其他资产管理机构跨界竞争融合，行业边界进一步模糊 |
| 竞争格局 | 基金业一枝独秀 | 信托业快速发展，类信托行业对信托业务模式的复制和扩张 | 宏观维度形成多重主体的大型化、复杂化资产管理组织体系和功能模块；微观维度形成互联网金融属性的小型化、专业化资产管理中介 |

资料来源：课题组。

盈利空间的压缩推动着资产管理机构的跨行业综合化竞争日趋激烈，机构之间试图通过资源整合与协同效应来维持现有的利润水平。目前，资产管理同业之间的竞争开放已经使信托、券商、基金的许多业务属性趋同，银行和非银行资产管理的业务边界已经模糊，这是资产管理行业全面进入综合化经营阶段的标志。

未来随着互联网技术进一步普及与应用，交易成本下降的加速效应会愈发凸显，行业利润规模的萎缩将引发更加激烈的机构竞争，独立的资产管理中介或业态在市场上愈发难以生存。总体来看，在金融功能相融合的基本趋势下，由于机构扩张的信息边际成本与边际收益存在均衡点，因此，在均衡点两侧，资产管理行业竞争格局将向宏观尺度和微观尺度两个方向加速分化（见图1—13）。

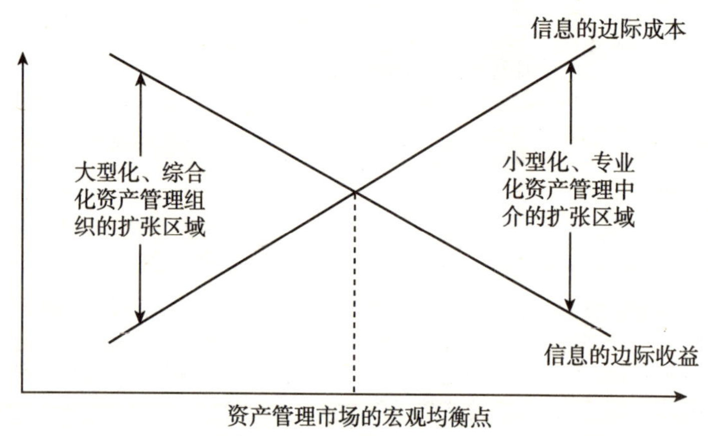


**图1—13　未来资产管理市场在宏观与微观尺度上的扩张区域**

**在宏观尺度上，资产管理行业竞争格局是建立在不同金融生态闭环之上的竞争，其特征是形成大型化、全功能的资产管理组织体系。**具体来看，一是以银行、保险、大型综合券商等传统金融机构为主体搭建的资产管理组织体系。这些金融机构拥有强大的负债能力，可以为体系内的资产管理功能平台提供充足的资金来源；同时，围绕这些机构形成的金融网络可以为体系内的资产管理平台提供优质资产来源。二是围绕产业资本集团打造的资产管理体系。此类资产管理组织为产业资本集团内部提供投融资服务，而其在金融市场上更多的是以资金提供方的角色出现，从而进一步提高了金融市场对各类参与主体的开放水平。三是以互联网金融资本集团为基础搭建的资产管理体系。此类资产管理组织的网络化、线上化程度远远高于传统金融机构，因此打造的是资产管理功能模块重新整合后的O2O生态闭环。

宏观尺度上的资产管理金融生态拥有诸多相似特征。第一，都形成了基于某一功能核心的全功能资产管理生态闭环。在各自生态体系外部都有针对企业和居民部门的资本、资产或流量入口，在体系内为自身客户提供全方位普惠化的资产管理服务，以及满足个性化、定制化的资产配置和财富管理服务。第二，体系内资产管理平台的机构特性被弱化，而更多的是作为功能模块或应用模块的形式出现。这些资产管理模块承担着体系内特定的金融功能，譬如信息发现、风险定价、组合投资、风险管理、SPV破产隔离等功能。从生态体系外部来看，各功能模块之间的协同效应更加显著。

**在微观尺度上，伴随着金融功能融合趋势的发展，更多带有互联网金融属性、融合多种金融功能元素的创新业务模式和金融产品将会出现，小型化、专业化的资产管理机构将成为金融创新的重要推动力。**互联网极大地扩展了现实世界的交换和交易边界，交易可能性的集合越大，交易成本就越低。因此，当支付、货币、投融资等多种金融要素被互联网融合在一起后，对于物、收益权等资产的定价、违约概率、估值等信息将透明化。基于这些大数据将形成互联网形态的小型化、专业化的资产管理机构，为客户提供相应的互联网资产价格信息、交易信息及动态定制化的资产管理服务。

总的来看，宏观维度资产管理生态的竞争融合与微观维度专业化资产管理机构的创新，将共同推动资产管理市场向更加均衡、更有效率的方向演进。国内资产管理市场的全方位、综合化的竞争，将推动银行、保险、信托、基金等机构向资产定价合理化、定价效率提高和综合服务能力增强的方向不断发展，并进而推动证券化产品等金融工具创新，为市场提供流动性支持，提高跨市场产品对各类机构主体的开放水平，实现资产管理立体式市场体系的效率提升与优化升级。

# 第2章

# 中国资产管理行业综合经营：制度比较与战略选择

## 本章导读

■ 德国、美国和英国在社会经济制度、文化传统、金融结构、公司治理体系、监管框架上的差异，催生了不同的综合经营模式。全球性的海外并购、较强的风险管理水平和高效的内部控制能力是促进综合经营的重要保证。

■ 莱茵模式与中国经济金融制度和资产管理行业有更多相似点，因此，借鉴莱茵模式更有价值。从制度基础来看，莱茵模式强调国家秩序，国家和企业更加注重长期发展和长期利益；从社会传统和文化来看，它强调社会公平与集体利益的平衡，企业和个人负有广义社会责任；从金融体系的角色来看，它强调产融结合，金融业与工业企业联系紧密。

■ 结合制度因素考虑，中国本土化的资产管理综合经营集团的主要特征和趋势，是以银行、保险为主导形成带有全能银行特征的金融集团集群；以综合证券和产业资本集团依据自身资源禀赋形成的金融控股集团集群。

■ 综合经营可以给资产管理机构带来协同效应，但业务范围的无限扩张会导致协同效应的衰弱，同时产生风险的内部传递。国际大型资产管理机构在综合经营的探索过程中，逐步形成了多元化和专业化的业务结构。

综合经营正成为国内金融机构发展的重要方向之一。2005 年 4 月 26 日，在第一届“中国金融改革高层论坛”上，混业经营正式改称为综合经营。综合经营有利于节约成本，分散风险，获得协同效应，在更大程度上满足金融需求，促进金融创新。对海外资产管理机构综合经营的产生背景、发展历程及业务模式进行分析，有助于我国资产管理机构找准自身综合经营的模式与业务定位，并进行相应的能力建设和风险控制。

## 制度比较：三种典型综合经营模式的基石

### 德、美、英：不同综合经营模式比较

海外金融机构综合经营模式呈现三大主要类别：一是以德国为代表的全能银行制；二是以英国为代表的金融集团制；三是以美国为代表的金融控股公司制（见图 2—1）。其中，金融集团制和金融控股公司制从广义上说都属于金融控股集团：英国金融集团模式属于混合控股集团，即通常所说的母子公司制，母公司也从事实业或者主要金融业务；美国金融控股公司模式是纯粹型控股集团，母公司本身无主业，承担各金融子公司的行政中心职能，属于狭义的金融控股集团模式。德国、美国、英国不同的综合经营模式，与其各自的经济金融体制的发展历程有着紧密的联系。

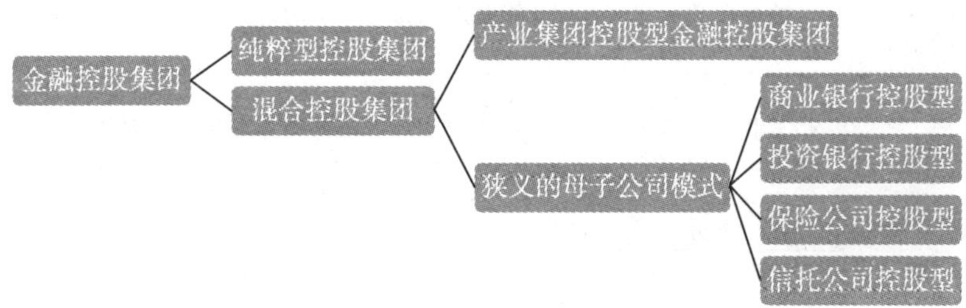


图 2—1　金融控股集团的分类

## ‖德国全能银行制发展历程及其变迁‖

德国金融体制的特征是，全能银行在金融体系中占据主导地位，这种体制为德国经济的稳定、健康发展作出了巨大贡献。然而德国全能银行制的形成也经历了一个变迁和完善的演变过程。在金融业发展初期，德国的各类银行均有特定的业务领域；随着时间的推移，各类银行之间在发展过程中相互竞争，业务范围交叉，逐渐发展成目前的综合经营的局面。19 世纪中叶至第二次世界大战前，在工业革命初期，德国缺乏充足的资本积累，也缺乏必需的证券交易机制来为工业化融通资金。因此德国必须依赖强大的银行体系来为工业化筹措资金。德国的产融结合特征明显，这也促进了银行业的迅速扩张，并最终奠定了垄断地位（见图 2—2）。

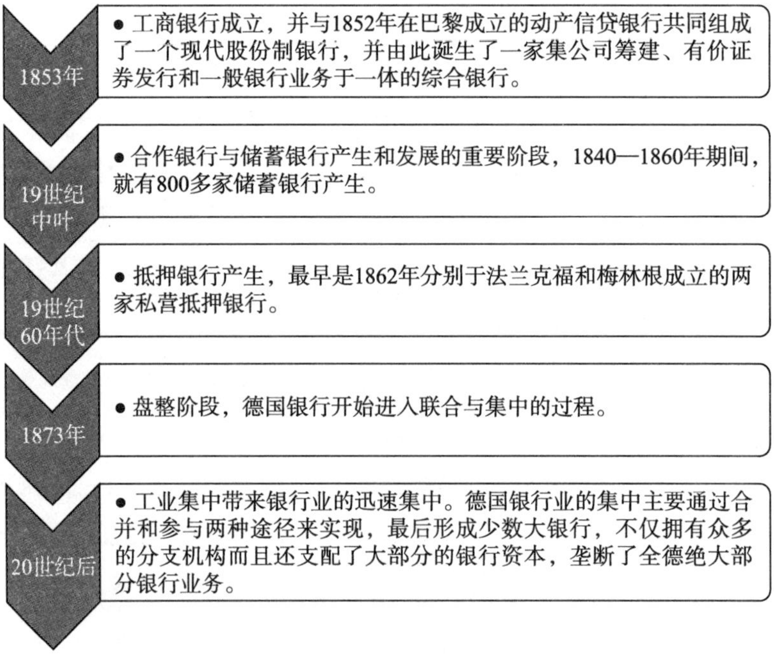

|  |  |
| --- | --- |
| 1853年 | ● 工商银行成立，并与1852年在巴黎成立的动产信贷银行共同组成了一个现代股份制银行，并由此诞生了一家集公司筹建、有价证券发行和一般银行业务于一体的综合银行。 |
| 19世纪中叶 | ● 合作银行与储蓄银行产生和发展的重要阶段，1840—1860年期间，就有800多家储蓄银行产生。 |
| 19世纪60年代 | ● 抵押银行产生，最早是1862年分别于法兰克福和梅林根成立的两家私营抵押银行。 |
| 1873年 | ● 盘整阶段，德国银行开始进入联合与集中的过程。 |
| 20世纪后 | ● 工业集中带来银行业的迅速集中。德国银行业的集中主要通过合并和参与两种途径来实现，最后形成少数大银行，不仅拥有众多的分支机构而且还支配了大部分的银行资本，垄断了全德绝大部分银行业务。 |

**图 2—2　德国全能银行的形成过程**

以德国为代表的全能银行可以提供包括投资银行业务、商业银行业务和保险业务在内的全方面金融服务。具体业务又包括存贷款业务、金融工具、外汇及其衍生工具的交易、新债券和股票发行的承销、经纪业务、投资管理业务和保险业务等。在全能银行内部，各部门通过业务合作的协调实现协同效应，并通过采取企业内部化的方式来实现交易成本最小化。从组织架构上来看，全能银行内部会设置平级的金融业务部门，全面经营商业银行、投资银行、保险、信托、资产管理等多项业务，多种业务混合、交叉经营，并实行一级法人制（见图 2—3）。在这种模式中，银行是一种名副其实的金融“百货公司”，商业银行及证券承销业务就像一家大型百货公司的两个不同的部门，其规模经济效应最为明显。

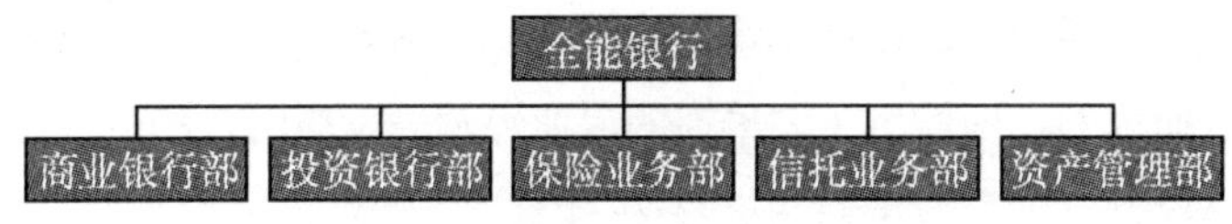


**图 2—3　全能银行的一般组织架构**

德意志银行集团是德国全能银行的典型代表，是德国资产规模最大的银行。德意志银行通过全球并购，特别是通过 100% 股权收购的形式，将被并购公司作为旗下的业务单元进行统一经营，进一步巩固了其全能银行的综合经营模式。而在其实施跨境战略的过程中，部分股权收购和合资成立子公司等多样化的形式也得以采用，但这并没有改变其全能银行的整体组织架构。

从德意志银行的发展历程可以看出，并购是全能银行发展的首要和必要路径。虽然德意志银行成立伊始就是全能银行，但仍旧是通过并购实现从传统的全能银行向现代金融服务集团的转变的。因此，德意志银行的并购属于明显的互补性并购，它采取的是考虑了并购目标与其他业务的协调效应，并同时兼顾业务扩张目的和地域扩张目的相结合的并购策略。

在集团综合经营的管理发展方面，德意志银行推行严格的风险约束和防范机制，使其在百余年的历史中仍然能保持稳健经营。第一，在新旧《巴塞尔资本协议》实施前后，该集团的资本充足率就始终保持在12%以上，远超协议要求；第二，该集团的风险资产比率在新《巴塞尔资本协议》实施后达到了12.6%，确保了充足的坏账准备金拨付；第三，该集团在内控和信贷审批方面拥有强大的风险控制经验，并在执行监事会制度的基础上创造了双董事会制度。此外，德意志银行对于金融创新和新技术的利用态度更趋保守。因而，其在始终坚持全能银行模式的过程中，风险管理能力在业界具有显著优势。

## 美国金融控股公司制发展历程及其变迁

美国金融制度变迁是世界金融业发展的代表性缩影，金融控股公司在美国也最为发达和典型。但这种经营模式的形成是随着其社会生产发展的不同环境逐步演变而成的，即经历了“早期的混业经营—发展阶段的分业经营—发达阶段的综合经营”的发展历程（见图2—4）。

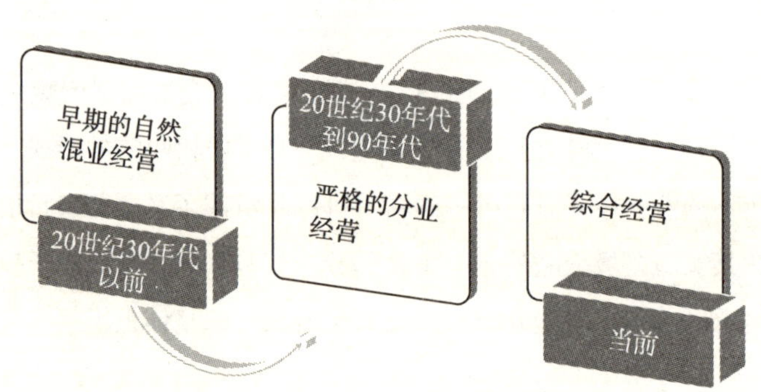


**图2—4 美国综合经营发展历程**

### （1）早期的混业经营制度

20世纪以前，美国实行的是一种自然的混业制度，该制度的形成是由经济环境、自由竞争体制和金融市场的发展决定的。首先，20世纪30年代以前，自由竞争思潮盛行，金融业几乎不受政府管制，为维持健全高效的银行制度，政府只实行最低限度的管制。此时，美国商业银行业务与投资银行业务是相互渗透的。其次，当时美国的银行业、证券业、保险业均处于发展初期。20 世纪以前，商业银行发展迅速，但非银行金融机构发展缓慢；20 世纪以后，新兴金融机构如投资银行、信用合作社等迅速发展起来，但商业银行仍处于主导地位，大多数商业银行直接或通过其附属机构从事证券投资业务。另外，国际有关法律及监管机制尚不健全，三业间产品、服务相互交叉，使金融业处于混业经营的状态。

### （2）20 世纪 30 年代到 90 年代的分业经营

1929 年，美国爆发了由金融危机引发的经济危机，美国银行大量破产倒闭，货币信用制度甚至金融体系崩溃，导致失业剧增，经济大萧条。混业经营被认为是造成金融危机的罪魁祸首之一。监管机构认为，商业银行从事高风险的证券业务，有悖于银行稳健经营的原则。社会公众、金融业及政府都产生了强烈的制度变迁的动机，即从不干预和自由竞争转向限制金融业过度竞争。

在这种社会经济背景下，罗斯福政府于 1933 年 6 月通过了《格拉斯－斯蒂格尔法案》（也称为《1933 年银行法》），将商业银行和证券业务严格分离，规定商业银行不得开展证券发行、承销、经纪业务，不得与证券公司及保险公司有任何业务交叉行为，确定了分业经营的原则。该法案不仅确立了 20 世纪 30 年代以来美国的分业经营体制，也使得战后许多国家在重建金融体系时纷纷效仿，混业经营一统天下的格局被打破。

继《格拉斯－斯蒂格尔法案》后，美国又相继颁布了《1934 年证券交易法》、《投资公司法》等一系列法案，逐步形成了金融分业经营制度。1956 年，美国立法当局又通过了旨在限制银行控股公司跨地区经营或从事投资银行业务的《银行控股公司法》，弥补了银行业控股公司持有证券机构股份来间接从事证券业的漏洞。

到20世纪70年代中期，美国分业经营的局面稳定而完善。这种制度在一定程度上稳定了金融秩序，促进了经济的持续发展。

（3）综合经营：金融控股公司的形成

随着经济形势的变化、金融环境的变迁以及金融创新浪潮的高涨，美国分业制度的缺陷不断暴露。为提高本国金融业的国际竞争力，美国从20世纪80年代初就顺应金融产业日益融合的趋势，开始了金融管制放松的进程（见表2—1）。

表2—1　美国综合经营金融制度的形成过程

| 时间 | 法律、法规或事件 | 内容 |
| --- | --- | --- |
| 1970年 | 《银行控股公司修正法案》 | 放宽经营非银行业务子公司的业务范围至20种左右 |
| 1983年 | 讨论对金融机构放宽管制 | 允许商业银行参与保险、不动产投资以及部分证券业务 |
| 1987年 | 对《格拉斯－斯蒂格尔法案》的第20条进行了重新解释 | 允许一些大银行开展部分“不合格”证券业务，例如承销商业票据、抵押担保债券、资产支持证券等 |
| 1991年 | 《金融体制现代化：使银行更安全、更具竞争力的建议》 | “建议”允许银行与证券公司合并，允许银行成为工商控股公司的子公司，允许银行跨州经营 |
| 1994年 | 美国国会通过放宽银行业务的相关法案 | 地区性银行可跨州经营，银行控股公司的子公司在25%的营业额范围内从事投资银行的业务 |
| 1998年 | 花旗集团与旅行者集团合并 | 花旗银行与旅行者集团以控股公司的形式合并组建了新的花旗集团，开创了金融混业并购的先河 |
| 1999年 | 《1998年金融服务业现代化法案》 | 明确了金融企业综合经营的合法性，推动了美国金融控股公司的发展 |

美国这种纯粹型金融控股制度，其母公司实质上是空壳公司，专注于公司整体战略的管理，而所有的金融业务都通过各个子公司经营，大大提高了控股公司的运营效率。控股公司下设的各金融机构之间相对独立运作，但在诸如

风险监督管理、协调内部资源、投资决策评价、收购兼并等方面则以控股集团为中心，商业银行、投资银行和保险公司等均以控股集团的方式互相进行业务渗透（见图 2—5）。

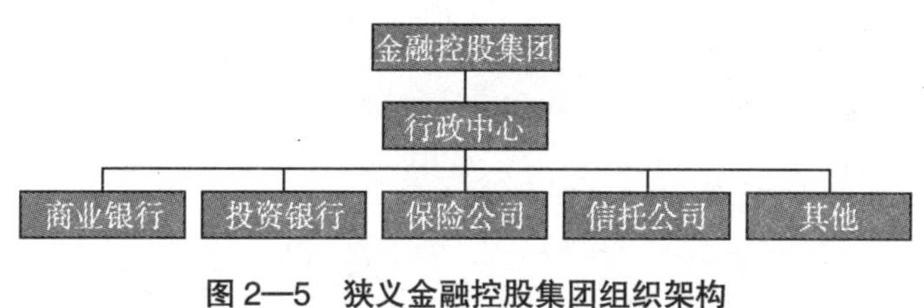


**图 2—5　狭义金融控股集团组织架构**

金融控股集团模式由于各业务单元经营所得各自分享，其收入流的多元化受到一定限制，但其仍能实现有限的交叉销售和利润增加。同时，它建构了相对比较健全的业务隔离制度，在有效防范风险的同时也降低了范围经济效应，并导致集团层面的成本有所上升和业务单元之间信息交流的限制，但是，其信息优势和范围经济效应仍然强于分业经营。

花旗集团是美国金融控股集团模式的典型代表，它是一家提供银行、证券、保险、信托、基金、租赁等全方位金融服务的金融集团，也是全球规模最大的综合化金融集团之一。其业务遍及全球 100 多个经济体的 1 亿多客户，是全球最大的信用卡和付费卡的发行商和服务商，并拥有全球最大的网上银行，目前总部设在纽约。

花旗集团通过全球并购，将其业务经营范围拓展到几乎所有的金融领域。但是，花旗集团没有按照商业银行、投资银行、保险等金融领域进行业务整合与集中，而是按照银行业务领域整合其业务框架，这与其传统的经营优势以及美国金融业综合经营的整体发展特点密切相关。目前花旗集团拥有全球散户业务、全球资产管理业务和全球公司业务等三大业务板块。

值得注意的是，花旗集团在业务扩张与整合的过程中，出现了一些问题。

花旗集团于2005年出售了旅行者集团的全部保险业务；而2008年国际金融危机后，它又于2009年分拆了资产管理部等部分业务和部门。目前，花旗集团旗下最重要的子公司仍是花旗银行，后者从事该集团的核心银行业务；投资银行和证券承销主要由该集团控股的所罗门·史密斯·邦尼公司从事；而由花旗集团控股的旅行者集团则主要从事人身保险、社会保险和企业年金等保险类业务；此外，泛美人身保险公司和商业信贷金融公司也是集团的主要子公司。

## ‖ 英国金融集团制发展历程及其变迁 ‖

英国实行的经营性金融控股公司模式，又叫金融集团制或母子公司制，但英国是传统上实行专业化银行制度的国家，在20世纪80年代后期，面对强大的国际竞争，英国也迈出了综合经营的脚步（见图2—6）。

20世纪80年代以前，银行、证券、保险分业经营，金融机构种类繁多、分工细致，但法律并没有严格规定禁止跨业经营。

↓

1971年，英国实行“竞争与信用控制政策”，鼓励银行业在更广泛的领域中竞争。

↓

英国的清算银行首先进入经营消费信贷、单位信托、商人银行、保险经纪等业务，同时还打入了住房抵押贷款市场。

↓

20世纪80年代初，采取一系列放松管制的改革措施，各种金融机构的业务相互渗透，并逐渐向经营全面金融业务发展。

↓

1986年10月，金融改革“大爆炸”，经纪商和交易商可以互兼，取消证券交易最低佣金限制和非交易所成员持有交易所成员股票的限制，所有的金融机构都可以参加证券交易所的活动。

↓

1998年，成立金融监管服务局（Financial Services Authority），使之成为集银行、保险、证券三大监管责任于一身的一元化金融监管机构，并实现了统一监管。

**图2—6 英国金融业综合经营发展历程**

英国的金融“大爆炸”全面摧毁了其分业经营体制，促进了商业银行业务和投资银行业务的结合。英国的清算银行纷纷收购和兼并证券经纪商，并逐渐形成了没有业务界限、无所不包的多元化金融集团。

金融集团模式又可以细分为金融控股集团和产业控股集团。金融控股集团是母公司除从事一定范围的金融业务外，还控股或全资拥有某些专门从事各种具体金融业务的子公司，是狭义的母子公司模式。它包括商业银行控股型金融控股集团、保险公司控股型金融控股集团、投资银行控股型金融控股集团、信托控股公司型金融控股集团组织架构等（见图2—7）。产业集团控股母公司除了从事金融业务外，还通过控股或直接从事各种非金融业务（见图2—8）。

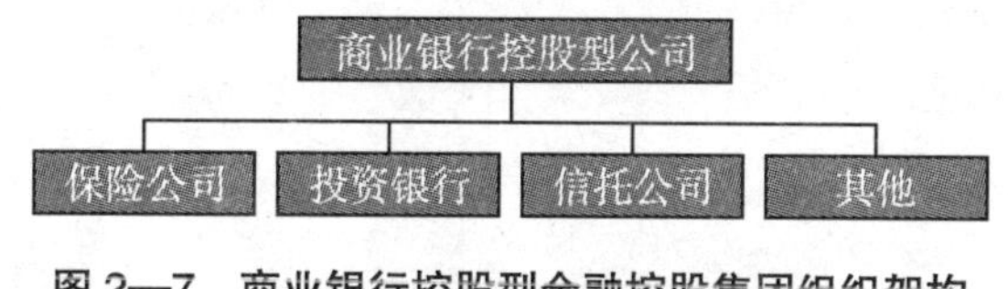


**图2—7　商业银行控股型金融控股集团组织架构**

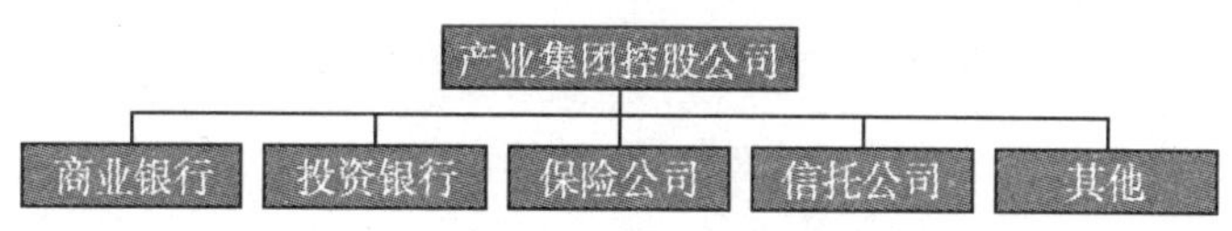


**图2—8　产业集团控股型金融控股集团组织架构**

英国是金融集团模式，特别是以商业银行控股型金融控股集团模式为主的典型代表。除了能够在商业银行层次实现多元而稳定的收入流外，其交叉金融产品的销售也主要依赖商业银行端的渠道，其金融多元化经营的信息优势则在一定程度上取决于信息共享的程度。

汇丰集团是英国商业银行控股型金融控股集团模式的典型代表，曾经也是英国母子公司模式和商业银行控股型金融控股集团的典型代表，能在欧洲、亚太、美洲、中东和非洲5大区域内为客户提供一站式、多功能、全方位的综合化金融服务。

近150年以来，汇丰集团通过全球并购、合资经营和设立分支机构等方式，将其业务经营范围拓展到几乎全都金融领域，并到达全球绝大部分经济体。汇丰集团的主要发展方向是提供商业银行、投资银行、保险、信托、财务管理、资产管理及其他金融服务，其特点是为客户提供一条龙式、多元化的金融服务（见图2—9）。

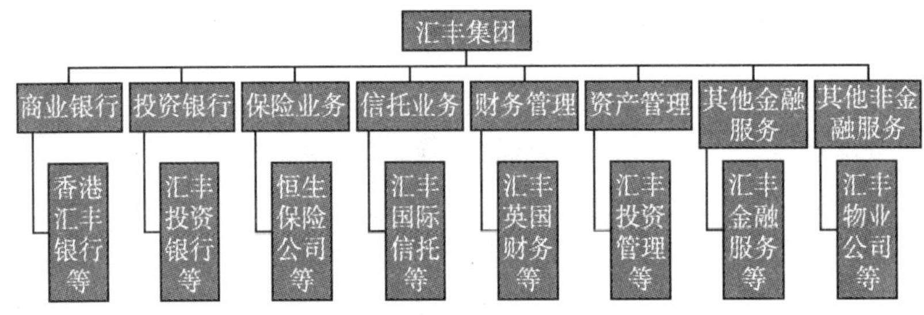


**图2—9　汇丰集团综合经营模式架构**

全球并购套利是汇丰集团综合经营扩张业务版图的关键路径，其并购策略具有以下特点：一是偏重于传统银行和保险业务领域的扩张，信托和基金业也在并购案例中占了一定的比重，因而，其净利息收入相较于净佣金收入的占比高出近10%；二是注重低成本套利，亚洲金融危机及其后一段时间，汇丰集团先后收购了韩国第一银行、汉城银行和LG的信用卡业务以及泰国京华银行等；三是在并购中注重风险分散和监控，除进行多元化并购外，汇丰集团还负责派驻子公司董事和提名总经理以便对其人事、财务、收益、重大投资、内审、风险监督等进行检查、考核、管理。

此外，为了更好地发挥协同效应，汇丰集团还经历了并购品牌建设策略的转变，即由保留被并购方及其经营特色逐渐向全球统一品牌经营过渡。与此同时，谨慎对待金融创新与业务变革，汇丰集团十分重视内部防火墙的建设，对证券、保险、信托和商业银行的业务隔离保障了集团的稳健经营，并能有效抵御相应的风险冲击。

## 不同综合经营模式的特征比较

### （1）不同金融体系下发展综合经营的共性因素

尽管不同的经济体制下，金融机构综合经营的模式有所区别，但是其发展原因、发展路径和内部管理机制却有其相同之处。

**第一，海外金融机构走向综合经营的根本原因在于金融资源配置效率最大化与交易成本最小化。**由于金融投资者和消费者的需求随着社会经济的发展而发生改变，从而对金融服务的诉求由单一化向多元化发展，导致金融业务的扩展，并由此导致市场专业化分工和协作关系的深化，使金融产业组织机构破除原有的传统行业分工模式，重新配置金融资源和功能的结果，并推动了综合经营的发展。

**第二，海外金融机构进行综合经营发展的路径相同，都通过并购手段进行业务扩张。**尽管德意志银行集团、汇丰集团和花旗集团经营组织形式的演变路径有所差异，其最终组织形式也不尽相同，但是在发展过程中，综合经营都依靠并购其他金融子行业的专业机构得以实现。汇丰集团通过全球化并购来实现扩张和区域的风险分散，花旗集团通过在专业化机构的周期低谷并购。

**第三，综合经营集团在经营管理中都具有较强的风险防范意识与内部防控机制。**尽管不同的综合经营模式其外部监管环境有所不同，但是风险控制都是其企业经营文化的重要组成，并践行稳健的、坚持风险监控的经营管理风格。

### （2）不同金融体系下综合经营的区别

尽管众多国际大型金融机构的发展路径最终都走向综合经营，但是在这一变迁过程中，金融市场结构、金融资源累积状况、外部监管体系的发展程度以及社会人文因素等都在影响着制度变迁的具体路径和最终状态。也正因为如此，不同的经济体在综合经营的路径选择上，才往往呈现出迥异的特征、发展阶段和具体经营模式。

具体来看，三种综合经营模式的优势有所不同，从三种模式的综合化程度来看，全能银行模式最高，金融集团模式次之，金融控股公司模式最次。全能银行能够充分享受到综合经营带来的优势，母子银行模式的优势程度受到一定限制，金融控股公司的优势程度最低。然而，不同模式的组织结构，运作模式有所不同，也能够产生其他模式没有的优势特点（见表2—2）。

**表2—2　　　　不同综合经营模式的优势比较**

| 模式优势 | 德国（全能银行制） | 英国（金融集团制） | 美国（金融控股公司制） |
|---|---|---|---|
| 收入流多元化 | 能够完全实现 | 在母公司层次可以实现 | 各子公司进行独立的财务核算，多元的收入流受到一定限制 |
| 交叉销售产品和利润增加 | 能够完全实现 | 交叉销售产品的出口也只能在母公司 | 通过子公司间签署合作协议能够产生有限的利润增加 |
| 信息优势 | 信息完全共享 | 取决于信息共享的程度 | 各子公司间信息交流限制，信息优势不明显 |
| 规模经济和范围经济 | 能够完全实现最大限度的实现资源共享，促进各业务之间低成本扩张，降低集团总体的平均成本 | 在母公司的规划下，母公司可以享受子公司的信息资源和基础设施，子公司也可以借助母公司的声誉和销售渠道等扩展业务；然而，由于子公司间相互独立，规模经济和范围经济受到一定限制 | 规模经济和范围经济程度最低，但信息共享、销售渠道延伸、声誉扩散带来的范围经济同其他两者相似 |
| 金融创新能力 | 借助统一金融平台，为客户提供全面金融服务 | 一定程度上整合了集团资源，创新能力主要集中在子公司层面 | 控股母公司能有效整合集团内部资源，开发综合性产品，在同一金融平台上提供一揽子金融服务 |

续前表

| 模式优势 | 德国（全能银行制） | 英国（金融集团制） | 美国（金融控股公司制） |
|---|---|---|---|
| 财务整合能力 | 资金运用和业务调度灵活；持有大量企业股权，在企业治理中起着重要作用 | 财务杠杆效应 | 资金运作效率较高，双重财务杠杆；合并财务报表，合理避税 |
| 利益冲突 | 各金融业务部门之间交易较多，会出现利益重新分配问题，可能会出现利益冲突 | 各子公司之间独立核算，集团内部利益冲突较少 | 由于母公司的协调，子公司之间按照市场化原则进行交易，利益冲突较少 |
| 风险控制能力 | 不同金融业务之间的风险容易传递，管理难度大 | 母公司是风险控制的核心部门，在集团风险控制与母公司目标发生冲突时，会影响风险控制效果 | 一定程度上实现了风险与收益的平衡，在各子公司之间建立严格的防火墙，有效控制风险 |

## 追根溯源：制度差异驱动下的综合经营模式

德国、美国、英国金融业在发展综合经营的过程中选择了不同的经营模式，这是各国社会经济模式、文化、金融结构、公司治理方式、外部监管体系等多方面的制度与历史差异性所导致的必然结果（见表2—3）。

表2—3　　制度层面上的莱茵模式与盎格鲁－撒克逊模式

| | 德国 | 美国、英国 |
|---|---|---|
| 经济制度类属 | 莱茵模式 | 盎格鲁－撒克逊模式 |
| 经济制度特征 | 强调国家秩序，国家和企业更加注重长期发展和长期利益 | 强调自由竞争和市场主导，企业以微观利益最大化为目标，较少考虑国家整体的长远规划 |
| 社会传统与文化因素 | 强调社会公平性与集体利益的平衡，企业和个人负有广义社会责任 | 强调优胜劣汰的竞争效率，强调企业和个人负有广义社会责任。 |

续前表

| | 德国 | 美国、英国 |
|---|---|---|
| 金融体系的角色 | 强调产融结合，金融业与工业企业联系紧密 | 金融业为国家工业化、现代化提供投融资支持，后期金融业在国民经济体系中的重要性显著增强 |
| 金融结构 | 间接融资占主导，形成以大银行为中心的垄断财团，银行推动证券市场发展 | 直接融资与间接融资并重，金融企业与实体企业之间的关系市场化，金融市场活跃，创新丰富 |
| 公司治理模式 | 偏向内部人控制，金融企业跨业经营需要强势的银行体系 | 公司股权高度分散，追求股东利益的最大化，注重防范风险传递和利益输送 |
| 监管框架 | 单线多头 | 英国为统一监管，美国为伞型监管和功能监管相结合 |

## ‖社会经济制度与文化差异‖

**德国经济奉行典型的莱茵模式，该模式主张在国家所制定的秩序框架下实现竞争。**它强调社会公平性与集体的利益，制定了一整套严格的劳工权利和福利制度；公司更注重长期发展，公司之间或公司与银行之间往往联系紧密，因此，证券市场的作用相对较小。在这种模式下，德国一直以银行为主导，且其作用不断跨越，最终形成了全能银行制。此外，德国产融结合主要通过大型工业企业和银行的紧密联系体现，在工业化发展进程中，大型银行奠定了自身金融霸主的基础，并在综合经营的过程中不断继承与发扬。

**英美等国则奉行盎格鲁－撒克逊模式，该模式信奉尽量少的政府干预、鼓励自由竞争、推动贸易自由化和资本流动便利化。**在盎格鲁－撒克逊模式下，公司注重短期目标的实现，证券市场在公司投融资中起着举足轻重的作用。另外，实行这种模式的国家表现出了适应经济全球化发展的灵活性，比采用其他模式的国家更能适应以市场化和自由化为特点的经济全球化趋势，这使得管制较少的金融市场和富有多样性的金融工具得以发展，为发展综合化的金融控股公司奠定了基础。

## ‖金融结构的差异性‖

德国等西欧国家与英美等市场经济高度发达的国家产生不同的综合经营模式，从历史发展来看，主要由其金融市场的发达程度和金融市场结构上的不同导致。德国等西欧国家的金融市场并不十分发达，间接金融占据绝对的主导地位。德国的证券市场一直处于落后状态，证券的发行、承销、交易市场都发展缓慢，需要有实力的金融集团来支持德国证券市场的发展。相比之下，银行与实业企业之间具有长期、稳定的合作关系，关系紧密，以大银行为中心的垄断财团逐渐形成，为全能银行制的形成奠定了基础。

美、英等国家的资本市场发达，直接金融与间接金融并重，金融企业与实业企业之间的关系更多的是市场化关系。但美国在实行分业经营的60多年里，企业越来越多地采用直接融资，商业银行的中介作用也不断下降。为夺回市场份额，银行不断向证券业渗透，拓展其资本市场业务，商业银行和投资银行兼并活动不断升级，最终促成了银行控股公司向金融控股公司的升级。在英国，资本市场的发展也使银行面对巨大压力，如金融证券化趋势愈加明显、证券市场业务活动的国际化以及金融创新层出不穷、金融工具多样化，促使英国金融机构采取迂回方式绕开政府相关政策的限制，即通过设立分公司或子公司经营其他金融业务，为金融集团制的形成奠定了基础。

## ‖公司治理方式的差异性‖

各国选择不同的综合经营模式与其所处的制度环境不无关系，也反映了公司治理上的不同。德国的上市公司股权高度集中，偏向内部人控制，往往受少数大股东的控制，金融企业的跨业经营需要一个强势的银行体系，这也正是全能银行制的特点。例如，在公司治理上，银行通过控制股票投票权和向董事会、监事会派驻代表来发挥主导作用。

美国证券市场发达，公司股权高度分散，公司管理人员以追求股东利益的最大化为基本原则。在有效透明的资本市场下，金融控股公司所推崇的企业组织结构和法人治理结构可以有效地防范风险的传递和利益的输送。例如，美国法律要求董事会和管理层严格对股东负责，并通过提高外部董事在董事会中的比例和加大其权力，使公司的信息公开透明，削弱内部人的控制力[①]。发达的公开市场也会帮助企业摆脱银行的束缚，有了更多的资金来源。

## ‖监管框架的差异性‖

不同国家所实行的监管体系及法律法规的制定有所不同，这三种综合经营模式的风险及其控制水平也有所不同。各国监管体系的发展与其综合经营模式的程度和发展是相辅相成的（见表2—4）。

**表2—4　　各国监管模式及综合经营对监管的要求**

| 监管模式及要求 | 德国（全能银行制） | 英国（金融集团制） | 美国（金融控股公司制） |
| --- | --- | --- | --- |
| 监管模式 | 单线多头 | 统一监管 | 伞型监管和功能监管相结合 |
| 监管特点 | 主要的监管工作由联邦银行监管局来组织实施，并协同联邦银行协作执行；自我监督和社会监管相结合 | 金融监管服务局对所有金融机构实行统一监管，但仍然与英格兰银行和财政部进行分工合作；采用了主监管的做法，由一个部门负责协调各个监管部门的各项监管措施 | 对银行、证券、保险等分别设立监管机构进行监管，“双线多头”分别监管；同时，引入功能监管，以金融业务来确定相应的监管机构和监管规则 |
| 综合经营模式的风险控制能力 | 不同金融业务之间的风险容易传递，管理难度大 | 母公司是风险控制的核心部门，在集团风险控制与母公司目标发生冲突时，会影响风险控制效果 | 一定程度上实现了风险收益的平衡，在各子公司之间建立严格的防火墙，有效控制风险 |
| 综合经营模式对金融监管能力的要求 | 必须具备非常完善的监管体系，各机构之间高度协调 | 要求较完善的以银行监管为核心的法律法规和机构，监管透明度高，监管者素质高 | 功能性监管，各监管机构之间保持充分的协调，要求监管者有较高素质 |

① 《中国控股公司综合经营模式的研究》，张骏彪。

续前表

| 监管模式及要求 | 德国（全能银行制） | 英国（金融集团制） | 美国（金融控股公司制） |
|---|---|---|---|
| 监管模式满足综合经营的要求 | 更能体现金融监管合作的工作效率。这与德国健全的法律监管体系、高效的市场机制以及善于分工协作的传统密不可分 | 统一监管更具有连续性和一致性，能够实施跨产品、跨机构、跨市场的协调，使得监管机构的注意力不局限于各行业内部的局部金融风险，有效防范整个金融体系风险的积聚 | 既能够保证对金融控股子公司实施有效的分业监管，又能确保对金融控股公司总部的监督，实现了分别监管基础上的合并监管，同时功能监管最大可能地实现了金融体系的基本功能 |

# 多元化 VS 专业化：综合经营路径下的海外机构选择

综合经营可以给资产管理机构带来协同效应、规模经济等优势，但业务范围的无限扩张会导致协同效应衰弱，同时产生风险的内部传递。国际大型资产管理机构在综合经营的探索过程中，其业务结构也出现了不同的发展路径：一是综合经营路径下的多元化业务发展模式；二是在综合经营路径下的专业化业务发展模式。

## 综合经营路径下的业务多元化选择

综合经营背景下的多元化业务模式，是指全能银行或金融控股公司在提供商业银行业务的同时，也涉及证券、基金、保险、信托等业务，各项业务之间并没有明显的主次之分，为客户提供多元化的金融服务，并通过产品的共同开发、设计与协同销售带来集团价值的最大化。

### ‖瑞银集团强化资产管理业务的多元化发展‖

资产管理业务作为瑞士联合银行集团（简称瑞银集团，UBS）5 大业务板块之一，在集团的发展过程中起到了重要作用。瑞银集团目前下设 5 大事业部，包括财富管理和商业银行、全球资产管理、投资银行、美国财富中心及企业中心（由企业中心管理和私人银行特殊资产管理两大部门组成）。瑞银集团部门设置分两大块进行管理，一是业务块，上述前 4 个经营主体为单独的事业部型经营体，以业务经营为主，兼有极少的行政管理职能；二是保障块，即企业中心以业务保障为主，少有业务经营职能。

瑞银集团全球资产管理在全球 20 多个国家和地区设有网点。其业务有三大主要平台：明确的价格价值投资体系、证券选择、另类和定量投资业务。其客户为全球机构投资者、金融中介和私人投资者，并重点服务于两大客户群：机构客户和大型中介。

从瑞银集团开展的资产管理业务中可以看到资产管理业务为企业经营带来的协同效应。瑞银全球资产管理作为集团的重要组成部门，为其私人银行部、财富管理部提供了高质量的资产管理产品，丰富了集团的产品线。通过与其他部门的不断相互渗透，其在集团层面形成了“One Firm”模式，在“One Firm”理念下，客户可以在不同业务间自由转换产品和服务，而集团内部各部门间也可以共享知识资本。根据瑞银集团自己估算，“One Firm”的协同效应每年可为集团贡献 36 亿瑞士法郎的增量收入，节约 10 亿瑞士法郎的成本。而在资产管理和投资银行部门的双重推动下，瑞银集团财富管理部门在过去几年中也实现了高速扩张，成为全球最大的私人银行。因此，资产管理部在瑞银集团得到充分发展也与集团整体发展战略选择有着密切的关系。

瑞银集团全球资产管理的组织结构保证了业务的高效运营。在资产管理部内部，投资能力是根据全球合作与精品业务划分的，包括权益类产品、固定收益类产品、另类投资、全球投资解决方案、全球实业投资等；机构分布则是根据地域来组织的，包括瑞士、欧洲、亚太、全球主权市场等；同时，集团内部建立全球性的后台支持，保证业务的高效、低成本运作。

## ‖花旗集团弱化资产管理业务的多元化发展‖

花旗银行资产管理业务服从银行集团的发展需要，经历了从投资管理业务到独立运作的业务部门，再到业务出售的过程。花旗银行成立于1812年（前身为纽约市银行），1921年通过组织架构调整建立了由花旗银行、花旗公司和花旗银行农民信托公司三大关联公司构成的业务板块，成为全球化服务机构。1969年，花旗银行开始对业务重组，形成了由公司银行、商业银行、个人银行、国际银行、投资管理、货币市场部等几大部门组成的金融集团。1998年，花旗银行同旅行者集团合并，原花旗银行资产管理部门与旅行者集团资产管理部门合并组成SSBC资产管理公司。在此基础上，集团将各独立实体划分为全球消费金融集团、全球公司及投资银行部、全球投资管理部、私人银行部5大板块，而保险和资产管理则独立运作。

2004年，花旗集团重新进行战略调整，剥离利润增长缓慢的非核心业务，把资本分配到具有最佳增长前景的业务上。公司引入了“风险资本分配模型”进行业务部门的考核评价，以改善资本配置，即用风险资本回报率和投入资本回报率来考核各部门业务绩效。在此基础上，花旗集团明确提出将资本分配到高回报和有增长机遇的领域，推动业务架构不断进行整合。花旗集团实际上是沿着4条并购主线“组装”而成：零售银行业务、公司银行业务、融资租赁及其他业务和海外市场业务，而每条线上都汇聚了最著名的专业化公司。

根据风险资本回报率的考量，花旗集团剥离了它在1998年从旅行者集团买入的保险业务。除了保险业务外，花旗集团还通过对投入资本回报率的比较，剔除了资产管理业务——尽管资产管理业务的风险资本回报率并不低，但由于并购成本、道德风险所引发的名誉和法律成本过高，公司资产管理业务的投入资本回报率仅在10%左右，这仅是公司整体水平的50%、财富管理业务的25%。在此背景下，2005年12月，花旗集团用自己的资产管理业务来交换美盛集团下的经纪和资本市场业务，以增强花旗集团针对个人客户的理财服务能力，交易标的不包括花旗集团在墨西哥的资产管理业务和在拉美的年金业务以及美邦公司（Smith Baney）[①] 的资产管理业务。

根据花旗集团开展资产管理业务的综合经营过程，可以得知资产管理业务发展要符合集团整体战略布局。花旗银行作为综合性金融服务集团，提供了多元化的产品与服务，但其集团战略依然着眼于突出零售业务优势，其他业务最终服务于花旗集团银行业务本身。资产管理业务在为花旗集团服务，实现其经营战略中的贡献较小，但成本相对较高，因此最终未被保留。

此外，多元化业务经营需要根据“风险资本回报”与“投入资本回报”决定。花旗银行在多元化经营过程中，其业务结构是动态调整的。在经营活动上，各子业务相对独立，但在资本管理上却高度统一，由花旗集团对业务组合的资本回报率进行统一核算管理，并根据风险资本回报与投入资本回报来决定集团在各业务之间的资源配置，最终达到战略调整的目的。

## 综合经营路径下的业务专业化发展

### ‖贝莱德集团：专注于投资管理能力的资产管理公司‖

贝莱德集团（BlackRock，Inc.，又称黑岩集团）是美国规模最大的上市投资管理集团。集团总部位于美国纽约，通过其遍布美国、欧洲与亚洲的办事处为客户提供服务。截至 2013 年 9 月 30 日，贝莱德管理的总资产达 4 096 万亿美元，包括股票、固定收益投资、现金管理、替代性投资、不动产及咨询策略。通过 BlackRock Solution® 系统，为其全球客户提供风险管理、策略咨询与企业投资系统服务，客户投资组合总计约 10 万亿美元。

贝莱德善于运用全球规模上的优势以及本土的服务与关系。公司替北美洲与南美洲、欧洲、亚洲、澳洲与中东的客户管理资产，聘请超过 10 000 名

① 2009 年，该公司被摩根士丹利收购了控股权（51% 股权），组建了名为“摩根士丹利美邦”的合资经纪业务公司。——编者注

专业人士，并在全世界 27 个国家和地区设有据点。其客户群包括全球的公司、公营企业、公会与产业的退休基金、保险公司、第三方销售的共同基金、捐款、基金会、慈善基金，官方机构和政府、主权基金、银行、专业金融人士以及个人投资者（见图 2—10）。

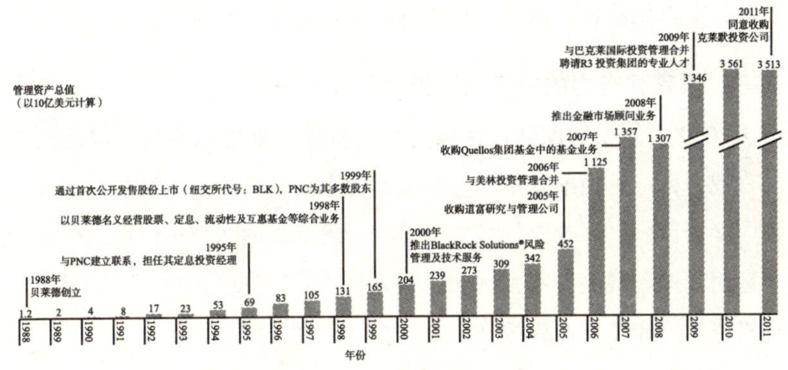


**图 2—10　贝莱德的发展历史**

贝莱德资产管理业务的成功经验包括以下几点：

**第一，通过资本运作推动企业发展。**1999 年，贝莱德成功在纽交所上市，一方面扩大了自己在投资者中的影响力，另一方面也获得了充足的资金开发 BlackRock Solution® 等核心产品。此后，贝莱德进行了一系列的兼并收购，其中最重要的是在 2005 年收购了道富研究与管理公司，紧接着 2006 年与美林资产管理公司合并，两年间资产管理规模从 3 000 多亿美元增至 1.1 万亿美元，一举确立了贝莱德在行业第一阵营的位置。2009 年，贝莱德又抓住巴克莱集团急需补充资本金的契机，将兼并目标锁定为最大的竞争对手——巴克莱全球投资者。该并购总对价 135 亿美元，贝莱德自身仅拿出 8 亿美元现金，其余均从资本市场上融资得来。

**第二，根据客户需求调整集团组织架构。**贝莱德集团会根据变化的市场情况与客户需求来调整其组织架构，从而提升其资产管理能力与市场竞争力。2012年，为了更好地发挥其投资能力，贝莱德集团将投资团队分为5大核心组合团队：Alpha策略团队、Beta策略团队、多资产策略团队、另类策略团队以及交易和流动性策略团队。此外，贝莱德集团还根据机构投资者数量的增加，资产与负债的管理需求产生的变化将BlackRock Solution®团队和机构客户平台进行垂直化调整，从而为机构客户提供更完善的服务。

**第三，依靠强有力的投资团队提供多种类型的投资方案。**贝莱德集团拥有超过10 000人的投研团队，保证其投资管理目标得以实现：以极大化超越指数的表现为目标，精准基本面与技术面的主动式管理；以增加在世界资本市场投资广度为目标，高效率的指数型策略。贝莱德的客户可以通过广泛的产品架构来运用其投资解决方案，例如投资人与法人的分离账户、共同基金、其他综合型投资工具和领导业界的iShares ETF投资平台。

### ‖道富银行：专注于资产管理业务的专业化银行‖

道富银行（State Street）是全球最大的托管银行和最大的资产管理公司之一，在全球范围内为机构投资者提供服务并管理金融资产。公司的产品及服务包括托管、会计、管理、每日定价、外汇服务、现金管理、金融资产管理、证券拆借及投资咨询服务。道富银行在全球29个国家和地区设有子公司，客户遍布全球100多个金融市场。

道富银行下设三大分支机构，分别是：道富环球投资管理（SSgA），主营资产管理部分；道富环球市场，主营投资组合研究与交易；道富环球服务，主要负责提供给投资者所有的后期服务与跟踪。

道富银行的投资管理业务由其下设分支机构SSgA提供，该业务为公司、公共基金和资深投资人提供投资管理及融资融券服务。SSgA的投资管理包括主动管理和被动管理，如使用量化方法和基本方法为美国及非美国的股票和债券提供指数化基金和对冲基金管理策略（见表2—5）。

**表 2—5　　道富银行投资管理业务及收入构成**

| | 收入构成 | 主要业务 |
|---|---|---|
| 中间业务收入 | • 投资管理费用 | • 为客户、共同基金提供财富管理 |
| | • 融资融券费用 | • 将为客户管理的基金投入到融资融券市场中 |
| 利息收入 | • 其他中间业务收入 | • 其他管理业务 |
| | | • 为客户、共同基金提供财富管理 |

道富银行开展资产管理业务的成功经验包括以下几点：

**第一，持续创新，资管业务的不断创新。**1993 年，道富推出了首只在美国上市的 ETF 基金，进一步扩大集团在被动资产管理业务方面的领先优势。同时，道富坚持资产管理业务创新，以其 SPDR ETF 产品系列为例，截至 2012 年 9 月，SPDR ETF 已包括 173 个全球产品。截至 2012 年，道富 SSgA 客户中持有新业务的客户比例高达 77%，产品创新为道富提供了持续性的资产管理优势（见图 2—11）。

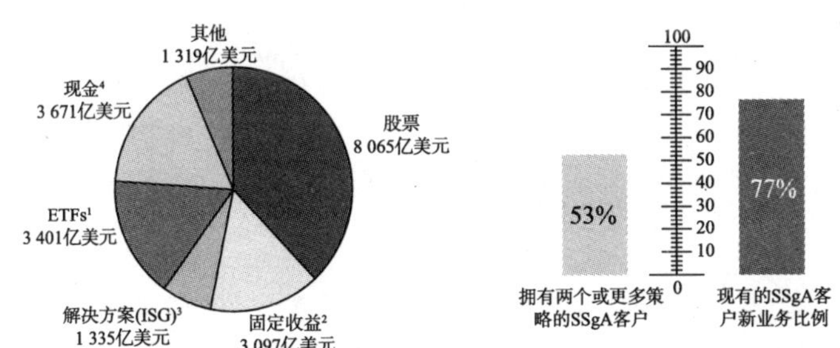


截至2012年12月31日

[1] 该管理资产包括SPDR黄金ETF信托的资产（截至2012年12月31日约为722亿美元），SSgA的联营公司道富环球市场公司为该信托的市场代理人。
[2] 包括绝对收益、商品、货币、公司股票、全球多种策略、对冲基金、期货投资基金、私募和房地产。
[3] 在ISG这个产品策略下的管理资产是独立计算的。
[4] 包含证券、贷款担保、现金和货币市场。

**图 2—11　道富银行 SPDR ETF 产品情况**

**第二，建立于托管业务基础上的资产管理业务。**资产托管是资产管理业务发展中的重要服务环节。资产托管业务推动了道富银行从传统的资金供应商向直接融资综合金融服务商转变。

## ‖嘉信理财：专注于资产管理业务中的零售业务‖

嘉信理财（Charles Schwab）成立于1971年，总部设在旧金山，是世界上最大的网上理财交易公司，美国证券投资保险公司及经纪证券所会员，主要提供证券经纪及资产管理服务。目前，嘉信理财旗下包括嘉信理财公司、嘉信银行和嘉信理财香港有限公司，提供证券经纪、银行、资产管理与相关金融服务（见表2—6）。

表2—6　　嘉信客户类型资产分配表

| 类型 | 每年平均回报率 | 适合投资者类型 | 投资比例分配 |
|---|---|---|---|
| 保守型 | 9.44% | 适合短期收入、稳健和不关心投资增值的投资者 | 债券55%、现金25%、大型公司股票15%、国际性股票5% |
| 中庸保守型 | 10.65% | 注重短期收入、稳健和资产价值略有增加的投资者 | 债券45%、大型公司股票20%、现金15%、国际性股票10%、小型公司股票10% |
| 中庸之道型 | 12.41% | 不需要短期收入，但希望在长时间内得到合理稳定成长的投资者 | 债券30%、大型公司股票30%、国际性股票15%、小型公司股票15%、现金10% |
| 中庸进取型 | 12.41% | 有良好的资产增幅、无需短期收入的长期投资者 | 大型公司股票35%、国际性股票25%、小型公司股票20%、债券15%、现金5% |
| 进取型 | 12.89% | 要求有可观资产增值的长期投资者 | 大型公司股票40%、国际型股票30%、小型公司股票25%、现金5% |

嘉信理财开展资产管理业务的成功经验包括以下几点：

**第一，利用信息技术优势改善服务体验。**嘉信理财在服务方式上采取先进电话及网络技术，为客户提供多方面的投资渠道。一方面，设有现金的自动电话服务系统，让客户全天候通过按键式电话获得报价、下单买卖股票、期权或查询账户情况，这样可节省嘉信理财标准佣金 10% 的费用；另一方面，设有网络通方式，让客户全天候通过网络下单，网上进行股票交易、查询报价及账号资料。

**第二，拓展投资咨询服务吸引零售客户。**嘉信理财开展资产管理业务更偏向于为客户提供完整的咨询方案，包括股票咨询研究服务、年中报税简报、损益表、各种投资指南等。在咨询过程中，严格按照客户分类进行个性化咨询服务于投资策略建议。

**第三，独特的证券经纪人制度，借助通道业务提供资产管理服务。**嘉信理财有其非常独特的证券经纪人体系，除了其内部的经纪人，嘉信采用与外部独立金融 / 理财顾问紧密合作并为其提供展业平台的形式，建立起一支为客户服务的咨询团队。嘉信理财定位为低成本交易通道服务供应者，一直采用与独立顾问合作的形式实现了既让客户得到咨询服务，把客户留住，又不用直接向客户提供咨询的目的。

## ‖ HDFC：专注于房地产贷款业务的综合金融集团 ‖

在印度开放的金融环境下，HDFC 银行全资或持股拥有多家子公司，包括保险、基金、信托、风险投资公司等（见表 2—7）。

表 2—7　　HDFC 综合经营下的子公司持股情况

| 公司名称 | 持股比例（%） | 公司名称 | 持股比例（%） |
|---|---|---|---|
| HDFC 开发公司 | 100.0 | HDFC 风险投资公司 | 80.5 |
| HDFC 投资公司 | 100.0 | HDFC 标准人寿公司 | 78.8 |
| HDFC 控股公司 | 100.0 | HDFC Chubb 综合保险 | 74.0 |
| HDFC 信托公司 | 100.0 | GRUH 财务公司 | 61.9 |
| HDFC 地产公司 | 100.0 | HDFC 资产管理公司 | 50.1 |
| 家庭贷款印度服务公司 | 100.0 | 全球服务公司 | 50.0 |
| HDFC 风险托管公司 | 100.0 | HDFC 商业银行 | 22.0 |

尽管从 HDFC 的集团架构上看，公司业务应该朝混业化方向发展，但是从 HDFC 的收入贡献、利润和资产结构看，HDFC 依然属于高度专业化银行，其资产的 95%、收入的 93%、营业利润的 88% 都源于房地产业务，且主要是房地产贷款业务（见表 2—8）。

表 2—8　　HDFC 各部门业务经营状况比较

| 业务部门 | 收入贡献率（%） | 营业利润贡献率（%） | 各部门资产占比（%） |
|---|---|---|---|
| 房地产 | 92.7 | 88 | 95 |
| 寿险 | 0.3 | 7 | 5 |
| 综合险 | 0.1 | 0 | 0 |
| 资产管理 | 2.9 | 4 | 0 |
| 呼叫中心和数据处理 | 2.9 | 0 | 0 |
| 其他 | 1.1 | 2 | 0 |

可以看出，尽管 HDFC 具备混业经营构架，但其本质是一家专业化的房地产贷款银行。公司战略均围绕房地产市场开展，其核心目标是“通过房地产金融的发展帮助印度人住上自己的房子”。其业务高度聚焦与零售银行的房地产贷款板块，业务上的专业化优势吸引了国内外低成本的资金，推动了集团整体的稳定发展。

**第一，专注于特定领域的细分市场，发展核心竞争力。**尽管 HDFC 已经构建了综合化的经营结构，但是各子公司都为其公司主营业务，即房地产贷款业务服务。对房地产市场的专注提升了 HDFC 的整体运营效率与净资本回报率。

**第二，扩展债务融资资助金来源，减少网点建设维护成本。**尽管吸收储蓄存款的利率比同业拆借及发行债券低，但是对于 HDFC 等新兴银行，网点的建设成本与维护费用却相对较高。事实上，HDFC 通过借贷和融资融券已经获得了相对稳定的利差收益，其盈利能力的优势有所体现。

**第三，专业化经营有助于专业化风险控制。**HDFC 专注于房地产贷款市场的同时，形成了对该专业领域的风险识别的能力。同时，银行通过融资融券、发行债券等融资方式取代了期限灵活的贷款，更便于管理短期风险头寸，提高其资本安全性。

# 因势而变：中国资产管理机构综合经营的战略定位

## 博采众长：形成本土化的资产管理综合经营模式

海外资产管理机构综合经营的发展经验为我国金融体系综合经营提供了有益参考，中国资产管理机构的综合经营模式应根据经济制度、社会文化、金融制度金融结构、公司治理与监管体系等因素，有选择地对海外经验进行吸收借鉴（见表 2—9）。

**表 2—9　　基于制度因素的综合经营模式借鉴**

| 参照内容 | 中国情况 | 对标国 | 要素描述 |
| --- | --- | --- | --- |
| 经济制度 | 工业化进程中，须强调产融结合，强调金融业对实体经济的支持和责任 | 德国 | 参照莱茵模式，形成产融结合紧密、金融促进产业发展的健康特征 |
| 社会文化 | 权力集中制；国家与企业强调长远的规划和发展；强调企业和公民负有广义的社会责任 | 德国 | 参照莱茵模式，形成注重社会公平与集体利益、注重长期发展的特征 |
| 金融制度 | 由分业经营向混业经营过渡 | 美国 | 参照美国，形成金融机构之间相互渗透、金融创新活跃的市场特征 |
| 金融结构 | 间接金融占主导，但证券市场迅速发展 | 德国、美国 | 参照德国经验为主，兼顾美国模式，形成间接融资与直接融资共同发展、相互促进的动态特征 |
| 公司治理 | 追求股东利益最大化 | 美国 | 参照美国，形成董事会与管理层对股东负责，突出外部董事的治理特征 |

续前表

| 参照内容 | 中国情况 | 对标国 | 要素描述 |
| --- | --- | --- | --- |
| 监管体系 | 一行三会，分业监管 | 美国 | 形成对集团子公司分业监管，对金融控股总部合并监管的双条线特征 |
| 中国选择：本土化的综合经营集团特征 | 以银行、保险为主导而形成带有全能银行特征的金融集团集群；以综合证券和产业资本集团依据自身资源禀赋形成的金融控股集团集群 | | |

我国发展综合经营，要结合自身的实际情况，吸收不同综合经营模式中的相关要素与优势，形成具有自身特色的综合经营体系，而不能照搬某一种综合经营的模式。

**首先，从经济制度和社会文化来看，我国工商企业与银行联系紧密，产融结合特征明显。**同时，我国企业权力集中，国家与企业强调长远的规划和发展，强调企业和公民负有广义的社会责任，在这一点上与德国的莱茵模式更为类似。因此，综合经营发展依然要发挥金融业对实体经济支持的特色，借鉴德国全能银行为企业进行金融服务的特征，有针对性的构建综合经营体系。

**其次，从金融制度和金融结构的角度来看，我国金融行业正经历从过去严格的分业经营逐步向混业经营过渡的阶段。**这一发展阶段与美国20世纪90年代开始的金融混业浪潮较为相似。通过内部培育的模式发展综合经营，业务拓展的投入大、时间长，不能很好地适应目前中国资产管理行业快速发展的综合经营趋势，因此，并购已有的子行业金融机构成为主流选择。

总的来看，国内银行与大型工业企业在历史上有着更为紧密的联系，在产融结合程度与金融市场发育方面与实行全能银行制的德国有相似之处。因此，中国本土化的资产管理综合经营集团的主要特征，是以银行、保险为主导形成带有全能银行特征的金融集团集群，以及综合证券和产业资本集团依据自身资源禀赋形成的金融控股集团集群（见表2—10）。

表2—10　　国内资产管理机构综合经营现状

| 综合经营组织模式 | 资产管理机构自身条件 | 典型代表 |
|---|---|---|
| 金融集团制 | • 母公司在某细分行业具备较好基础<br>• 资本实力强 | 中国工商银行、中国银行、交通银行 |
| 金融控股公司制 | • 母公司为产业集团或自身不经营特定业务，子公司各版块发展较为均匀<br>• 资本实力强 | 中信集团、平安集团、招商局集团、上海国际集团 |
| 内部综合化 | • 资产管理机构资本实力欠佳，不具备大规模并购条件<br>• 在某一业务领域具备核心竞争力 | 兴业银行、嘉实基金及其他资产管理机构 |

不同资产管理机构应根据自身经营特色、业务优势、人员配置、资本金实力、客户受众等不同维度进行模式的选择设计。大型商业银行可以以银行自身为母公司，控股相关资产管理行业子公司，从而形成大型金融集团，例如中国工商银行、中国银行和交通银行。大型产业集团以及在资产管理各个子版块发展较为均匀的金融机构可以选择母公司没有特定主营业务，综合管理下属子公司的金融控股公司模式，例如平安集团和中信集团。资本实力欠佳或综合经营尚未全面布局的资产管理机构，如要选择综合经营，可以从内部业务的综合化入手，立足于自身优势业务，围绕核心优势设立负责不同业务的事业部或相关产品线，再逐渐独立成相关子公司，如兴业银行、嘉实基金以及其他资产管理行业的金融机构。

## 多元化与专业化的业务定位：来自海外经验的启示

### ‖不同资产管理业务的资本占用与风险特点‖

资产管理机构需要根据机构战略选择专业化或全能化的业务模式。学习海外资产管理机构开展业务的案例可以发现，在金融体系演化中，资产管理机构必须不断通过专业化和多元化来实现资本回报率最大化和经营利润平稳化；而资产管理业务由于其相对传统金融业务具有更高的灵活性和金融创新性，加上轻资本的业务属性，成为国内传统金融机构进行专业化和多元化战略调整的重要方向。

次贷危机对于多元化金融机构的教训是：在执行上述追求资本回报率最大化的战略时，不能过于极致。对于多元化并购产生的资本节约效应和经营协同效应，需要对业务进行结构化区分（见表2—11）。

表2—11　不同资产管理业务的特点

| 业务分类 | 组织结构 | 风险控制 | 协同发挥 |
|---|---|---|---|
| 重资本、复杂风险业务（金融创新、地产投资、金融担保、再保险等） | 独立运营，减少担保等信用支持 | 压力测试，情景分析胜于数量化模型 | 不能直接服务于集团内部，产品或服务必须经过外部市场充分评价才能转化为内部产品 |
| 轻资本、复杂风险业务（对冲基金及其他第三方替代投资基金） | 独立运营，减少担保等信用支持 | 资产与负债性质的匹配（结构化的产品组合） | 无论是与重资本、复杂风险业务还是轻资本、成熟风险业务的合作，产品和服务转移都必须建立在外部市场定价基础上，并明确风险的转移与承担 |
| 重资本、成熟风险业务（商业银行、传统保险、传统资本市场交易 | 集团运营，但必须独立拨备资本 | 模型化分析 | 在与轻资本、成熟风险业务的合作中，内部转移定价需参考外部市场定价，并明确风险的转移与承担 |
| 轻资本、成熟风险业务（财富管理、传统投行、共同基金） | 集团运营 | 除了要控制操作风险外，须设立独立的内部监督机构，客观评价与其他部门合作中的产品服务转移定价 | 转达客户需求，有选择地接受其他部门的产品与服务支持 |

## ‖资产管理机构的业务选择——综合化或专业化‖

海外资产管理机构在面对综合经营时，选择了不同的业务发展路径，并根据机构自身规模与业务能力在综合化的机构设置下，选择业务多元化与业务专业化的发展路径（见表2—12）。业务多元化发展路径适合整体实力强，规模优势明显的资产管理机构，例如5大国有商业银行以及有强大金融集团支撑的综合性机构，例如中信集团与平安集团。多元化综合经营要求资产管理机构在多个金融子市场提供完善的金融服务，是一种大而全的业务选择。为了避免在多元化经营中的空心化威胁，并提升风险资本的回报能力，可以借鉴花旗集团和汇丰集团通过并购手段增强其在每个专业化领域的竞争实力。

表2—12　　国内资产管理机构综合经营业务模式选择

| 综合经营业务模式 | 资产管理机构自身条件 | 竞争优势 | 适用对象 |
|---|---|---|---|
| 业务多元化 | 整体实力强，规模优势明显 | 多个金融子市场提供完善的金融服务，每个领域都争取竞争优势 | 5大商业银行、中信集团、平安集团 |
| 业务专业化 | 具有业务偏好，规模优势欠佳 | 发展重点业务，使用战略联盟，加强产品与渠道拓展 | 探索综合经营的证券公司、基金公司、保险公司 |

具有明确业务偏好的资产管理机构，例如目前正迅速扩张的中小型股份制商业银行，以及积极探索综合经营的证券公司、基金公司和保险公司，应该先找准自身定位，建立专业优势，从而确立在行业中的核心竞争力。在业务选择方面，资产管理机构可以有针对性地选择业务方向或业务特色，例如贝莱德集团专注于投资管理能力，道富银行专注于托管业务，而嘉信理财则选择零售业务方向。然后再在此基础上，通过战略联盟等手段，加强产品和渠道之间的拓展，开发交叉产品，在各业务单元间开展交叉销售、联合推介，为客户推出量身定制的产品。

此外，资产管理机构需要根据客户需求和客户结构特征不断调整资产管理业务的产品与服务（见图 2—12）。例如，贝莱德集团在 2012 年根据机构客户比例的变化对 BlackRock Solution® 的调整、道富银行根据客户需求不断推出新产品以及嘉信理财根据客户 5 级分级类型提供完整的咨询方案。而国内商业银行目前则缺少市场细分，经营特色不明显，同质化竞争严重。因此，最先找准机构定位的资产管理机构将占得市场优势地位。

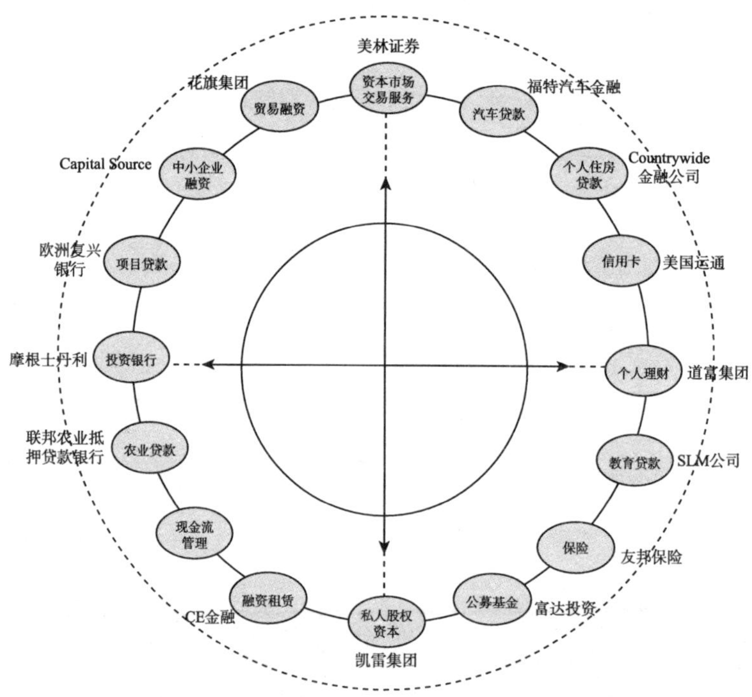


图 2—12　综合化背景下国外银行的专业化选择

# 扩张驱动：综合经营的路径选择与能力建设

## 资产管理机构综合经营的发展路径

资产管理机构的综合经营首先要形成具有行业竞争力的优势业务，之后再打造全牌照的中国本土化资产管理综合经营集团。国外金融机构通过并购手段打造综合经营平台，主要是在已经形成的优势业务的基础上，通过并购对业务优势进行巩固与扩充，在优势业务基础上进一步扩张。

## ‖核心业务的选择‖

尽管目前，在我国创新和监管放松的大背景下，设立全牌照的金融控股公司已经变得简单。但是，没有核心优势业务的扩张，缺少发展路径依赖，因而能够在业务空心化的基础上发展成为全能银行的机构少之又少。在此情况下，一些中小型资产管理机构通过扩张牌照的方式发展综合经营将不具备竞争力，并购的意义也不大。因此，我国资产管理机构综合经营的第一步便是发展核心优势业务，通过引入业务领域的专业化团队，形成核心业务的人员团队建设，从而快速发展业务优势。

在进行核心业务选择时，可以吸取国际经验，并注意以下几点。

**第一，要做到主次分明，着力拓展自身的传统和优势业务。**众多大型金融控股集团在国际金融危机中的业务失败表明，金融控股集团的规模发展到一定程度就会产生规模不经济现象，包括管理链条的增加、业务和产品的内部竞争、资源的内部消耗以及风险的高度累积等，其边际效益会随之开始缓慢下降，甚至出现负值。因此，我国资产管理机构发展综合经营必须做强做大自身原有的优势业务，适时择机开展其他金融业务，力求形成良好的业务格局。

**第二，要积极拓展新兴业务，以适应金融市场的快速变化。**虽然国际金融危机的爆发使得投资银行等新兴金融机构逐步向传统业务回归，但是快速发展的金融市场仍然冲击着金融机构的传统业务模式，并促使其尽快实现业务模式的转型升级。因此，金融机构综合经营必须顺应国际金融业发展的总体趋势，依托现有的产品、网络、资源和平台优势，充分挖掘客户，特别是个人客户的潜力，积极开展融资和财务顾问、企业现金管理、代理代销、资产证券化、创业板市场业务以及证券投资基金、房地产投资基金、产业投资基金、私人股权投资、QDII、养老金管理、保险资金管理运用等新兴业务，努力扩大集团整体业务规模、市场价值和品牌影响力，有效释放资本，优化资产负债结构，提高风险管理能力，从快速增长的金融市场中获取收益。

**第三，要理顺集团内部利益分配格局，提高整体盈利能力。**利益冲突始终是金融控股集团经营过程中的内在缺陷，因此，资产管理机构综合经营必须建立和完善一级法人治理结构，按照长短期目标顺次推进的原则，合理确定集团整体战略目标和规划并促使各业务单元的发展都能与其及时对接；必须拉直集团内部管理和控制机制，加强集团层面的资源集中管理能力，强化对控股子公司的财务检查和分析，建立更加明确的联动奖惩制度和业绩管理体系，形成激励相容的绩效考核机制，保持公平、提高效率，推动协调发展；必须加速处理不良资产，特别是从严控制由于跨业经营形成的新增不良资产，强化不良资产清收工作，积极调整业务结构，努力提高集团整理盈利能力。

## ‖扩展路径的选择‖

在明确自身的特色优势业务后，我国资产管理机构可以通过延续优势业务的发展路径，打造本土化的资产管理综合经营集团（见图 2—13）。其两大实践路径包括新设组建和并购组建。新设组建是指，建立独立的、开展不同金融业务的子公司，并由集团统一进行控股管理。采取这一路径的优点是，新建子公司与集团内部原有子公司不存在利益、文化和品牌价值上的差异；其缺点则是，新涉足业务所需要的知识技能必须通过长时间的培育才能获取，相对较长的业务发展时间可能会导致较高的进入成本。并购组建是指，凭借资本优势，通过兼并、收购其他金融机构形成控股子公司，从而经营不同的金融业务。采取这一路径的优点是：并购集团可以充分利用被并购公司的专业知识技能及其业已建立起来的良好商誉，使得跨业市场的开拓过程符合既定的发展步骤。而这也符合海外资产管理机构综合经营发展路径的规律总结。

国外金融打造综合经营平台多通过并购方式。选择并购手段发展综合经营，最重要的就是并购对象和时机的恰当选择以及资源和利益的协同整合。一方面，集团要选择合适的并购对象和时机，可以充分利用内地广阔的金融市场资源，选择市场调整的合适时机，大量并购跨业金融机构；同时，积极发挥分支机构的作用，选择恰当的地区和合适的金融机构实施并购。另一方面，集团在实施并购后，一要通过对子公司的绝对控股或高度控股来逐步实现业务协同，发挥规模经济和范围经济效应；二要通过取消控股子公司的上市地位来实现品牌和商誉的统一，提升子公司的整体竞争地位；三要从文化、技术、业务等多个方面进行内部整合，逐步形成统一、包容、多元的集团文化，在资源共享的基础上有效突破开展新兴、高端业务的技术瓶颈，并最终实现业务分工明确、跨业融合有效的综合化控股经营格局。

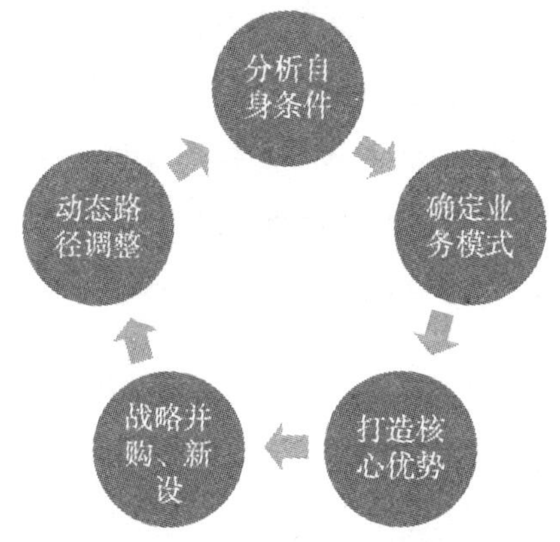


**图 2—13　我国资产管理机构综合经营路径选择**

**金融控股集团的组建不仅是为了寻求较高层次的互补合作，更重要的是基于资源共享和转移的业务融合，以及相应的集团协同效应的发挥。**它不是控股子公司及其业务的简单相加，而是要以客户为中心，以产品或业务特性为导向，聚合集团内部的不同业务模块，充分发挥其整体优势和品牌效应，在更大范围内定制富有创新意义的金融投资和避险工具，联通不同市场和业务领域，为客户提供全方位、一站式的金融服务。因此，实现战略协同是中国金融业综合经营的首要基础，而金融创新和业务整合则是协同效应发挥的基石。

**一方面，要积极发挥资源优势，稳定优质客户，促进业务整合和协同效应的发挥。**要充分发挥集团资本实力，改变相关业务单元资本薄弱的状况，促进其重组扩张；要充分发挥现有的渠道优势，通过完善一体化金融服务网络，便利金融产品销售；要充分共享客户资源，有效挖掘和充实高端客户群体，积极开展交叉销售；要充分发挥集团资金实力，在缓解部分业务单元融资困难的同时，不断提高流动性管理的效能和方向。

**另一方面，要积极推动金融创新，融合业务架构，加速集团协同效应的形成。**要把握不同金融业务发展的一般规律，确定各自合理的发展目标，找准市场定位，加速不同金融产品原始创新；要充分发掘不同业务单元在产品内容上的关联性和服务手段上的互补性，发挥各自的外部制度延展优势，搭建统一的金融信息平台，减轻业务重叠和文化冲突，努力降低管理和展业成本，不断提高公司治理和资源配置效率；要进一步提高金融产品的设计和研发能力，发挥不同金融业务的灵活性，合理分解和整合产品价值链，平衡金融功能结构定位，积极开展集成创新，努力构建相对复杂的跨业金融产品组合。

在扩展综合经营的过程中，集团应该根据实际情况对综合经营的协同效应进行评估，找到协同效应最优点，并根据企业发展的实际需求进行动态路径调整。若综合经营或全业务结构的定位不利于企业核心优势的体现，则应该进行调整和取舍。

## 资产管理机构综合经营能力建设

### ‖资本配置能力建设‖

统一的资本管理与配置能力将决定资产管理机构综合经营的金融协同效果。无论资产管理机构最终定位多元化业务发展还是专业化业务发展，只要资产管理机构以集团化形式运作，就可以产生金融协同效应，也就需要提升资本管理与配置的能力。第一，提高集团整体的外部融资能力，在集团层面进行统一融资，发展多样化的融资手段，减少融资成本。第二，提高资本在集团内部不同业务与部门之间的配置能力，将资金集中到风险资本回报率与投入风险回报率最高的业务上。

### ‖利润分配机制建设‖

资产管理机构要充分发挥综合经营的协同效应，需要建立科学的内部价格转移和分润机制，充分调动各方面的积极性，使各业务线和子公司协同的稳定性和长期性得到加强，盈利预期和分润机制更为明确，尽可能减少各方的博弈成本，努力实现多赢和长远发展，从而形成一个正向激励强化的良性循环。例如，平安集团目前将协同效应指标纳入子公司及管理层的业绩考核体系，通过 KPI 绩效考核来促进子公司的协同合作。同时，子公司设立负责协同管理的组织体系，由集团投资管理委员会负责，充分发挥管理协同效应。

### ‖公司治理结构建设‖

利益冲突始终是综合经营的内在缺陷，因此，资产管理机构的综合经营必须建立和完善一级法人治理结构，按照长短期目标顺次推进的原则，合理确定集团整体战略目标和规划并促使各业务单元的发展都能与其及时对接；必须拉直集团内部管理和控制机制，加强集团层面的资源集中管理能力，强化对控股子公司的财务检查和分析，建立更加明确的联动奖惩制度和业绩管理体系，形成激励相容的绩效考核机制，保持公平、提高效率，推动协调发展；必须加速处理不良资产，特别是从严控制因跨业经营而形成的新增不良资产，强化不良资产清收工作，积极调整业务结构，努力提高集团整体的盈利能力。

### ‖共享平台机制建设‖

综合经营需建立在大量数据汇总合并处理和运营管理的基础上，没有强大的后台支持系统将难以完成。要实现综合经营，必须更新或升级现有的信息技术系统，建立起多元化的业务管理和风险控制系统结合的复合型产品创新和销售的信息技术平台，以及满足客户多样化需求的客户关系管理系统。同时，资产管理综合经营集团还可以通过文档作业、财务作业、电话中心等后台部门的资源共享，减少资产管理机构的运营成本，进而提升协同效益。目前，平安集团的作业共享已达到行业领先水平，其文档作业共享率达到55.6%，电话中心共享率达到72%，财务作业共享率达到100%，规模化作业大幅降低了服务成本，提高了服务质量。

## 综合经营风险管理体系建设

### ‖梳理组织架构，进行结构化风险控制‖

随着金融创新的发展，金融机构的业务种类日益繁杂，规模不再成为竞争的最主要因素。于是在20世纪50年代，客户事业部制的尝试开始在美国出现，到了70年代，证券化推动的金融创新大爆发，并由此崛起了一批运营效率更高的专业化金融机构，规模的竞争转化为业务的竞争。这就迫使美国多数金融机构由总分行制转向了事业部制，并在90年代的全球化过程中，形成了以事业部为主、以区域分部为辅的矩阵结构，其后欧洲金融机构也开始效仿这种事业部制的组织结构。

如今，事业部制或以事业部为基础的金融控股集团已经成为国际上金融机构的主导结构。事业部制的优点不仅在于它能够更加集中的利用资源，帮助金融机构进行更好的资源配置，推动业务结构向着有更高回报和更大成长性的方向转型；还有利于金融机构准确分析和度量每项业务的风险，为其留出足够的资本金，并在适当时候进行风险隔离。因此，事业部制是上述所有结构化风险控制的基础。

## 业务独立运营，降低综合经营风险

以往国内一直奉行金融机构分业经营的原则，但近几年受国际金融混业趋势影响，也正逐步走上混业道路，平安、中信等大型金融机构开始进行多元化的扩张。但在金融控股的热潮背后，是风险串联的隐忧。此外，传统商业银行、保险公司对新业务的尝试也在使业务范围不断扩大，如信用卡业务、汽车贷款、个人住房抵押贷款、理财产品等，一些大型金融机构还在海外市场尝试进行衍生金融产品或结构化金融产品的交易操作。

这些业务虽然都在传统金融业务范畴内进行，但其金融性质已经从短尾跨入了长尾区间，潜在的风险很大。为了对长尾业务进行风险隔离，需要借助必要的证券化手段使一些创新业务能够从金融集团或综合性资产管理机构内部分离出来，独立运营，独立接受监管机构、评级机构、交易对手和客户的风险评价，直到经历几轮周期、创新风险充分释放、风险数据足够可信时，这些业务才能够从长尾业务变为短尾业务，再安全地融入集团内部。

## 客户风险匹配，化解长尾业务困境

近年来，随着中国金融机构和金融产品种类的丰富，不同机构之间的业务往来和交叉合作日益频繁。尤其是银行与信托的合作更加紧密，银行借助信托渠道将自己的信贷类资产、票据资产打包为证券化产品，然后再通过自己的银行网点以理财产品形式发售给普通投资人。这些产品的出现本身是一种创新，但其由于通过银行渠道购买理财产品的投资人风险承受能力较低，因此，具有“长尾风险”性质的理财产品可能并不适合于银行渠道的简单销售。

解决目前长尾业务风险困境的有效途径是，把合适的产品推荐给合适的投资人，把有长尾风险的产品推荐给有能力理解和承受这种风险的高端投资人，即以私募基金方式发售给机构投资人，或将其作为资产配置的一部分，以资产组合方式推荐给私人银行客户。

## ‖构造良好内控环境，提升风险管理水平‖

资产管理业务风险控制是综合经营的金融控股集团风险管理和内部控制的重要组成部分。特别是向综合经营方向发展后，在实现规模经济、范围经济、金融体系效率提升的同时，其集团内部的风险聚合程度也有所提升。除了从不同资产管理业务的微观层面，根据风险划分的不同进行控制，也需要从金融控股公司组织架构、内控管理等宏观层面进行风险控制，提升风险管理能力。

资产管理机构综合经营在内部控制方面的目标包括：第一，要达到效率要求，能实现集团的协同效应；第二，要达到风险控制要求，能控制好综合经营的特殊风险；第三，要达到信息透明度要求，信息披露机制及时、真实、完整；第四，要达到合法性要求。从具体操作来看，首先，要完善资产管理机构的内部控制环境；其次，要完善内部控制流程；最后，要健全内部审计监督和信息系统。

综合经营的金融控股集团必须设立专门的风险监控组织体系，建立审计稽核管理体制，以及集团内部风险预警系统和风险监控制度。在金融控股集团风险预警的运行体系建设方面，首先，要确立风险预警的指标体系和预警界限标准；其次，要在区分风险因素种类的基础上，准确分析处理外部经济环境变化指标和集团各种经营指标数据；再次，要对风险程度采取预警信号进行显示，并据此采取相应措施；最后，要建立健全风险应对策略。在建立集团内部风险监控制度方面，首先，要建立完备的内部交易制度；其次，要建立并完善集团的财务会计制度；最后，要建立集团内部审计与稽核制度。

第3章

# 分享新型城镇化盛宴：资产管理行业的探索与实践

## 本章导读

- 在新型城镇化背景下，市场化的融资体制需要多样化的金融创新，资产管理行业只需“顺势而为”。然而，基础设施与公共服务融资长期以来一直由政府主导。目前，非市场化力量仍然严重干扰着金融市场，各类与城镇化融资相配套的创新产品刚刚推出，认可度与实际效果还有待市场检验。

- 从国际经验来看，将城市“准公共品”的投资主体从政府部门转移到私人部门是必然趋势。在资产管理行业参与广义公私合营（PPP）的模式创新方面，通过利用国有资本撬动社会资本，广州已经率先作出了突破性的有益尝试。2013 年，12 家国资企业作为 LP 参与投资了广州国资产业发展股权投资基金，重点投资涉及广州城市建设与发展的关键领域。国资基金开辟了城镇化融资公私合营的新途径，为资产管理机构参与 PPP 提供了接口。

- 在资产证券化产品审批政策放宽后，券商资管将迎来高速发展。相比基金子公司，券商项目来源更广泛，主动设计能力和产品构架能力更强，并拥有分布广泛的销售终端。相比信托，券商作为 SPV 发行的资产支持证券可上市交易，而信托收益权无法在交易所内份额化交易。券商资管在证券化业务方面优势明显。

- 目前，自发自还地方债的发行定价存在扭曲，且承销团以银行为主。在发行机制纠偏以后，券商将在承销方面面临空间巨大的发展机遇，而更加合理的定价也将给其他资产管理机构带来投资机会。甄别地方政府资信与偿债能力变得尤为关键，同时资产管理机构应进一步强调风险控制能力。

## 新型城镇化配套的结构性改革催生融资创新需求

为使我国未来的城镇化更有效率、更加包容和可持续，我国需要采取新型的城镇化模式。新型城镇化模式必然会产生不同的基础设施和公共服务的新需求，而这种新需求则需要财政和金融部门来满足。新型城镇化需要一种新型的融资供给机制。规模庞大的城镇人口所对应的潜在金融需求将是一个规模庞大的市场。它意味着，与之相伴的基础设施和公共服务融资需求总量依然较大，需要一个跨时空的资金匹配机制来实现。

**在未来可持续的融资体系中，财政、金融和私人部门将会扮演更重要的角色。**财政改革要使劳动力和资本的流动更加高效，使之流向生产率最高的地方和行业；公共服务支出则需要促进转移人口及其家属的市民化，使其真正融入城镇生活。金融改革既要有效满足地方政府基础设施建设的融资需求，在信贷总量难以继续攀升的条件下，让地方政府按照更加市场化、透明化的方式更大范围地利用债券市场融资，同时也要对地方政府施加必要的金融纪律，以避免对金融部门带来不可控的潜在风险。私人部门在市场化程度高、准入和退出机制完善的领域应该发挥更大的作用。为实现财政、金融和私人部门在未来城镇化融资中的作用，需要对整个融资体系进行系统性的改革。

从金融部门来看，新型城镇化融资必须摒弃土地财政模式，转而寻求资金配置更高效、来源更充裕的渠道。我国推进新型城镇化的瓶颈之一正是城镇基础设施融资问题。解决该问题的可行途径就是突破固有的扭曲资源配置的僵化体制，将城镇化融资问题交由金融市场来解决，采用市场化机制引入私人资本来扩充城镇化建设资金。但是，目前的金融体系尚存在着诸如市场价格形成受管制、金融市场深度与广度不够、金融产品种类匮乏等一系列问题，导致金融体系提供中长期资金来源的能力有限，无法有效弥补土地财政融资功能降低后留下的资金缺口。

因此，为了保障新型城镇化的顺利推进，必须通过加快金融改革来发挥资金资源的长期配置作用。通过发展直接融资市场体系，依托于资本市场等市场化筛选机制，促进市政债、资产证券化等长期融资工具的发展，培育长期投资者，满足城镇化融资需求。

在此背景下，作为市场中对政策走向与发展机遇最为敏感的群体，资产管理行业只需“顺势而为”，充分利用产品与业务创新，提供形式多样化的长期资金供给，以对接日益增长的城镇化融资需求。可见，资产管理行业正面临着巨大的发展机遇，各类资产管理机构在此过程中有着各自的定位与优势。然而，基础设施与公共服务融资长期以来一直由政府主导，尽管城镇化融资模式已经开始向市场化主导的方向改变，但是非市场化的力量仍然在很大程度上扭曲着定价机制；各类与城镇化融资相配套的金融创新产品也刚刚推出，认可度与实际效果还有待市场检验。

## 市场化的融资体制需要多样化的金融创新

金融改革的基本目标是盘活存量、优化增量。从目前的背景来看，我国未来的M2增速预计难以有持续显著的增长（见图3—1）。在这个约束条件下，为了使金融部门继续支撑我国的基础设施建设，可考虑的选择方案是扩大社会融资总量。要实现这一点，则必须通过资产证券化等金融工具与手段，盘活沉淀在金融体系或民间的存量资金。同时，针对来源于金融市场直接融资渠道的增量资金，需要通过强化市场化机制保障这些资金的优化配置，从而有效提高城镇化的质量与效率。

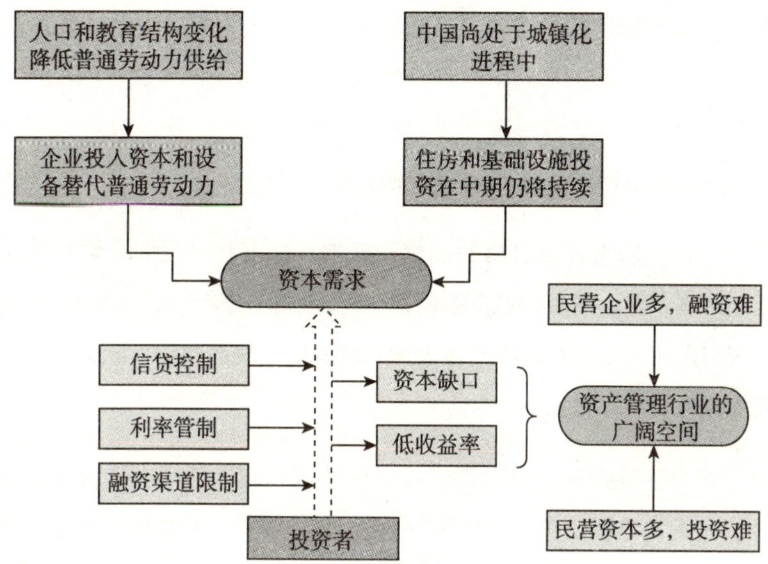


图 3—1 新形势下资产管理行业发展的背景

## 公私合营（PPP）模式的应用：国际经验与国内实践

从国际经验来看，城市基础设施投融资体制的市场化改革是一个必然的趋势，良好的体制是塑造健全、理性投融资行为的基础和前提。而市场化改革对政府在城市基础设施建设和管理上提出了更高、更严格的要求，城市基础设施投融资行为要在市场利益激励、市场风险约束以及政府主导和行政监管下进行。基于此，国际上城市基础设施投融资体制改革主要呈现三个特点。

**第一，扩展融资渠道，创新融资方式。**城市基础设施项目在增加政府资金来源的同时，将出资主体转移到私人部门，努力吸引私人资金投入，采取特许经营的方式或通过让渡政府部分或全部的投资决策权和投资回收权，来吸引私人资金的股权参与。

**第二，确定固定的融资渠道、融资主体和融资方式，保证资金来源的稳定性。**在本国的金融市场环境下，在确定部分财政资金的专款专用以外，以政府部门为融资主体，建立一种制度化的融资行为模式。保证政府资金专款专用，最主要的就是建立专项基金与专项借款。

**第三，提高城市基础设施的投融资效益。**提高政府投资决策水平，包括建立职能明确、权责清楚的城市基础设施管理机构，减少对投融资建设的不当干预；制定严密的城市基础设施建设规划和有针对性的投资计划；完善城市基础设施的投融资决策机制等。

为了逐步建立适应公私合营模式运转的政策制度环境，我国政府部门相继出台了相关规范性文件。2005 年，国务院颁布《关于鼓励支持和引导个体私营等非公有制经济发展的若干意见》(被称为“非公经济 36 条”)，允许非公有资本进入公用事业和基础设施领域。2010 年，国务院又颁布《关于鼓励和引导民间投资健康发展的若干意见》(被称为“新 36 条”)，鼓励和引导民间资本进入基础产业和基础设施、市政公用事业和政策性住房建设、社会事业、服务等领域。在政策指引下，资产管理机构可尝试参与 PPP 领域，例如通过组建基础设施产业投资基金的方式。然而，目前市场对该类投资较为慎重，原因主要是，在利益分配、风险分担、决策机制等公私合营实现的具体过程中，面对强势的政府，民间资本的话语权仍然很弱。另外，也缺乏专业化的机构来完成整个契约结构设计、平衡各方利益。

在资产管理行业参与 PPP 的模式创新方面，广州在国内已经率先作出了突破性尝试。通过利用国有资本撬动社会资本，国资基金开辟了城镇化融资公私合营的新途径，这为资产管理机构参与 PPP 提供了有效的接口。2013 年，12 家国资企业作为 LP 参与投资设立了广州国资产业发展股权投资基金，把握新型城镇化建设带来的机遇，将重点投资先进制造业、现代服务业、战略性新兴产业等涉及广州城市发展的关键领域，共同参与城市建设。从基金的具体运作模式来看（见图 3—2），国资基金采取“母基金 + 若干子基金”的架构，母基金不直接从事具体的投资业务，针对特定项目设立子基金，母基金出资 20%~50%，总规模 24.02 亿元，作为劣后级投资人；剩余份额向社会募集，社会投资人为优先投资人。12 家参股国企大多为城市基础设施与公共事业类企业。以母基金的形式运作不会直接投资项目，而以越秀产业基金作为管理人，广州国资基金比地方政府的引导基金市场化程度要高。此外，其实目前很多 PE 基金都有国企参与，但真正类似广州由国资委牵头设立的基金尚属首例。

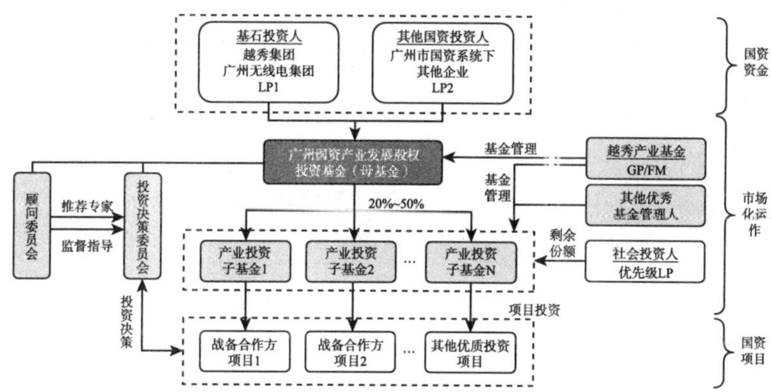


图 3—2　广州国资产业发展股权投资基金运作模式

## 资产证券化：盘活存量与优化增量的有益工具

未来资产抵押证券、信托、资产支持票据（ABN）等金融创新工具可以成为盘活资金存量、优化增量资金使用效率的更为市场化的选择。首先，地方政府利用融资平台贷款投资如城镇基础设施、交通设施等主要的投资项目，项目本身有稳定的现金流，符合资产证券化条件，可以由政府提供一定的资本金设立特殊目的实体（SPV）来举债。通过转让特定具体项目未来的收费权或现金流，或者在建基础设施、公共设施和公共服务的价格管理权，如市政供水价格、收费公路定价权等，本质上类似于资产证券化（ABS）。地方政府融资平台资产证券化为市政建设筹集资金，本质上依靠的仍然是项目未来稳定的现金流，从而实现城镇化建设财务负担在时间轴上的平行移动。其次，信托投资公司作为投融资媒介，对基础设施项目提供股权或债权融资支持，也可以以基础设施项目的经营类资产发行受益权信托，改善流动性。再次，由非金融企业在银行间债券市场发行的、以基础资产所产生的现金流作为还款支持的资产支持票据（见图 3—3）。

2012 年 8 月 3 日，中国银行间市场交易商协会发布《银行间债券市场非金融企业资产支持票据指引》，8 月 7 日，第一批三家城投企业各融资约 5 亿~10 亿元。资产支持票据的发行有利于缓解低信用评级企业的融资困境，对于信用级别较低、发行困难的企业，如拥有一部分有稳定现金流的资产，可以用证券化技术剥离出来并盘活。这样，就使原来难以发行的信用债转化为评级相对高的证券化产品。表 3—1 所示为 2012 年以来发行的资产支持票据情况。

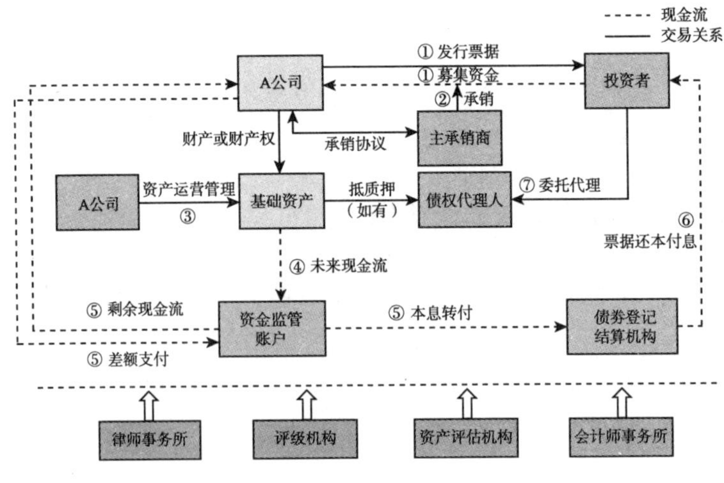


**图 3—3　资产支持票据的常见交易结构**

表 3—1　　2012 年以来发行的资产支持票据

| 产品名称 | 发行人 | 发行日期 | 规模（亿元） | 期限（年） | 基础资产 | 承销商 |
|---|---|---|---|---|---|---|
| 浦东路桥 | 上海浦东路桥建设股份有限公司 | 2012.08.07 | 5 | 1~3 | 浦东建设与多地政府签订的多个 BT 建设合同的应收债权 | 浦发银行 |
| 南京公用 | 南京公用控股有限公司 | 2012.08.07 | 10 | 1~5 | 下属全资子公司南京市自来水总公司未来 5 年自来水销售收入 | 中信证券、工商银行 |
| 宁波城投 | 宁波城建投资控股有限公司 | 2012.08.07 | 10 | 1~3 | 下辖区市的天然气收费权 | 中信证券、中信银行 |
| 天津房信 | 天津市房地产信托集团有限公司 | 2012.08.24 | 20 | 1~5 | 所持房产产生的租金收入 | 中信证券、中信银行 |
| 南京城建 | 南京市城市建设投资控股（集团）有限责任公司 | 2012.10.25 | 10 | 1~3 | 南京市城市快速内环未来 3 年收到的回购资金 | 国家开发银行 |
| 广西新发 | 广西新发展交通集团有限公司 | 2012.11.29 | 2 | 1~2 | | 中国光大银行 |
| 太原龙城 | 太原市龙城发展投资有限公司 | 2013.02.26 | 5 | 1~2 | | 兴业银行 |
| 扬州城建 | 扬州市城建国有资产控股（集团）有限责任公司 | 2013.03.22 | 15 | 1~5 | | 交通银行 |
| 宁宿徐高速 | 江苏宁宿徐高速公路有限公司 | 2013.05.28 | 10 | 1~5 | | 中国建设银行 |
| 江宁水 | 南京市江宁区自来水总公司 | 2013.06.18 | 10 | 2~5 | | 华夏银行 |
| 成都公交 | 成都市公共交通集团公司 | 已批待发 | 8 | | | 中国银行 |

资料来源：Wind 资讯，中国银行间市场交易商协会。

在证券化业务的实际操作中，由于监管严格，相比信托产品，证券化产品的发行量较小。一些富有创造性的资产管理公司已经开发出一种募集资本的新途径：通过资产管理计划来收购信托凭证，该信托账户则握有实物抵押品。使用资产管理计划购买信托凭证的这一新方法主要用于从更多的投资者那里更容易地筹集到资金。这种新方法不需要得到监管机构的审批，所以可以被用于资产管理计划的资金筹措，这一模式还同时具有成为开发中国类证券化市场的可能。

## 项目收益票据：实现风险隔离的创新型债务融资工具

项目收益票据是指非金融企业在银行间债券市场发行的，募集资金用于项目建设且以项目产生的经营性现金流为主要偿债来源的债务融资工具。2014年7月11日，中国银行间市场交易商协会发布《银行间债券市场非金融企业项目收益票据业务指引》，正式开始受理企业在银行间债券市场发行项目收益票据的注册。这种工具是在疏解地方政府财政金融风险的背景下推出的，旨在隔离政府债务风险、实现准公共项目的自身债务–后期现金流的良性循环。该工具推出的当天，以河南省内企业为发行人的全国第一单项目收益票据“郑州交投地坤实业有限公司2014—2016年度非公开定向债务融资工具”获交易商协会注册通过，7月14日首期发行。该次项目收益票据注册金额为12亿元人民币，发行期限为15年，首期发行5亿元。根据分期，设置“5+5+5”、“10+5”两个发行品种，发行利率分别为7.5%、8.2%。

项目收益票据最重要的特点是从机制上杜绝了政府隐性担保的可能性，有效防范传统平台融资所带来的财政与金融风险。项目收益票据机制所采取的创新设计包括：

**第一，发行主体为项目公司，与地方政府实现风险隔离。**项目发起人设立项目公司作为发行主体，负责项目投融资、建设和运营管理，其运营风险不会传递至项目发起人。同时，地方政府不承担项目收益票据的直接偿还责任，也不为票据承担隐性担保。票据的融资规模、信用水平不依赖于地方政府财政收入与债务水平。

**第二，充分体现“使用者付费”的理念，偿债来源于项目收益，地方政府不直接承担债务责任。**项目产生的现金流作为票据的主要还款来源。发行期限涵盖项目建设、运营与收益的整个周期，考虑与项目现金流回收进度的匹配，借助金融市场平滑城镇化建设项目建设支出与收入的期限错配。

**第三，交易结构的设计影响偿还风险。**项目收益票据对偿还期限、分期摊还、提前赎回、资金归集、抵质押担保等交易条款进行了结构化设计，并有外部增信措施。此外，项目收益票据充分面向发行地投资人，充分发挥本地投资人的“现场”约束作用，督促发行主体规范运营以及募集资金合规使用。

## 市政债：替代土地财政的关键举措

实现地方政府自主发债可以从根本上实现对土地财政的替代。但是为了保障投资人的利益，规避可能蕴含的财政与金融风险，在推行市政债之前，必须建立并完善发债的市场环境与约束机制。从这个角度来看，首先，应逐步建立定期的地方政府财务报告制度。地方政府应当将本级财政政府资产负债、财务收支和现金流量等财务信息定期进行充分披露，特别是债权债务状况等事关财政风险的事项。其次，披露地方政府债券融资资金投向的项目信息。对于项目的资金投向范围必须进行严格的披露，并具体细化到每一笔资金的流向。最后，探索编制地方政府本级资产负债表。为了实现对地方政府负债行为的硬约束，要使中央对地方政府的“不施救”承诺具有可信度。对过度举债的地方政府确定明确的债务重组规则，需要建立处理地方政府破产的框架。一个良好的框架应当能够减少地方政府偿债违约的道德风险，避免“免费搭车者”的出现。只有建立起透明公开的政府债务信息披露体系，并打破政府担保预期，才能有效化解市政债的发行可能蕴含的风险。

**从控制地方债务风险的角度来看，市政债替代城投债是大势所趋。**明确地方政府发债的主体地位，把地方政府的权责界定清楚，把风险暴露在阳光下，有利于将更多长期资金吸收到基建投资中来。然而，将城投债转变为市政债，所面临的障碍绝不仅仅只存在于修改《预算法》这种技术层面。建立市政债体系需要对我国现行财税体系作大幅度调整，通过平衡地方政府的财权和事权来消除其预算软约束。这显然是不可一蹴而就的。所以，城投债向市政债演化的过程是长期的，现状还将维持相当长的时间。在城镇化融资需求仍然旺盛的情况下，城投债在这段时期内仍将担当为地方基础设施建设融资的重任。对于资产管理机构来说，在城投债分化的背景下，应警惕局部违约的事件性冲击带来的风险，并注意把握“准市政债”推出所带来的投资机会。

## 新型城镇化背景下资产管理机构的挑战与机遇

新型城镇化融资改革的关键是市场化。其中作为价格信号的利率市场化改革则是盘活整个市场的重中之重。而利率市场化是结果，需要金融改革来构建。要想实现利率市场化，最简单的方式便是增加资金的供给主体，降低资金供给的渠道成本。在传统融资结构之下，资金供给80%都来自于银行，资金供给有限，供给产品形式简单粗糙。推进利率市场化，引入资金供给主体，创新资金供给方式都成为可选方案。增加资金供给主体需要政策推动。从理论上说，任何一个持有资金的人都可以进入资金的供给市场，但政策出于监管风险的意图会提高对参与主体信用等的要求，因此部分供给者被排除在市场之外。

政府和政策需要引入有效的市场参与者，降低市场进入门槛，提升监管的前瞻性，从前端监管转为后端监管，从资金守门人变成风险监管者，从而切实丰富资金供给主体。供给主体丰富将创造新的金融产品。产品是资金供给的载体,不同的资金供给主体代表着不同的盈利模式和产品形态。供给主体增加，意味着产品形态的丰富。最初始创造新的供给方式和产品是为了突破政策禁止进入市场的约束，而后期创造新的金融产品更多是为了降低进入供给市场的成本。多层次资本市场、债券市场以及资产证券化都是对供给方式的创新，对应地，也将产生一系列各种形态的金融产品。城镇化的海量融资需求催生金融改革与金融创新，资产管理机构金融产品与服务的发展与繁荣活跃了资本市场，也极大程度上支持了城镇化的顺利进行。图 3—4 列出了大资管时代的多种业务类型。

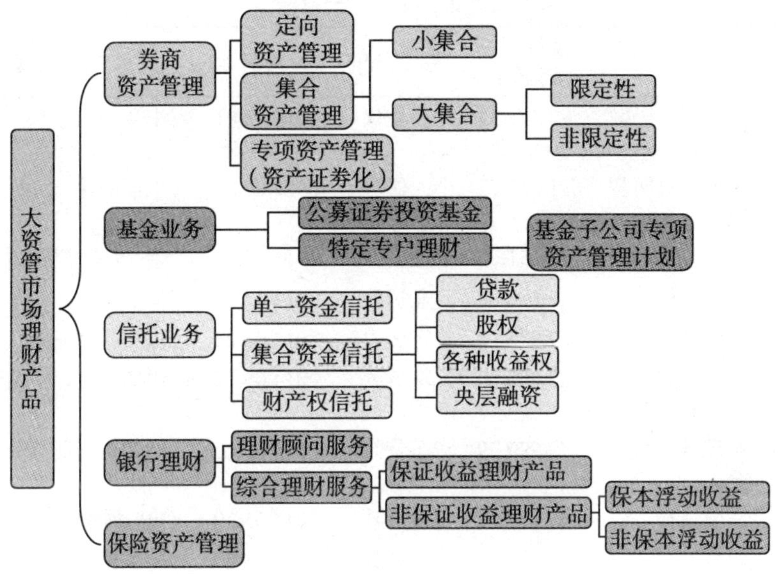


**图 3—4　大资管时代的业务种类**

## 资产管理行业所面临的环境挑战与对策

### ‖资产证券化产品目前市场认可度欠佳，监管严厉导致中间成本过高‖

回顾我国信贷资产证券化的发展历程，自 2005 年 3 月首次推出试点以来，已经历三轮，2005—2008 年总计 11 家金融机构发行了 17 个信贷资产证券化项目，发行规模合计 667.83 亿元。金融危机后试点一度中断，后于 2011 年重启；2012 年，国务院启动第二轮试点，批复 500 亿元的额度。2013 年 8 月，第三轮信贷资产证券化试点开闸，试点额度确定为4 000亿元，较前两轮试点规模大幅提升，也是监管层有意引导信贷资产证券化向常规化发展的新尝试。信贷资产证券化产品中，基础资产主要集中在优质公司贷款、正常类企业贷款、不良资产、不良资产贷款、个人住房抵押贷款、个人汽车抵押贷款等方面（见表3—2）。

**表3—2　　资产证券化产品一览表**

| 序号 | 发起机构 | 发行额（万元） | 基础资产 | 计息起始日 | 主承销商 |
|---|---|---|---|---|---|
| 1 | 大众汽车金融（中国） | 79 572.39 | 汽车贷款 | 2014.08.01 | 中金公司 |
| 2 | 中国邮政储蓄银行 | 681 423.77 | 个人住房抵押贷款 | 2014.07.25 | 中信证券 |
| 3 | 台州银行 | 53 051.00 | 企业贷款 | 2014.07.24 | 第一创业摩根大通证券 |
| 4 | 中信银行 | 619 680.00 | 企业贷款 | 2014.07.24 | 中信证券 |
| 5 | 平安银行 | 263 085.52 | 银行债权 | 2014.06.25 | 国泰君安证券 |
| 6 | 宝马汽车金融（中国） | 80 000.00 | 汽车贷款 | 2014.06.17 | 中信银行、中信证券 |
| 7 | 东风日产汽车金融 | 79 999.99 | 汽车贷款 | 2014.06.10 | 国泰君安证券 |
| 8 | 宁波银行 | 457 878.00 | 企业贷款 | 2014.05.29 | 第一创业摩根大通证券 |
| 9 | 福特汽车金融（中国） | 79 980.89 | 汽车贷款 | 2014.05.27 | 中金公司 |
| 10 | 丰田汽车金融 | 79 999.00 | 汽车贷款 | 2014.05.27 | 中金公司 |
| 11 | 北京银行 | 577 930.00 | 企业贷款 | 2014.05.20 | 中信证券 |
| 12 | 国家开发银行 | 1 094 674.00 | 企业贷款 | 2014.05.19 | 国开证券 |
| 13 | 中国工商银行 | 557 199.00 | 企业贷款 | 2014.05.16 | 交通银行、中信建投证券、中信证券 |
| 14 | 东方资产管理 | 80 740.00 | 企业贷款 | 2014.04.23 | 东兴证券 |
| 15 | 中国农业银行 | 212 175.00 | 企业贷款 | 2014.04.22 | 中信证券、中金公司 |
| 16 | 招商银行 | 728 040.00 | 企业贷款 | 2014.03.25 | 招商证券、中金公司、中信证券 |
| 17 | 招商银行 | 810 910.04 | 信用卡贷款 | 2014.03.25 | 招商证券、中金公司、中信证券 |

续前表

| 序号 | 发起机构 | 发行额（万元） | 基础资产 | 计息起始日 | 主承销商 |
|---|---|---|---|---|---|
| 18 | 中国银行 | 938 286.00 | 企业贷款 | 2014.03.24 | 国泰君安证券、中银国际证券、中信建投证券 |
| 19 | 国家开发银行 | 600 000.00 | 企业贷款 | 2014.03.18 | 国开证券 |
| 20 | 国家开发银行 | 600 000.00 | 企业贷款 | 2014.03.18 | 国开证券 |
| 21 | 上海浦东发展银行 | 506 569.60 | 企业贷款 | 2014.02.25 | 国泰君安证券 |
| 22 | 兴业银行 | 518 418.50 | 企业贷款 | 2014.02.19 | 中信证券 |
| 23 | 中国华融 | 123 800.00 | 企业贷款 | 2014.01.21 | 华融证券 |
| 24 | 中国民生银行 | 136 657.00 | 企业贷款 | 2013.12.13 | 中信证券 |
| 25 | 中国进出口银行 | 103 962.00 | 企业贷款 | 2013.12.11 | 国泰君安证券 |
| 26 | 中国邮政储蓄银行 | 50 000.00 | 企业贷款 | 2013.12.06 | 中金公司 |
| 28 | 国家开发银行 | 800 000.00 | 企业贷款 | 2013.11.20 | 国开证券 |
| 31 | 中国农业发展银行 | 127 431.00 | 企业贷款 | 2013.10.11 | 中金公司、中信证券 |
| 32 | 中国工商银行 | 359 235.00 | 企业贷款 | 2013.03.29 | 中金公司、中信证券 |
| 33 | 中国银行 | 306 154.00 | 企业贷款 | 2012.11.28 | 中信证券、中银国际证券 |
| 34 | 上海汽车集团财务 | 99 998.93 | 汽车贷款 | 2012.11.27 | 中信证券 |
| 35 | 交通银行 | 303 355.00 | 企业贷款 | 2012.11.02 | 中信证券、国泰君安证券、海通证券 |
| 36 | 上汽通用汽车金融 | 199 998.70 | 汽车贷款 | 2012.10.26 | 中信证券 |
| 37 | 国家开发银行 | 1 016 644.00 | 企业贷款 | 2012.09.11 | 国开证券、国泰君安证券 |
| 38 | 中国信达 | 480 000.00 | 不良贷款 | 2008.12.30 | 中金公司 |
| 39 | 浙商银行 | 69 637.00 | 企业贷款 | 2008.11.14 | 国泰君安证券 |
| 40 | 招商银行 | 409 237.00 | 企业贷款 | 2008.10.31 | 中金公司 |
| 41 | 中信银行 | 407 700.00 | 企业贷款 | 2008.10.10 | 中信证券 |

续前表

| 序号 | 发起机构 | 发行额（万元） | 基础资产 | 计息起始日 | 主承销商 |
|---|---|---|---|---|---|
| 42 | 国家开发银行 | 376 617.00 | 企业贷款 | 2008.04.29 | 中信证券 |
| 43 | 中国工商银行 | 801 103.50 | 企业贷款 | 2008.03.28 | 中信证券 |
| 44 | 中国建设银行 | 276 500.00 | 不良贷款 | 2008.01.30 | 中金公司 |
| 45 | 上汽通用汽车金融 | 199 346.25 | 汽车贷款 | 2008.01.18 | 中信证券 |
| 46 | 兴业银行 | 524 325.00 | 企业贷款 | 2007.12.18 | 国泰君安证券 |
| 47 | 中国建设银行 | 402 088.46 | 个人住房抵押贷款 | 2007.12.14 | 中金公司 |
| 48 | 中国工商银行 | 402 100.00 | 企业贷款 | 2007.10.12 | 中信证券 |
| 49 | 上海浦东发展银行 | 438 326.00 | 企业贷款 | 2007.09.14 | 国泰君安证券 |
| 50 | 东方资产管理 | 105 000.00 | 企业贷款 | 2006.12.21 | 中国银河证券 |
| 51 | 中国信达 | 480 000.00 | 不良贷款 | 2006.12.20 | 中金公司 |
| 52 | 国家开发银行 | 572 988.00 | 企业贷款 | 2006.4.28 | — |
| 53 | 国家开发银行 | 417 727.00 | 企业贷款 | 2005.12.21 | — |
| 54 | 中国建设银行 | 301 668.31 | 个人住房抵押贷款 | 2005.12.19 | — |

资料来源：Wind 资讯。

然而，尽管资产支持证券的发行相较于信托凭证的发行具有优势，但目前发行的 ABS 产品在市场上的认可度并不高。究其原因，主要是投资者和发起机构的预期回报和可接受成本无法撮合。举例来说，企业从银行渠道获取信贷的成本在 7% 左右，而资产证券化的中间环节多，综合成本一般高达 12%，从而令企业望而却步。除非是贷款已经饱和、而项目回报又高的企业才能承受，在现在的经济环境中能保持如此高收益率的企业并不多见。同时，与同类产品相比，信托的风险定价虽然存在扭曲，但是从投资人和企业双方的角度来看，中间环节少，成本可以接受。从另一个角度来说，在目前的市场环境中，凡是资产规模能获准参与证券化业务的企业，一定会首先考虑低成本的信贷。在银行依然掌握大量廉价资金资源的情况下，资产证券化产品不受青睐的局面将无法扭转。表 3—3 列出了 ABS 产品和其他信托产品的对比情况。

表 3—3　ABS 产品和信托产品对比

| ABS 产品相对于信托产品的优势 | ABS 产品相对于信托产品的劣势 |
|---|---|
| • 风险分散。大多数信托凭证是以单一付款人作为支付担保或还款来源的；大多数的资产支持证券都有多个付款人作为支付担保或还款来源<br>• 再融资风险。多数信托凭证的存续期是 12 个月或 18 个月；多数资产支持证券会长于 12 个月，有一些甚至长达 5 年<br>• 评级机构的追踪。评级机构不对信托凭证提供评级；大多数资产支持证券至少被两家评级机构评级 | • 信托产品发行便利、中间成本较低<br>• 资产证券化产品受到审批和监管较严格，导致中间成本较高，发行程序较为繁琐冗长，投资者和发起机构的预期回报和可接受成本无法撮合 |

**机构对策：**在一个趋向完全竞争的市场环境中，券商应利用自身在项目来源、产品设计与销售渠道方面的优势，探索参与证券化业务的模式（例如类资产证券化业务），降低监管带来的中间成本，提升 ABS 产品的吸引力与实际价值。从机构买方的角度来说，应注意识别 ABS 产品基础资产的质量，在破产隔离、税务处理、二级市场流通等机制发展较为完善的条件下，再充分利用证券化产品提供的投资机会。

## ‖自发自还地方债定价机制扭曲，发行机制需进一步市场化改革‖

在前期试点地方自主发债的经验之上，2014 年 5 月 19 日，财政部印发《2014 年地方政府债券自发自还试点办法》，2014 年 10 个省市地方政府试点地方政府债券自发自还，除了上海、浙江、广东、深圳、江苏、山东、北京、青岛 8 个发达省市外，还包括江西、宁夏两个中西部省（自治区）。债券自发自还对推动地方财政转型和地方债务“显性化”都有积极意义，同时化解了中央政府因为地方政府“兜底”可能带来的非系统性风险。而引入市场化信用评级报告，有利于建立健全地方政府的市场化信用体系，为地方债市场化发展打下良好基础，同时可以为市场提供更为综合、直观的评价，便于投资者比较分析，作出正确判断。由于《试点办法》规定“发债主体严格限于所批的10省（区、市），并不能下放至下一级政府”，本次自发自还地方债并只能算作“准市政债”。此外，中央政府对各试点地区发债的额度、用途等均有限制，可见与完全自主的市政债还存在很大差别。

尽管自发自还地方债突破了中央财政担保，向市场化迈进了重要一步，但是从目前发行的情况来看，行政力量主导发行、无视信用风险的问题依然严重。截至2014年7月24日，已有广东、山东和江苏三个省成功招标发行了其本年度自发自还地方债。然而，广东和江苏的三个品种地方债中标利率与二级市场国债收益率几乎持平，而山东的自发自还地方债利率与国债明显倒挂（见表3—4）。

**表3—4　　自发自还地方债中标利率与同期国债利率对比　　单位：%**

| 省份 | 评级 | 利率 / 期限 | 5年 | 7年 | 10年 |
|---|---|---|---|---|---|
| 广东 | AAA | 中标利率 | 3.84 | 3.97 | 4.05 |
| | | 同期国债利率 | 3.84 | 3.96 | 4.05 |
| 山东 | AAA | 中标利率 | 3.75 | 3.88 | 3.93 |
| | | 同期国债利率 | 3.952 9 | 4.091 8 | 4.129 8 |
| 江苏 | AAA | 中标利率 | 4.06 | 4.21 | 4.29 |
| | | 同期国债利率 | 4.03 | 4.21 | 4.30 |

资料来源：根据公开资料整理。

从信用级别看，地方债自发自还并无中央政府担保，地方信用应低于国家信用；从流动性上看，地方政府债流动性低于国债，因此地方债收益率应高于国债。收益率持平与倒挂的现象显示出，在债务发行过程中非市场化因素仍占主导地位，信用违约风险并未完全体现在收益率当中。尽管引入了信用评级等机制，但是因为承销团由地方政府自行组织，行政力量的推动很大程度上影响了市场预期，扭曲了定价机制，令此类债券仅具有“政策”价值而对市场缺乏吸引力。多数投资者并不是为了获取收益，而是为了与政府保持良好关系。利用财政存款为筹码，在融资贷款中与银行讨价还价是一些地方政府惯用的手法。在地方政府债券自发自还过程中，银行毫无议价权，为了增进与地方政府的关系，同时也为了获得财政存款，银行肯定会选择投标，这种因素并没有因为引入评级等市场化指标而受到限制。在地方政府主导发行利率制定的背景下，地方政府当然倾向于降低自身的融资成本。

另一方面，地方债虽获得评级，但在地方政府真实资产负债表、财政收支表等尚未披露的情况下，无论是评级公司还是市场投资者都难以确定地方政府的合理融资规模，进而对债券合理定价。可见，非市场化因素仍然在自发自还地方债中起主要作用。扭曲的定价注定无法吸引投资者，自发自还地方债潜在的信用风险仍然严重威胁着地方的经济与社会安全。从市场需求角度出发，为了实现充分市场化的地方债定价，需将行政力量彻底从债券发行过程清理出去。地方政府需要做的仅仅是充分披露自身的偿债能力，提高信息透明度，并接受市场的监督。

**机构对策：**目前，自发自还地方债的承销团成员以银行为主，为了保证在当地的业务发展，银行在投标中难以反映其真实意愿。在现有发行机制下，资产管理机构不会有所作为。这种状况在未来发行机制逐渐市场化以后将有所改善。与企业债发行类似，地方债发行将以券商作为主承销商，而银行以直接投资人的身份参与发行。在发行机制纠偏以后，券商将在承销方面具有空间巨大的发展机遇；而更加合理的定价也将给其他资产管理机构带来投资机会。但是，甄别地方政府资信与偿债能力变得尤为关键，风险控制能力应更加强调。

## 资产管理行业的优势与机遇

### ‖保险资管‖

2014年是融资大格局疏通的一年，优先股、资产证券化产品以及地方债等扩容在即。投资品的扩容、利率曲线的丰富，有助于保险资金把握机会，分散投资，提升收益率。从美国2012年保险资金投资结构来看，抵押贷款比重在6%~7%，MBS投资比重在10%左右，优先股投资比重约1%（见图3—5）。可见，保险资金的可投资品种非常丰富，收益率层次多样化。新型城镇化建设将带动社保体系重构，打开寿险需求。目前，我国城乡居民收入差距达2.5倍，保险消费差距达9倍，若城镇化率从35%上升到60%，寿险市场规模可扩大近两万倍。

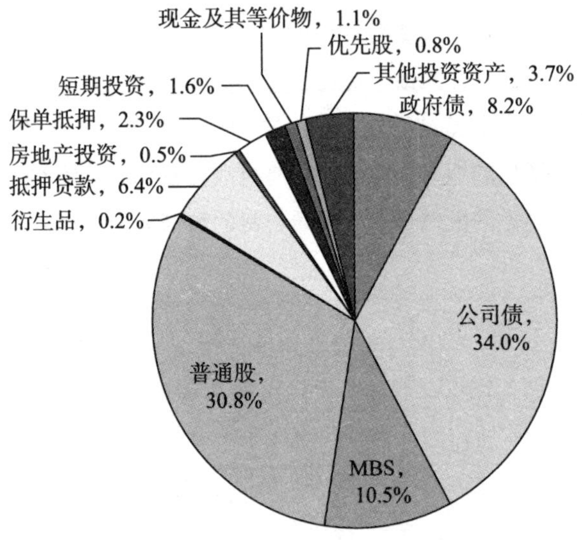


**图3—5　2012年美国保险资金投资分布**

资料来源：Wind资讯。

从参与城镇化融资的角度来说，保险资管的优势在于保险资金期限长，期限匹配最容易。保险公司与金融同业相比，在基础设施、不动产、股权等投资领域具有很强的竞争力。特别是一些夹层领域，例如股债结合、优先股，这些领域期限特别长、资金量特别大，但回报不高，仅为6%~8%。基础设施等很多投资领域的资产是长期资产，比如公路、隧道、天然气管道等基础设施的建设周期和运营周期都很长，需要长期资金与之相匹配。另一方面，由于基础设施投资受国家宏观政策、发展规划、产业政策以及财政税收等方面的影响较大，预期现金流回报受到较多干扰而有着较大的不确定性。考虑到不确定性带来的风险成本，投资基础设施的回报并不高，寻求较高回报的投资者不会投资基础设施等领域。可见，保险资金在基础设施投资领域具有很好的匹配性。但是，保险资管的劣势在于，相对于其他资管子行业，保险资管对项目的要求比较苛刻。图3—6所示为1999—2013年我国保险行业总资产与保险资金运用余额的情况。

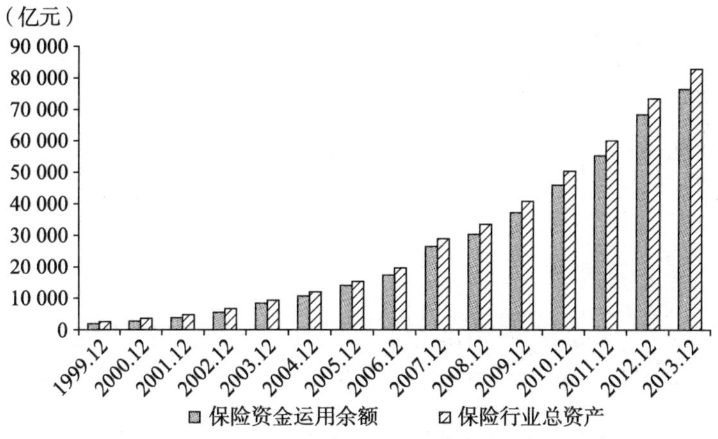


**图3—6　我国保险行业总资产与资金运用余额**

## ‖信托‖

《国家新型城镇化规划（2014—2020年）》要求加快建立城乡统一的建设用地市场，保障农民公平分享土地增值收益。在夯实土地权能的基础上，通过承包权与经营权的分离，一系列金融创新将会被有效激发出来，带动高效生产力顺利进入农村，在土地生产上得到有效释放，并通过政策为农民带来原来所不能想象的高收益，进而推动城乡生产要素的有效流动。土地流转信托就是此类金融创新之一（见图3—7）。土地流转信托是指在坚持土地集体所有制和保障农民承包权的前提下，由政府出资设立的信托中介服务机构接受农民的委托，按照土地使用权市场化的需求，通过规范的程序，将土地经营权在一定期限内依法自愿、有偿转让给其他公民或法人进行农业开发经营活动。作为新生事物，土地流转信托正处于萌芽期，许多风险因素尚不能较为完全的暴露，因此，选择那些已有土地流转以及集约化、产业化生产基础的地方可以有效降低经营风险。但是，在目前的土地流转信托业务实践中，尚存在信息不透明与收益管理不规范的问题。

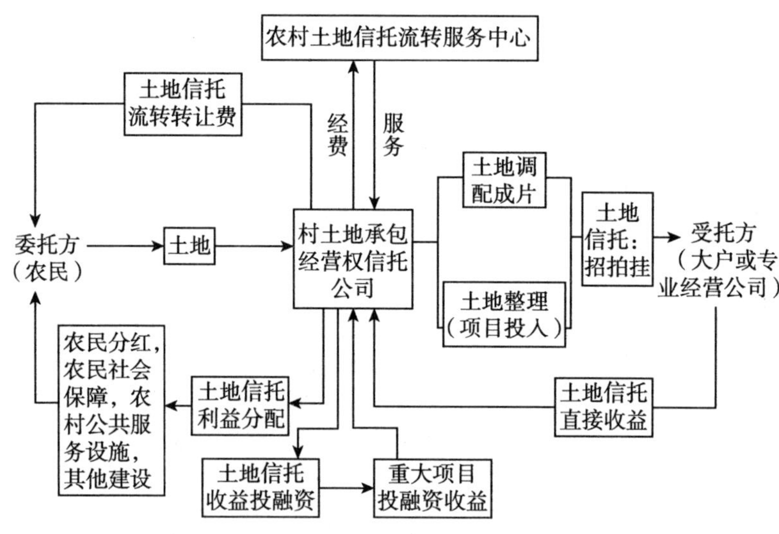


**图3—7　农村土地信托流转框架**

注：以湖南益阳模式为例。

2013年10月10日，中信信托推出了全国首单土地承包经营权信托“中信·农村土地承包经营权集合信托计划 1301 期”的土地经营权流转信托计划。该信托交易结构的模式为“服务商 + 混合结构化设计”，主要分为财产权信托计划（A 计划）和收益权信托计划（B 计划）。A 类委托人为安徽省宿州市埇桥区人民政府，埇桥区政府将位于宿州市埇桥区朱仙镇共计 5 400 亩农用地的土地承包经营权（对应 5 400 万份信托单位）通过信托流转给服务商安徽帝元农业，由帝元农业提供包括土地流通、土地整理的专业管理服务。在该项目中，农户的收入为“基本地租 + 浮动收益”两部分。基本地租部分的确定标准则约为每亩 500 千克中等价格的小麦产值。在扣除土地整理人的投入成本以及各种服务和管理费用后的土地收入增值部分的 70% 以“浮动收益”形式返还农户。土地流转信托与以往的流转方式相比，弥补了现行农村土地制度中所有者主体虚置的缺陷，并且可以更好地实现土地收益的分享。

图 3—8 所示为截至 2014 年 8 月，我国信托市场的规模概况。

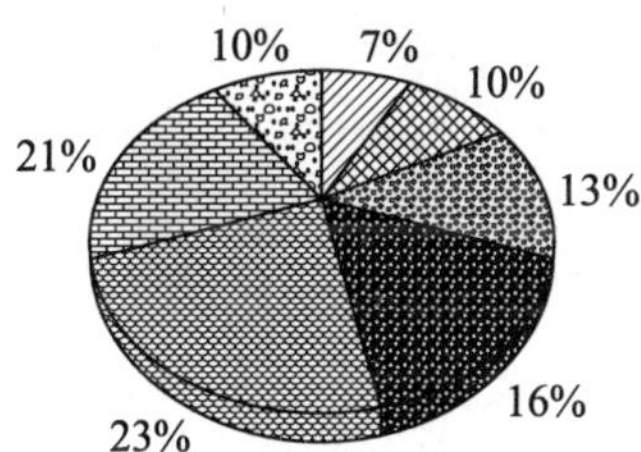


**图 3—8 信托市场规模概况**

资料来源：Wind 资讯。

## 券商

券商负责协调资产证券化过程中涉及的法律、会计、税务等多方关系，并在资产证券化产品设计创新中扮演关键角色。除产品设计外，券商还为资产证券化产品定价、承销。一级市场承销收入是券商参与ABS产品的最直接收入。例如，20世纪90年代，美国ABS产品承销约占债券承销总规模的30%~40%；进入21世纪后，这一比例一度升至67.9%；在金融危机的影响下，ABS产品发行规模显著减少，承销占比也在2010年降至10.4%。近年来随着金融市场回暖，美国ABS产品发行和承销规模开始回升。2012年，摩根大通以281亿美元ABS产品承销规模排名全美第一，占据市场份额14.9%。总体来看，券商作为资产证券化业务链条的首端，面临着巨大的业务增长空间与机遇。

2014年7月，中国证监会下发了“负面清单”（即《资产支持专项计划备案管理办法（讨论稿）》），8类基础资产被列入资产支持专项计划负面清单。该负面清单列明了不适宜采用ABS业务形式，或者不符合ABS业务监管要求的基础资产。其中包括：行政性收费、与政府相关的税收、政府给予相关方单方面的没有对价的补贴承诺等；不动产类基础资产项目中，空置、不能产生稳定租金收入、在建不动产的金额超过基础资产总价值10%的项目，以及资产附带抵押、质押或者其他权利限制并且无法解除的项目等。

从专项计划搁置以来，券商仍可通过基金子公司的类ABS产品通道，操作大部分基础资产。基金子公司所受监管最少，其一对多的集合投资范围几乎囊括了所有债权资产和股权资产。仅2013年一年，基金子公司的资产管理规模就已从1 500亿元扩充到1.38万亿元。然而，政策放宽限制后，券商资管将迎来高速发展，基金子公司将面临来自券商资管的强大竞争压力。

从证券化产品流动性的角度来说，券商作为SPV要比信托更具优势（见表3—5）。券商资管设立专项资产管理计划作为SPV，购买银行的信贷资产包，以此为基础在交易所市场发行资产支持证券。而此前发行的信贷资产证券化产品，大多由银行发起，信托公司作为SPV，在银行间市场发售。而银行间市场与交易所市场目前为两个相对独立的市场，尚未实现互通互联。银行的信贷资产虽然被证券化，但购买主体仍主要是银行，所以信贷资产仍在银行间市场流转，风险并未转移出来。

表 3—5　　政策放宽后券商参与证券化业务的优势

| 参照物 | 券商的优势 |
| --- | --- |
| 对比基金子公司 | • 券商平台上有投行、零售和研究所等各业务板块，渠道远多于基金子公司，项目来源更广泛<br>• 基金子公司集中在通道业务，主动设计能力和产品构架不及券商<br>• 基金子公司缺乏销售端，券商可通过分布广泛的营业部销售其资管产品 |
| 对比信托（作为 SPV） | • 券商作为 SPV 发行的 ABS 产品可上市交易，信托收益权无法在交易所内份额化交易 |

## ‖银行‖

2013 年 10 月，银监会推出债权直接融资工具和银行发行资产管理计划两项试点，将银行理财业务推入一个新的时代。首批 10 家银行将同时试点债权直接融资工具、银行资产管理计划。直接融资工具在银行间市场新设平台——银行理财直接融资工具发行交易平台发行交易这种“银行资管计划 + 债权工具”的运作模式，旨在打造表外信贷资金链。

债权直接融资工具将非标资产变成标准化产品，是对资产的筛选处理；而银行资管计划属于银行资产管理业务，作为直接融资的载体，处于资金端。银行资管计划和债权直接融资工具可构建与表内信贷并行的表外信贷资金链，资金的流向为：投资者→银行资管计划→基础资产标准化形成的金融产品组合（含债权直接融资工具）（见图 3—9）。

在这个模式中，银行的收益主要来自两处。第一，基础资产标准化。银行作为项目发起人和受托人，向投资者发行受益凭证，募资资金以债权方式投资项目，按照约定支付预期收益并兑付本金。第二，资管业务对接债权直接融资工具。银行作为投资人，设立资产管理计划向公众募集资金，用于购买包括银行债权直接融资工具在内的各类项目和资产。

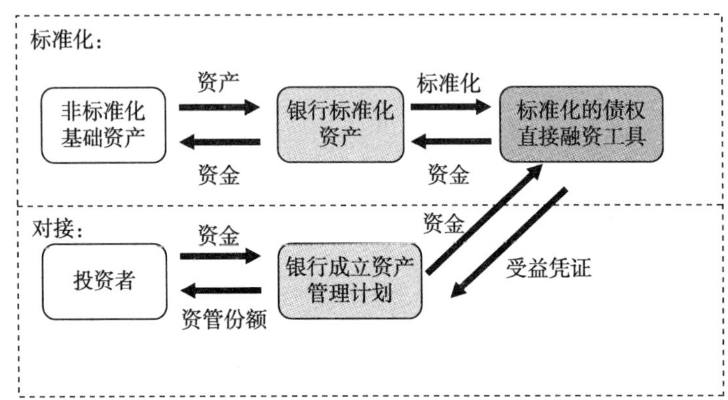


**图 3—9　银行债权直接融资工具资金流向**

资料来源：华宝证券研究所。

创新型业务模式有助于引导商业银行转型综合经营、提升投资管理能力；摆脱“刚性兑付”，稀释银行体系风险；突破《中国银监会关于规范商业银行理财业务投资运作有关问题的通知》（即“8 号文”）的限制，占据直接融资主导地位（图 3—10 是对 2014 年银行理财产品基础资产的统计）。

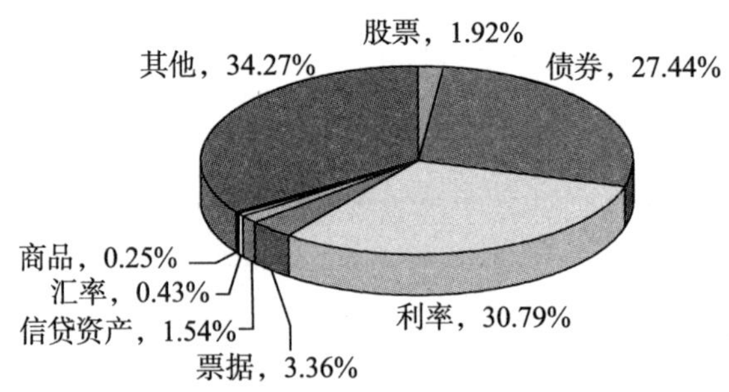


**图 3—10　2014 年银行理财产品基础资产统计**

资料来源：Wind 资讯。

从资产端看，债权直接融资工具将非标基础资产标准化，进入市场流通，丰富了银行可配路的资产池。从负债端看，银行资管计划未来有望成为银行重要的表外融资工具。在利率市场化的进程中，信托产品、券商资管产品、保险债权计划、基金子公司专项产品等金融产品纷纷以高于同期银行存款利率的收益率抢占市场资金。而银行存款利率在管制下无法“高息揽储”，只能借助银行理财产品较高的收益率吸收资金,但银行理财产品到期后一般都转化为存款，成为利率市场化的滞后者。银行资管计划的推出有助于银行参与利率市场化进程，以较高的收益率参与市场资金的竞争，更多的主体参与资金竞争也有利于市场利率化的推进。

# 第4章

# 内固根本、外伺良机：
# 中国资产管理机构的国际化策略

## 本章导读

随着资本全球化时代的到来，大型企业全球并购，新兴企业海外上市，高净值人士投资需求向多区域、多币种、多形式的跨境多元化配置转变，客观上要求资产管理机构在海外搭建业务平台，中国资产管理机构国际化渐成趋势。

- 从当前国内基金行业的发展格局和政策环境来看，基金公司业务海外拓展大体可分三类：QFII投资咨询业务、QDII业务、基金公司境外平台。

- 国内中资券商试水海外市场大概分为两种路径：一种是以中金、中银国际为代表的从零做起的自建分公司模式；另一种是以海通国际、中信证券为代表的收购发展模式。

- 在国际化战略取得一定成绩的同时，由于商业模式、业务定位和管理文化的差异，海外拓展并非一帆风顺：QDII净赎回比率居高不下，总额度使用率较低；基金子公司业务多数依靠自营和发行专户理财产品，公募业务较少；券商在港子公司仍以通道业务为主，多数居于第三梯队。

- 总结美国资管机构海外扩张经验，机构在国内的市场份额和实力是国际化战略的前提，业务市场定位、区域路径选择、文化融合是国际化成功的关键要素。

- 和发达国家相比，我国资产管理机构国际化仍处于较初级的起步阶段。在国际化的进程中，政府和监管层要积极引导，资产管理机构本身要选好地点、方式、产品，看到中外投资环境、理念、技术、文化的差异，吸收国际化人才，做好风险管理工作。

随着资本全球化时代的到来，我国国内机构和个人投资者纷纷加快境外投资的步伐。商务部数据显示，2013 年境内投资者共对全球 156 个国家和地区的 5 090 家境外企业进行了直接投资，累计实现非金融类直接投资 901.7 亿美元，同比增长 16.8%。2013 年 5 月 7 日，招商银行与贝恩公司联合发布的《2013 中国私人财富报告》显示，受访者中有超过 30% 的高净值人士、超过 50% 的超高净值人士[①]持有境外投资，且未来两年内，预计进行跨境多元化资产配置的高净值人数会进一步增加（见图 4—1）。

大型企业全球并购、新兴企业海外上市、高净值人士投资需求向多区域、多币种、多形式的跨境多元化配置转变，客观上要求资产管理机构在海外搭建业务平台，资产管理机构的国际化渐渐成为趋势。

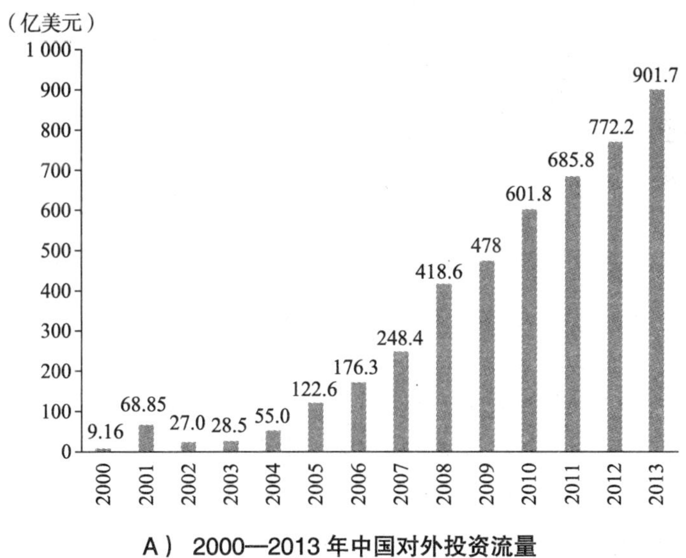

A） 2000—2013 年中国对外投资流量

图 4—1　2000—2013 年中国对外投资流量 & 高净值人士跨境配置趋势

① 报告将可投资资产超过 1 000 万元人民币的个人定义为高净值人士；将可投资资产超过 1 亿元人民币的个人定义为超高净值人士。

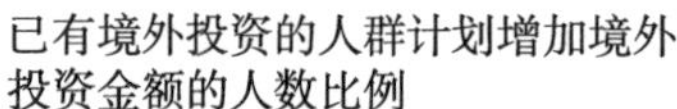


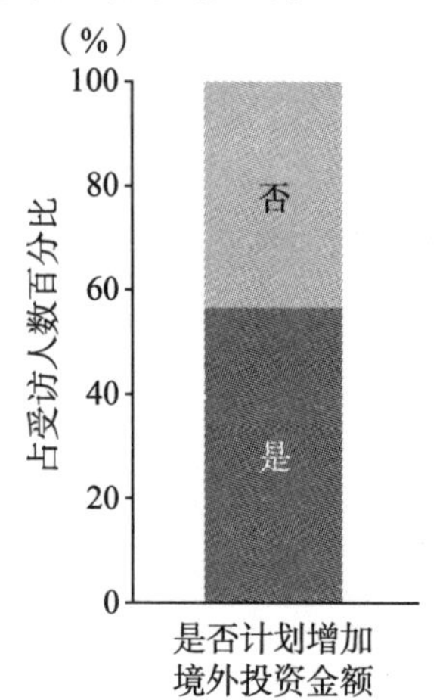


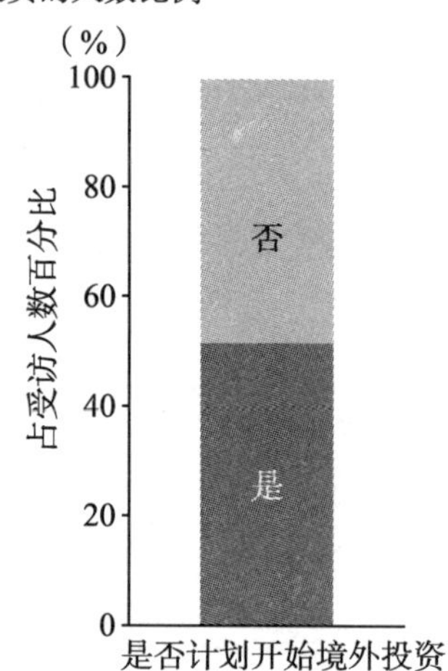


**B）高净值人士跨境配置趋势**

**图 4—1　2000—2013 年中国对外投资流量 & 高净值人士跨境配置趋势（续）**

资料来源：商务部等发布的《中国对外直接投资统计公报》、《2013 中国私人财富报告》。

# 资产管理机构海外试水的“成”与“败”

## 基金公司海外运营现状及挑战

资产管理行业的本质是帮助客户进行财富管理。从这一角度而言，我们依据客户身份和财富管理的区域将基金行业的发展大致上分为 4 个阶段：第一阶段，为本地投资者在境内管理财富；第二阶段，协助本地投资者把财富投资到境外；第三阶段，替境外资金做向导，寻找本地的投资机会；第四阶段，再无地域之分，管理全世界的资金。

表 4—1　　中国基金行业发展格局的 4 个维度

| | | 证券市场 | |
|---|---|---|---|
| | | 中国 | 海外 |
| 投资者 | 中国 | 1. 中国投资提供中国市场投资服务 | 3. 作为合格境内机构投资者（QDII）为中国投资者供海外市场投资服务 |
| | 境外 | 2. 为合格境外机构投资者（QFII）提供中国市场投资咨询业务 | 4. 为境外投资者提供海外市场投资服务 |

资料来源：《2011 年中国资产管理行业发展报告》。

2012 年以来，受资管行业新政的影响冲击，基金公司国内传统业务发展较为缓慢。相比之下，基金行业在其他三个领域的发展则渐入佳境，业务拓展战略渐渐清晰、具体。从当前国内基金行业的发展格局和政策环境来看，基金公司业务海外拓展大体可分以下三类。

## 大树底下好乘凉：QFII 投资咨询业务水涨船高

QFII 制度是指允许经核准的合格境外机构投资者，在一定规定和限制下汇入一定额度的外汇资金，并转换为当地货币投资当地证券市场，其资本利得、股息等经审核后可转为外汇汇出的一种市场开放模式。QFII 制度是资本项目开放进程中的一项过渡性制度安排。

2002 年 11 月 7 日，中国证监会、中国人民银行联合颁布《合格境外机构投资者境内证券投资管理暂行办法》①。2003 年 5 月，10 家第一批境外机构投资者（瑞士银行、野村证券、摩根士丹利、花旗环球、高盛公司等）获批 QFII 资格。截至 2013 年 12 月底，国家外汇管理局批准了 228 家 QFII 与累计 497.01 亿美元的 QFII 额度。其中，2013 年批准 QFII 44 家，新批准额度 122.58 亿美元（见图 4—2）。②

① 2006 年 8 月 24 日，中国证监会、中国人民银行、国家外汇管理局联合颁布《合格境外机构投资者境内证券投资管理办法》。2002 年版同时废止。——编者注

② 《2014 年第一季度证券业监管与市场动态综述》。

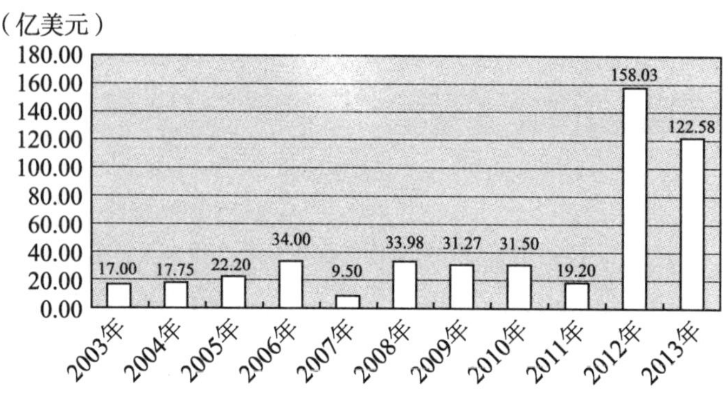


**图 4—2　历年批准的 QFII 额度**

资料来源：国家外汇管理局、证监会网站。

2006 年，中国证监会基金部颁布《关于基金管理公司向特定对象提供投资咨询服务有关问题的通知》，允许基金管理公司以备案方式，直接向 QFII、境内保险公司及其他依法设立运作的机构等特定对象提供投资咨询和交易执行服务。由于许多 QFII 投资者在中国内地没有业务，或没有针对内地市场配备专门的投资力量，需要依靠当地的专业技能和政策把握来发现良好的投资机会，因此，多家管理规模庞大或拥有外方股东背景的基金公司如华夏基金、嘉实基金、南方基金、国投瑞银等开展了相关业务。2009 年 9 月，上投摩根基金管理有限公司联合其外方股东摩根富林明资产管理公司共同推出一项 QFII 业务，该业务将由摩根富林明公司在海外进行资金募集，然后交由上投摩根基金全权管理，投资境内 A 股市场。

目前，境外投资者要直接参与 A 股市场主要是通过 QFII 平台。但由于每家 QFII 的投资额度通常在 1 亿 ~1.5 亿美元，对于一家国际公司来说，这一数额在其全部投资组合中仅占很小的份额，因此可能并不需要选择投资顾问。据统计，在拥有 QFII 牌照和额度的公司中，大约半数使用内部团队对中国进行投资。与此相比，一些主权财富基金和大学基金更愿意聘用外部投资顾问。如 2014 年 3 月 31 日，全球第四大社保年金——韩国国民年金公布了最新的资产管理人招标结果，富国基金成功中标。韩国国民年金管理着逾 3 000 亿美元的资产，其中海外投资金额占总资产 9.43%，获准投资中国的 QFII 投资额度达到 3 亿美元。

中国良好的经济基本面吸引了国际资本源源不断地流入中国。随着中国资本市场与国际市场接轨的程度加深，QFII 额度必将在未来获得大幅提高。在这个过程中，QFII 投资咨询业务也将水涨船高。

## 先扬后抑：QDII 业务在摸索中前进

QDII 制度是指在人民币资本项下不可兑换、资本市场未开放的条件下，在境内设立，有控制地允许境内机构投资境外资本市场的股票、债券等有价证券投资业务的一项制度安排。从 2003 年我国筹办 QDII 以来，QDII 的发展大体经历了筹划阶段、试点扩大、加速发展三个阶段（见图 4—3）。

| 筹划阶段（2003—2005年） | 试点扩大阶段（2006年） | 加速发展阶段（2007年至今） |
|---|---|---|
| • 2003年6月，保监会颁布《关于保险外汇资金投资境外股票有关问题的通知》[①]<br>• 2003年8月，保监会、中国人民银行颁布《保险外汇资金境外运用管理暂行办法》<br>• 2005年9月，保监会颁布《保险外汇资金境外运用管理暂行办法实施细则》 | • 2006年4月，中国人民银行、银监会、外管局颁布《商业银行开办代客境外理财业务管理暂行办法》<br>• 2006年5月，全国社保基金理事会颁布《全国社会保障基金境外投资管理暂行规定》<br>• 2006年6月，华安基金获得首批QDII业务资格<br>• 2006年6月，银监会公布工中建交等首批境外代客理财资格的商业银行名单 | • 2007年6月，保监会、中国人民银行、外管局颁布《保险资金境外投资管理暂行办法》<br>• 2007年6月，证监会颁布《合格境内机构投资者境外证券投资管理试行办法》。该办法对QDII准入条件、产品设计、资金募集、境外投资顾问、资产托管、信息披露等作出了详尽规定，QDII业务进入全面的加速发展阶段 |

图 4—3　我国 QDII 发展的三个阶段

资料来源：中国人民银行、中国银监会、证监会、保监会官网。

2007 年 6 月 18 日，中国证监会颁布《合格境内机构投资者境外证券投资

① 已废止。——编者注

管理试行办法》（当年7月5日起施行），允许具备相关条件的基金公司在中国境内募集资金，运用所募集的部分或者全部资金以资产组合方式进行境外证券投资管理活动。（表4—2列出了2004—2013年各类型机构获准QDII的额度。）至此，我国QDII业务进入全面发展阶段。

**表4—2　　2004—2013年各类型机构获准QDII额度**　　单位：亿美元

| 类型 | 2004 | 2006 | 2007 | 2008 | 2009 | 2010 | 2011 | 2012 | 2013 | 合计 |
|---|---|---|---|---|---|---|---|---|---|---|
| 银行类 | – | 111.80 | 7.50 | 0.30 | – | 5.00 | 1.00 | 4.00 | 0.30 | 129.90 |
| 证券类 | – | 5.00 | 159.00 | 23.00 | 77.00 | 76.00 | 13.00 | 26.00 | 17.00 | 396.00 |
| 保险类 | 93.90 | 12.00 | 127.01 | 0.25 | 0.79 | 2.17 | 10.00 | 8.30 | 25.00 | 185.52 |
| 信托类 | – | – | – | – | 25.00 | – | 6.00 | 20.50 | 4.50 | 56.00 |
| 合计 | – | 128.80 | 293.51 | 23.55 | 102.79 | 83.17 | 30.00 | 58.80 | 46.80 | – |

资料来源：中国证监会、国家外汇管理局网站。

2014年2月末国家外汇管理局公布的《合格境内机构投资者（QDII）投资额度审批情况表》显示，自QDII业务开闸以来，已经有32家基金公司先后获得QDII投资额度，所获额度共计327亿美元。2014年2月末基金业协会统计显示，QDII基金资产规模为560.34亿美元，公募总规模则为35 531.47亿美元，QDII基金占比仅为1.58%[①]。同期数据美国市场占比约为27%，而韩国等市场的占比在30%以上，因此中国内地QDII基金的发展极具空间。

然而从首只公募产品出海至今，QDII基金经历了先扬后抑的发展过程。2007年末，首批出海的南方全球、华夏全球、嘉实海外及上投摩根每只基金首募都吸引资金将近300亿元人民币，但是随即遭遇金融风暴。至2008年底，公募基金发行的9只QDII基金净值平均缩水36%，银行系QDII理财产品一共46款，取得正收益的只有3款，其余43款为负收益，甚至有理财产品亏损

① 中国证券投资基金业协会2014年2月末数据。

60%以上。外资银行发行的QDII理财产品更是全军覆没。

经历了2009年后的强势反弹，到2012年，QDII的平均亏损仍在10%以上。2013年以来，数家基金公司出现额度用不完、赎回严重的情况。特别是随着人民币贬值和A股持续震荡，相关产品近期销售情况惨淡，部分存续产品也出现较大程度净赎回。截至2013年底，市场上先后成立以人民币计价的QDII基金有86只，除了两只年末成立次新基金外，其余84只基金2014年一季度报告期末的份额清一色出现缩水，平均净赎回比例为57.31%，其中18只基金净赎回比例更是高达90%以上。在QDII额度的使用率上，截至2014年2月末，QDII基金的最新资产规模为560.34亿元人民币，按汇率6.20计算，折合90.38亿美元，仅占基金公司获批总额度327亿美元的27.64%，投资者对于借道公募“走出去”的热情不高。

## 安营扎寨：中国香港地区成为基金公司走出去的“桥头堡”

中国证监会在2008年出台了《关于证券投资基金管理公司在香港设立机构的规定》，批准具备相关条件的内地基金公司到香港地区以合资、分公司或子公司形式设立机构，并按香港法规开展业务。继南方基金于2008年7月在香港率先开设子公司之后，截至2014年2月底，91家基金管理公司中有21家在香港设立子公司，这是内地基金公司“走出去”战略的重要体现。图4—4显示了2008—2013年间，我国核准成立的基金公司境外平台的数量。

相较于中国内地的同行，香港地区的子公司有着服务境外主权基金、养老基金等长期投资基金的经验，同时多数公司还具备优秀的中国境外股票以及中国离岸债券的管理能力和资源。相较于国际同行，香港子公司在A股以及内地固定收益产品的管理上有着得天独厚的优势。2013年起，部分香港子公司度过烧钱阶段，华夏、嘉实、南方、汇添富等部分香港子公司业务开始进入盈利期。

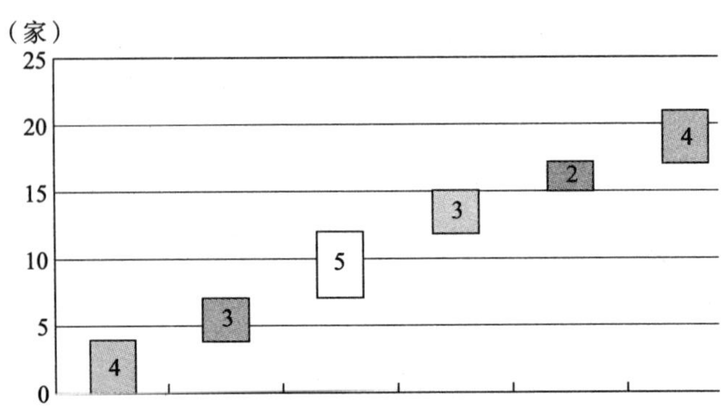


**图 4—4　2008—2013 年核准成立基金公司境外平台的数量**

资料来源：中国证监会官网。

目前在香港子公司业务中，公募与非公募为两大类别。其中，公募产品中多为被动指数型和债券型基金，多以 RQFII 形式出现；非公募产品多为权益类品种，具体产品主要包括中资股权益类投资、离岸基金、主权基金、社保海外组合以及 QDII 的海外股票投资等。根据香港投资基金公会 2013 年年底公布数据可以看出，基金子公司的产品类别与整体基金行业数据基本保持一致（见表 4—3）。

由于香港地区的机构和个人投资者都比较看重长期业绩和品牌积淀，且前中后台的组建设立和产品设计等基础建设较为耗时，多数香港子公司开展业务都是在一年以后。以目前已经实现盈利的华夏香港为例，2009 年 4 月正式设立，2009 年底才正式开展业务，第一只产品也是在 2010 年才推出。另外，由于缺乏符合当地营销理财产品所需的相关投资业绩，子公司业务中多数依靠自营和发行专户理财产品，公募基金做得较少。

在销售渠道上，与内地一样，香港基金的销售绝大多数还是依赖商业银行渠道，银行的尾随佣金占到管理费的一大部分，甚至高达 50%。根据香港投资基金公会于 2002 年 8 月进行的基金销售渠道调查，各分销渠道合计占总销售额的 95%，其中银行占比高达 69%，而现时的销售情况与 2002 年的调查结果相似[①]。而且，由于香港地区的银行同样可以开展与基金公司相似的业务、销售同质化的产品，因此在代销积极性方面甚至比中资银行更低。

表 4—3　　香港证监会认可单位信托及互惠基金的数目及资产净值

| 基金类别 | 数量（只）[②] | 占比（%） | 资产净值（百万美元）[③] | 占比（%） |
|---|---|---|---|---|
| 债券基金 | 338 | 20.36 | 467 175 | 37.75 |
| 股票基金 | 970 | 58.43 | 498 959 | 40.32 |
| 多元化基金 | 82 | 4.94 | 45 726 | 3.69 |
| 货币市场基金 | 39 | 2.35 | 83 609 | 6.76 |
| 基金的基金 | 72 | 4.34 | 9 332 | 0.75 |
| 指数基金 | 124 | 7.47 | 126 127 | 10.19 |
| 保证基金 | 14 | 0.84 | 515 | 0.04 |
| 对冲基金 | 5 | 0.30 | 630 | 0.05 |
| 其他特别基金[④] | 16 | 0.96 | 5551 | 0.45 |
| 合计 | 1 660 | 100.00 | 1 237 624 | 100.00 |

资料来源：香港投资基金公会。

此外，在客户服务、合规与风控等方面，基金子公司也需要额外投入，且香港地区的经营成本特别是租金和宣传开支都较内地高。更重要的是，内地和香港的商业文化有异，香港地区金融机构对基金公司的高管和投资人员的离职管制情况比较宽松，人员的流动性更高，人才流失及管理文化冲突亦成为业务发展的现实障碍。

从上述分析可以看出，国内基金公司的国际化发展战略面临着巨大的机遇，QFII 和 QDII 业务虽然受到额度的限制，需要相关政策的配合，但是国内资本市场自由开放是大势所趋。在香港地区设立的分支机构为内地基金公司的

① 香港投资基金公会执行董事黄王慈明。
② 截至 2013 年 3 月 31 日的数量。
③ 截至 2012 年 12 月 31 日的资产净值。
④ 包括期货及期权基金、结构性基金及投资于金融衍生工具的基金。

国际化发展提供了最好的练兵场，香港市场良好的基金投资氛围、来自全球的投资者、自由的竞争环境、发达的金融市场，这些都为内地基金公司的大展拳脚创造了最好的练习环境。相比之下，内地基金公司必须构筑系统性、可操作的蓝海战略，特别是在资源投入、业务定位和管理文化各方面做好周详计划，并加以稳步推进执行。

## 券商海外运营现状及挑战

2006 年，中国证监会开始正式批准券商在港设立分支机构，中资券商进入了规模化的“走出去”时代。截至 2012 年底，99 家证券公司中共有 24 家证券公司经批准设立境外子公司，其中 23 家子公司注册地在中国香港地区，1 家境外子公司注册地在老挝。

### ‖自建或兼并收购：券商进入海外市场的路径选择‖

参照中国建设银行与贝恩公司联合发布的《2011 年中国财富管理市场》报告，建立离岸财富管理中心的方式有 4 种，如图 4—5 所示。

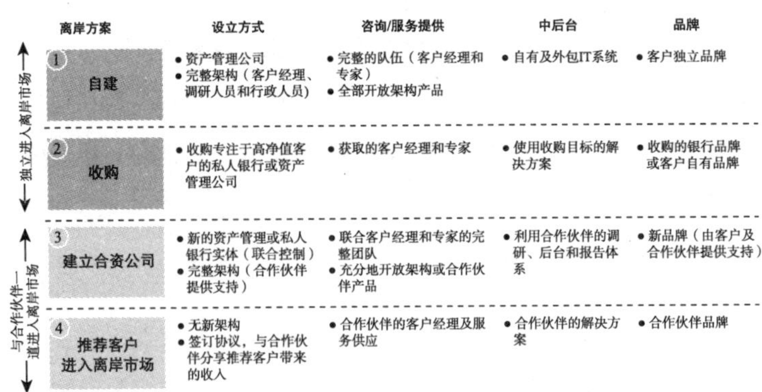


图 4—5　进入离岸市场的几种备选方案

资源来源：BCG 分析。

选择何种市场进入方式取决于各家机构对海外市场的战略定位，以及对自身和市场环境的准确评估。目前国内中资券商试水海外市场大概分为两种路径：一种是以中金、中银国际为代表的从零做起自建分公司模式；另一种是以海通国际、中信证券为代表的收购发展模式（见表 4—4）。

**表 4—4　　中资券商试水海外市场两种代表性路径**

| 海外业务拓展路径 | 典型案例简述 |
| --- | --- |
| 以中金为代表的自建分公司模式 | • 1995 年中金公司成立，1998 年成立香港子公司，为后来发展香港市场 H 股业务提供了良好的平台<br>• 2007 年 8 月，中金的美国子公司成立，2009 年和 2010 年，中金又相继成立了新加坡和伦敦公司，建成全球范围内的“纽伦新港”格局 |
| 以中信为代表的收购发展模式 | • 2007 年 10 月，中信证券正式宣布了与贝尔斯登的合作，相互持股、业务合作，后因金融危机贝尔斯登被收购而终止<br>• 2011 年 6 月 9 日，中信证券发布公告，同意中信证券国际出资 3.74 亿美元收购里昂证券 19.9% 的股权<br>• 2013 年 7 月 31 日，中信证券发布公告以约 8.42 亿美元净对价完成里昂证券 80.1% 的股权收购，至此通过其全资子公司中信证券国际全资拥有里昂证券<br>• 2014 年 4 月 14 日，美国券商 BTIG 在其官网宣布，公司获得里昂证券的战略投资，中信证券继收购里昂证券之后又一次延伸了其在海外市场的布局 |

资料来源：课题组根据公开资料整理。

比较中金和中信的两种发展模式，由于中金在成立之初就担负着国企海外 IPO 的重任，因此天然地选择了自建网络实现国际化的道路。此外，摩根士丹利作为中金公司初创期的股东之一，用其国际化网络和投行经验对中金公司进行了立体培育，给中金公司开展国际业务打下了良好的基础。

中信的收购发展模式首先可以借助里昂证券的研究及全球网络开展投行业务，迅速拓展在海外的业务规模，缩短发展时间。其次，可以完善金融产品创新平台，拓宽收入来源。最后，可借助里昂及 BTIG，迅速建立在海外的融资平台，将其打造成创新专业人才的培训基地。当然，券商最终选择以何种方式进入海外市场，最关键的考量因素是如何获取客户、如何提供产品以及如何建立中后台支持。

## ‖齐头并进或主攻优势：券商进入海外市场的业务选择‖

一般而言，一家证券公司从首次进入海外市场到其正式适应市场规则可能需要经历长达 10 年的市场调查和客户关系建设。这期间，证券公司海外机构的首要任务就是依据自身特点，开发出适宜的业务发展策略。在这方面，已出海券商选择的道路也不尽相同。

第一种，以中银国际为代表的平衡发展型券商试图在证券交易业务、融资融券、企业融资和资产管理等业务方面齐头并进全面发展，海通国际和招商证券（香港）也在朝此方向努力；国泰君安国际则定位为主要服务内地客户的网上交易服务商。

第二种，中金和中信在香港地区则主打企业融资业务，基本不做经纪业务，凭借母公司在内地的资源和网络，以投行大型项目为专长，所服务的客户更多针对大型机构，并在香港之外布设了若干网点和拥有多种形式的全球合作伙伴。过去 5 年中，中金一直和中银国际一起荣膺香港市场 IPO 承销前 10 名。

第三种，建银国际、交银国际和工银国际等银行系券商则依靠内地总行的强大客户优势主攻投资银行业务和直投业务，建银国际和交银国际都已在香港发行了多只投资内地的产业基金。

总结以上券商的发展历程，可以发现：首先，券商拓展海外市场业务时均以现有优势业务为基石，这一点与国外成功券商不谋而合，如摩根士丹利的承销业务以及野村证券经纪业务都是各自海外业务的重点。其次，券商在利用传统优势业务开拓新市场的同时，应注重针对不同区域提供差异化的创新服务，同时全球化也是其实现业务结构转型的主要契机。券商在国际化的同时应注重对自身业务结构的调整和转型，重点发展资产管理业务。

## 券商出海面临的挑战及原因分析

中资券商的参与，改变了香港资本市场多年来欧美投行及本土投行“两极化”的竞争格局。部分中资券商凭借自身母公司优势，通过本地的经营耕作，已逐渐占据一席之地。然而内地券商“借港出海”之路绝非一帆风顺。香港联交所每年根据成交量将400多名交易参与者划分为A（交易额前14位）、B（交易额15~65位）、C（交易额65位以下）三个梯队。目前在香港地区的中资券商中，只有银行系的中银国际位列第一梯队，其余大多数中资券商则位列B组，至于C组则几乎全为内地华资券商。对此，证监会副主席庄心一曾有概括：“总体上讲，挣了点钱，有了点雏型，有了点影响，以前不会做的业务,现在可以做了。问题是母公司和子公司各管各的,属于两张皮。”究其原因，大体可归纳为以下几点：

### （1）商业模式构成与国际化经营的矛盾

国内券商多是以“4张牌照”（经纪、投行、资管、自营）为基础，从事通道业务，对于非通道业务的创新能力弱。同样，业务单一、盈利过分依赖经纪业务是大部分内地券商在香港的通病。尽管多家内地券商已取得香港证监会的全业务牌照，但由于进入时间不长和体制问题，大部分内地券商的香港子公司主要是开展经纪业务，即便扎根香港十余年的国泰君安国际，其主要的发展方向也还是在零售业务。目前仅中金公司、国泰君安、中信证券和中银国际等几家老牌实力公司的香港投行业务能够为公司贡献利润。开展资产管理业务只有6家券商，其他几家虽然设立了投行、资产管理分公司，但往往只有框架，业务难上规模。

### （2）内部治理制度对国际化发展的制约

首先，在管理制度上，相当数量中国券商的管理核心仍然是“干部制”，与投资银行必需的"合伙人制"文化和专业人士制度相比，在权责、利益分配、效能利用、汇报体系上差别明显。其次，内控机制落后难以适应业务发展。目前的内控制度源于通道性业务，适合粗放型业务管理，对创新型业务及资本中介型业务和跨境业务缺乏有效内控体系。最后，在人才激励上，只有短期现金激励，鼓励急功近利，缺乏长效激励。从境外的角度来看，在金融机构以外的其他行业（特别是高成长型企业），采用股权或期权的方式对员工及管理层进行长效激励是常见做法。

#### （3）跨境一体化的业务矛盾与管理冲突

当境内母公司开始推行更多的跨境业务和中国香港地区以外的国际化拓展时，由于需要两地团队更统一的协作，母公司与香港公司就可能从资金运用、人员合作、业绩考核甚至激励机制上存在冲突和矛盾。其中基本因素包括：货币非自由兑换/资金出入境受限，境内外监管结构的差异与特殊性，境内外分业与混业市场环境的区别，境内外团队的工作效益与成本分配冲突，母子公司在涉及信用、评级、资产负债表、交易对手风险等方面面临的不对等，中后台支持不够等。要解决这些矛盾，一方面需要平衡境内外的监管架构、法律、合规、税务等存在多方面的差别，另一方面，中国券商在"走出去"的过程中，自身还必须进行通盘考虑，从顶层管理和整体运营上对国际化进行设计，突破现有的管理和业务模式。

## 资产管理机构国际化的美国经验借鉴

### 制度环境、产业状况、机构竞争力影响国际化成效

根据海外大型资产管理机构国际化的历史来看，国际化的效果的好坏主要由制度环境、产业因素以及机构竞争能力因素所决定（见表4—5）。而具体针对于美国本土情况来看，美国的资产管理机构能够在国际化进程中迅速打开局面，并得到长足的发展，与美国本土的这些因素有着密不可分的关系。

表 4—5　　一国资产管理机构国际化效果的主要决定因素

| 决定因素 | 具体内容 |
|---|---|
| 制度环境 | 是否具有开放的制度环境，经常项目、资本项目是否开放等 |
| 产业状况 | 国民经济发展规模；金融业发展程度；证券市场的有效运营等 |
| 机构竞争力 | 是否存在金融服务贸易壁垒；资产管理机构效率是否有效等 |

资源来源：课题组根据公开资料整理。

首先从制度环境看，美国在第二次世界大战后成为了当时世界上较大的经济体。由于其经济处于领先地位，并且各个产业技术水平较高，产品竞争力较强，从而没有对经常项目、资本项目进行限制的必要。这就为本国金融行业的发展提供了便利的条件，使得美国金融业的发展得到了长足的进步，证券市场的发展也明显要快于其他经济体。从 20 世纪 70 年代的“布雷顿森林体系”以来，美国的证券市场已经成为全球最重要的国际金融市场和国际融资中心，从而使得美国资产管理行业在这种总体快速发展的背景下，能够较快的取得效益。

其次看产业状况，美国早在第二次工业革命之后就全面超越英国成为了世界第一大国，而在产业革命的过程中，实体经济的发展对于金融的依存度逐渐上升。证券市场在这段繁荣期内逐步成长起来。积累了先发优势的美国资产管理机构在发展的过程中将目光聚集到海外市场。1914 年，美国对外直接投资已经达到了近 27 亿美元，这个数额占了当时发达资本主义国家的对外直接投资总和的 50% 以上。在第二次世界大战以后，美国通过构建“布雷顿森林体系”以及 WTO 的前身关贸总协定，使美元登上了世界货币的地位；再加上美国对经常项目和资本项目的开放，使得规模空前的美国产业资本国际化得以出现。美国跨国企业对于投融资的需求以及资产管理的需要，有力推动了美国资产管理机构的国际化进程（见表 4—6）。

表 4—6　　美国代表性资产管理机构的国际化进程表

| 资产管理机构 | 时间 | 国际化进程中代表性事件 |
|---|---|---|
| 摩根士丹利 | 1967 年 | 在法国巴黎成立了 Morgan&Cie，进入欧洲市场 |
| | 1970 年 | 在日本东京成立了办事处，进入日本市场 |
| | 1986 年 | 获得东京交易所席位 |
| | 1987 年 | 在中国香港地区设立办事处，进入亚太市场 |
| | 1993 年 | 在中国内地设立上海、北京办事处 |
| | 1995 年 | 与建设银行合资中金公司 |
| | 1999 年 | 收购西班牙 AB Asesores |
| | 1999 年 | 与印度 JM 金融集团合资，进入印度市场 |
| | 2010 年 | 在日本组建三菱 UFJ 摩根士丹利 |
| | 2011 年 | 与华鑫证券合资成立摩根士丹利华鑫证券 |
| 高盛 | 1970 年 | 在伦敦设立第一家办事处 |
| | 1974 年 | 在东京设立第一家办事处 |
| | 1984 年 | 在中国香港地区设立亚太总部 |
| | 1985 年 | 在伦敦设立欧洲总部 |
| | 1990 年 | 成为大阪证券交易所会员 |
| | 1994 年 | 在中国内地上海、北京设立代表处 |
| | 2004 年 | 成立高盛高华证券 |

资料来源：根据公开资料整理。

最后看机构竞争力。从各国的历史经验来看，越是封闭的经济体，其金融运行效率越低。越早对外开放，资产管理机构在国际竞争中就越能够形成资本的原始积累，资产管理机构的效率也就越高。同时，美国金融机构由分业经营到混业经营的转变，对其资产管理机构的竞争力也有较大的提升。通过分业经营，使得各个金融机构逐步转向专业化，而在专业性的长足发展之后，通过混业经营使得强强联手，进一步加强了美国的资产管理机构的业务能力和竞争能力。

## 美国资产管理机构国际化的经验总结

### 机构在本国国内的市场份额和实力是国际化的前提

比较摩根士丹利和高盛可以发现，两者都是在美国国内的金融市场竞争中占据领先地位后才谋求海外发展的。在资产管理机构海外扩张的过程中，最初的海外探路阶段就是要通过在海外设立分支机构来将在国内从事的资产管理业务推广到海外，并通过国内广泛的分销网络以及客户等优势，来为海外客户提供相应的资产管理的服务。如果国内没有这样一个较好的分销渠道和客户的基础，那么扩展海外业务的能力也会相对较弱，从而导致海外扩张的业务链出现断裂，并最终导致国际化失败。

### 业务市场定位是影响国际化成效的关键因素

国际化对资产管理机构的要求就是要针对不同区域提供差异化的创新服务。从这个意义上来说，国际化也是其实现业务定位和结构转型的主要契机。但一般情况下，在国际化初期，众多机构都是利用传统优势业务开拓新市场，过于贪图短期收入增长而忽视业务质量，这样做就会很容易只发展相对简单的业务，而最终只能进入国际分工的低端环节。从长远来看，这样做并不利于实现真正的国际化。

如日本的野村证券在国际化进程初期表现较优，1988 年前后在国际业务中获得了巨额的利润，国际业务收入占总收入的近 20%。然而在之后的发展之中，国际业务所贡献的利润一跌再跌，其所占比例显著低于其他同类型的机构。这样的倒退正是由于野村证券在国际化过程中的定位缺失，只顾扩大海外业务规模，在数量上占优，但却忽视了提升业务的质量。当金融状况发生变化以后，创新性不足的野村证券就不再具有比较优势，从而进一步导致了其海外业务的萎缩。

## ‖海外扩张区位选择也将影响最终的国际化效果‖

在国际化的进程中，选择一个合适的区位作为突破口非常重要，区位选择的好坏也将直接影响到业务的开展以及国际化战略的效果。在进行不同区位的选择时，首先要对各个地区的潜在客户量以及业务规模进行判断；其次，要对各个地区的金融监管限制以及金融体系的发达程度进行判断；最后，要对各个地区的文化背景进行甄别。美国的资产管理机构在欧洲地区的业务扩展取得成功，也与其彼此具有相似的文化背景有一定关系。

野村证券作为日本资产管理机构的领头羊，在海外扩张的区位选择上值得商榷。作为一个起步没有欧美同行早、业务质量没有欧美同行高的资产管理机构，野村证券开始国际化的战略定位是立足于欧美。虽然野村证券在20世纪80年代也曾在中国设立代表处，并迅速在亚太地区设立了众多办事处，但其立足欧美的战略最终使其在中国甚至在亚太地区的业务扩展丧失了领先优势，而且在欧美市场上沦为产业链的中低端。

## ‖文化融合是国际化战略成功的催化剂‖

资产管理机构在进行海外市场拓展时，除了要面临商业环境和商业模式的差异，文化冲突也是无法避免的。如摩根士丹利向来以华尔街“白鞋”自居，这种独特的“明星”文化始终是公司在全球扩张进程中的一个主要障碍。1997年，摩根士丹利与迪安·威特公司（Dean Witter）合并，擅长投行业务的摩根士丹利和擅长零售金融业务的迪安·威特公司在公司文化层面并不契合，两家公司管理团队之间的“对峙”和“逼宫”反复上演，最终以2005年CEO辞职而暂告段落，可见文化冲突造成的内耗的确给公司竞争力的提升产生了不利影响。

# 资产管理机构海外运营的模式与策略

以基金公司和券商为例，我们分析了国内资产管理机构海外运营取得的成绩、存在的问题及原因，并对比了美国资产管理机构海外运营的实践经验。在此基础上，我们尝试给出资产管理机构国际化的意见和建议。

## 资产管理机构国际化的切入点不应受局限

目前，中国金融机构海外投资所处的阶段，并不是立即成为全球性的金融机构，而是为中国企业海外投资和财富管理提供融资和咨询服务。因此，在为代表处等经营点选址时，应当尽量选择中国企业海外投资和财富流向的重点区域。

**从资本的流动性来讲，美国市场流动性很足。但国际化不等于美国化，其他市场的机会也有很多。**如欧洲市场，欧洲资产管理的历史要早于美国，且发展规模也很大，卢森堡和伦敦是世界最大的互惠基金中心。此外，欧洲资本市场的法律法规都比美国要宽松很多，因此可作为金融机构海外拓展的重点考虑对象。

**除了欧洲以外，亚太区域市场在文化和距离上更有优势，如与我国经贸关系往来密切的东盟市场。**东盟各国经济发展模式整体上是外向型市场经济与国家干预相结合，伴随着中国－东盟自由贸易区的发展进程，东盟已成为中国的第三大贸易伙伴，中国也成为东盟的最大贸易伙伴（见图4—6）。

良好的经贸往来关系为区域金融合作奠定了扎实的环境基础。2008年7月，中国国金金融有限公司在新加坡成立全资公司——中国国金金融（新加坡）有限公司，成为了我国首家在东盟国家开展跨境业务的证券公司；2010年10月，中国－东盟银行联合体正式成立；2013年3月，中国太平洋证券与老挝农业促进银行、老挝信息产业股份有限责任公司正式签约设立中老合资证券公司。

截至 2013 年底，东盟国家已在中国设立 30 多家银行机构，中资金融机构在东盟国家也已设立 11 家分支机构。

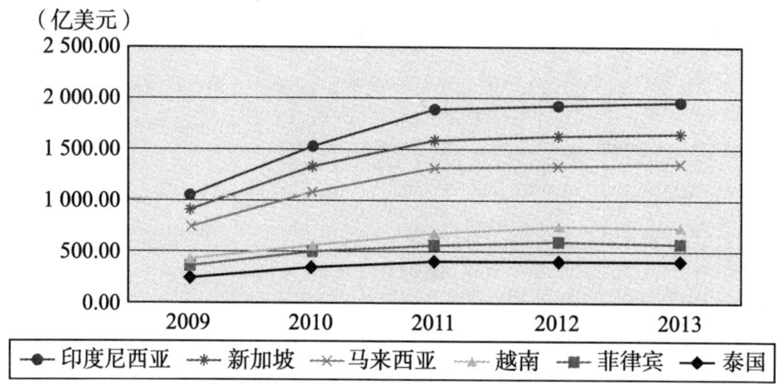


A）2009—2013 年中国与东南亚主要各国进口贸易额

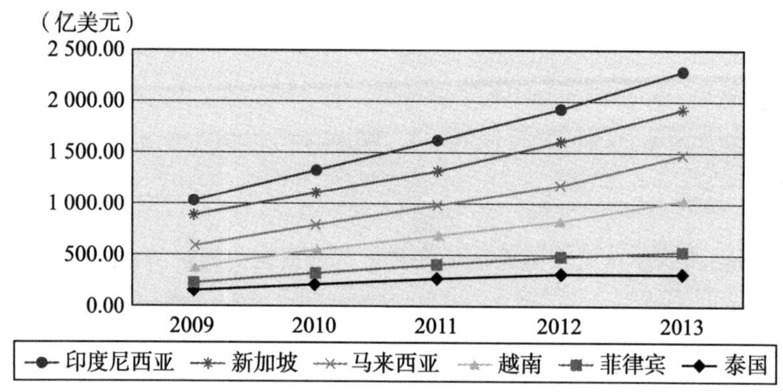


B）2009—2013 年中国与东南亚主要名国出口贸易额

图 4—6　2009—2013 年中国与东南亚主要各国进出口贸易额

资料来源：世界银行数据库。

新加坡是东盟经济体中金融发展程度最高的国家，同时也是亚洲私人银行的集中地。2013 年 11 月 25 日，新加坡交易所宣布已和中国证监会合作，为中国企业搭建直接上市框架，进一步鼓励中国企业赴新加坡上市。作为亚洲门户，新交所可为满足新加坡监管标准、拥有良好公司治理水平的企业提供理想的融资平台。同亚洲其他证券市场相比，新交所证券流动性较高，国际化程度高，有成熟和活跃的二级市场和大量的机构投资者，并且没有外汇及资金流动管制，发行新股及出售旧股所募集的资金可自由流入、流出新加坡，能够成功实现企业与期待分享中国经济增长的投资者的有效对接。

其他东盟国家如老挝、越南等还没有形成完善的金融体系，金融服务业发展还处于初级阶段，普遍存在银行数量少、覆盖率低、贷款利率高、金融产品不丰富等现象。根据成立东盟经济共同体（AEC）的目标，各国将向东盟成员国以及中国在内的对话伙伴国扩大开放服务业领域，其中就包括金融服务业。因此，作为国际化策略的路径选择，有实力的金融机构应考虑利用“中国－东盟金融合作实验区”的政策有利条件，通过合资、收购兼并等方式在新加坡、马来西亚、印度、泰国等金融市场发展相对成熟的新兴东南亚国家拓展跨境业务。

## 资产管理机构国际化的方式应多样化

**除了在海外设立办事处，资产管理机构国际化可以通过兼并或收购海外的公司来实现。**例如李泽楷于2009年买入美国国际集团（AIG）的机构性资产管理项目，于2013年以165.86亿港元收购荷兰国际集团（ING）在香港、澳门地区及泰国的保险业务。

**同时，资产管理机构也可以从产品国际化的角度突破。**中国国内的资产管理机构可以到海外开创平台，将国外的产品引进回国；也可以将国内管理的资金拿出来一小部分，投资到海外市场试水。如目前中国内地的几家资产管理公司正在考虑在美国路演销售中国的ETF基金，获得的美元收入在中国香港地区兑换成人民币，再以RQFII的渠道进入内地市场。随着人民币国际化的不断推进，国内投资海外市场的需求在上升，政策上也会有所放宽。

## 资产管理机构国际化的产品应多样化

放宽投资视野可以看到更多的投资机会。目前中国国内资产管理以债券、股票为主，海外投资的产品范围相对广泛，但其优质资产依然不多，需要仔细评估。例如，纽约的房地产项目广受关注，但是实际上在纽约曼哈顿岛上，好的项目大多被几大家族垄断，且以犹太人为主，只有一些不适合做长期投资的资产才会卖出来。

**在这种情况下，资产管理机构在国际化过程中可以放宽投资范围，如房地产和艺术品。**欧洲的艺术品投资发展非常快，规模很大，例如英国的苏富比拍卖行和投资银行、大型资产管理公司都有合作。此外，中国国内资产管理公司也可以从私人银行角度提供一些增值服务，开发一些与子女教育、投资移民等相关的产品。

## 资产管理机构国际化的关键是人才

中国资产管理机构“走出去”，国外资产管理机构“走进来”，关键的因素都是人才。证券投资基金业的复杂性与专业性对人才素质的要求较高，特别是 QDII 和 QFII 基金，其复杂性和风险性要求投资者具备丰富的境外市场操作经验、良好的投资意识与风险管理意识，并能妥善处理风险与回报之间的关系。

中国和海外的差异比较大，必须有了解当地市场环境、文化、投资理念的人才，才能更好地进行投资分析和资产配置。从不同国家资产管理机构的国际化经验看，国际化的人才在市场上是有一个公允价格的，资产管理机构要有足够的魄力和能力去支付这个价格。因此，金融机构要加强国内人才队伍建设和国外优秀人才引进，为国际化战略做储备。

## 资产管理机构国际化应加强风险管理

从国际金融市场的实践看，在历次金融危机中都有很多资产管理公司破产。**因此，风险管理对于资产管理机构的存在和发展非常关键。**只有控制了风险才能完成更好的资产配置管理。如果资产管理机构管理的产品大多是 OTC 产品，可以自己开发风险管理系统；如果资产管理机构管理的产品以交易所产品为主，则可以从第三方购买或租赁风险管理系统；如果做很多种类的资产配置，则应该尽量选用一个涵盖多种资产类别的集成风控系统，做个性化的开发。

以贝莱德集团为例来说明风险管理的重要性。贝莱德集团在 1985 年成立时，管理的资产仅是现在的 1‰，员工 200 多人，起步非常艰难。创办者兼 CEO 拉里·芬克（Larry Fink）意识到买方之所以被动，是没有自己的模型和风险管理系统，因此，他集中精力来建立自己的风险管理系统。很快，一个从前台到后台的“一条龙”风险管理系统建立起来，当一笔交易被输入系统以后，所有的风险都能快速计算出来。每次风险管理系统出现漏洞和问题时，研发团队还都会加强和升级系统。最后，贝莱德集团的风险管理团队独立出来，成立了单独的部门——BlackRock Solution®，不仅对内部做风险控制，还给其他机构如房地美做风险管理。该系统的设计为其收购其他金融机构提供了巨大的信息和风险控制优势，它服务的很多客户后来成为了其收购对象。

## 资产管理机构国际化需要政策支持

**在政策层面上，监管层应给予海外分支机构足够的理解和支持。**具体来讲，对符合条件的子公司或母公司在海外市场设立分支机构和招揽业务予以支持，同时加强与国外监管层和交易所之间互动，为国内券商拓展海外市场创造机会。此外，改进 RQFII 和 QDII 制度，完善和疏导资本回流机制，为国内券商资产管理业务的国际化营造更加适宜的环境。同时，积极推进香港及内地两地基金产品互认制度安排，为有意投资于海外市场的内地投资者以及投资内地的海外投资者提供方便之门。

2014 年 4 月 10 日，中国证监会和香港证监会联合宣布正式启动沪港两地市场的互联互通交易，就结算方式、投资标的、投资额度等方面作出了具体规定。这一举措对基金公司 QFII 和 QDII 业务的发展带来了巨大机遇。

总的来看，与发达国家相比，我国资产管理机构国际化仍处于较初级的起步阶段。在国际化的进程中，政府和监管层要积极引导，资产管理机构本身要选好地点、方式和产品，看到中外投资环境、理念、技术、文化的差异，吸收国际化的人才，做好风险管理工作。

# 第5章

# 信用违约冲击中的资产管理行业机遇

## 本章导读

债券违约与企业破产本应是成熟金融市场中的常态事件，但刚性兑付长期以来一直是中国资产管理行业难以打破的潜规则。2014 年 3 月 4 日，“11 超日债”公布本期利息无法按期全额支付，我国债券市场“零违约”的历史从此结束。经济增长中枢下移，地方政府财政硬约束逐步加强，房地产调控深入和产能过剩行业风险集聚等诸多因素都将促使市场化违约出现，从而逐步打破资产管理市场刚性兑付的怪圈。对中国资产管理行业而言，信用违约潮的到来无疑是新的挑战，但同时也是新一轮发展的机遇。

- “高收益”与“刚性兑付”持续并行扭曲了金融市场的竞争格局，“非标”以高收益和隐性兜底的担保，持续分流着债券市场和权益类市场的资金，不利于金融市场健康发展。
- 随着中小企业私募债兑付高峰的来临，实质性违约数量将逐步增加。宏观经济环境低迷加之市场化融资主体扩容，“信用产品打破刚性兑付、市场机制逐步主导违约风险”将逐步成为我国金融市场的新常态。
- 在信用违约背景下，日本和韩国首先出台一系列法律法规，有序引导市场违约。随后，资产管理行业出现并购重组浪潮，资产证券化业务蓬勃发展，行业逐渐由分业经营走向混业经营。
- 信用环境恶化的条件下，我国资产管理机构需要逐步回归受托理财的本源，最大化减少 信用风险传染；创新资产证券化和不良资产处置已成为市场中领先资产管理机构的现实选择。此外，部分资产管理机构在尝试通过并购整合增强自身的行业竞争力，以更稳固的基础应对信用风险。

# 十字路口：信用市场刚性兑付难以持续

有效市场理论认为，金融产品风险与收益正相关，因此信用违约事件在周期正常波动的金融市场中是常态化发生的。20 世纪初期，中国银行业不良资产曾大幅攀升，政策性信贷无法维持，许多企业无法正常偿还贷款，从而出现了违约潮。但这一时期的违约潮具有浓厚的政府干预色彩，并非完全是由市场化力量主导的信用违约。而且，当时资产管理行业尚处于发展初期，受其冲击有限。但是目前信用市场可能出现的一系列违约事件，或许会成为政府意志下有序打破刚性兑付的起点，也可能成为主导风险定价与资源配置的资产管理市场化力量回归的起点。

## 勉力维系：信托产品刚性兑付仍未打破

历经 5 次整顿，随着 2007 年《信托公司管理办法》和《信托公司集合资金信托计划管理办法》的颁布，信托行业进入到全新发展阶段，至 2014 年信托产品规模已超过 10 万亿规模。近几年，随着国家经济增速中枢下行等新形势出现，企业资信质量有所下降，加之信托业大发展，覆盖的企业越来越多，信托兑付的违约风险事件频发（见表 5—1）。

表 5—1　　2013 年以来信托产品违约风险事件概况

| 时间 | 信托公司 | 存在违约风险的信托产品 | 风险事件 |
|---|---|---|---|
| 2013.01 | 中信信托 | 中信信托－舒斯贝尔特定资产收益权投资集合信托计划 | 融资方非法挪用资金，项目停滞 |
| 2013.03 | 四川信托 | 四川信托－洋城锦都置业特定资产收益权投资集合资金信托计划 | 项目处于停建状态，无法还款 |
| 2013.03 | 安信信托 | 安信信托－昆山·联邦国际资产收益财产权信托计划 | 融资方周转困难，拒绝还款付息 |
| 2013.04 | 安信信托 | 安信信托－温州“泰宇花苑”项目开发贷款集合资金信托计划 | 融资方过度民间借贷，负责人逃离出境 |
| 2013.04 | 陕国投 | 陕国投－裕丰公司二期建设项目贷款集合资金信托计划 | 公司资金链断裂 |

续前表

| 时间 | 信托公司 | 存在违约风险的信托产品 | 风险事件 |
|---|---|---|---|
| 2013.06 | 新华信托 | 新华信托－上海录润置业股权投资集合资金信托计划 | 项目停滞，担保方陷债务危机 |
| 2013.07 | 中粮信托 | 中粮信托－中金佳成房地产基金 1 号集合资金信托计划 | 项目无法开工，无法偿还本息 |
| 2013.07 | 五矿信托 | 五矿信托－荣腾商业地产投资基金信托计划 | 项目销售不佳，无法还款 |
| 2013.07 | 东莞信托 | 恒信－嘉粤 2 号集合资金信托计划 | 融资方陷入财务危机 |
| 2013.10 | 华润信托 | 焱金 2 号孝义德威集合资金信托计划 | 融资方陷入财务危机 |
| 2013.11 | 新华信托 | 新华信托－山东火炬置业有限公司贷款集合资金信托计划 | 项目进程缓慢，融资方无力偿还 |
| 2013.12 | 吉林信托 | 吉信·松花江 [77] 号山西福裕能源项目收益权集合资金信托计划 | 融资方负责过多，已失去偿债能力 |
| 2014.01 | 中诚信托 | “诚至金开 1 号” | 融资方经营困难，涉嫌非法吸存，无力偿还 |
| 2014.01 | 新华信托 | 新华信托·上海录润置业股权投资集合资金信托计划 | 融资方实际控制人疑似“跑路” |
| 2014.05 | 山东信托 | 山东信托－平江生活广场单一资金信托计划 | 融资方资金链断裂 |
| 2014.06 | 山东信托 | 山东信托－远投 7 号集合资金信托计划 | 两家融资方已濒临破产 |
| 2014.07 | 中诚信托 | 诚至金开 2 号 | 融资方煤矿整合无法取得进展 |
| 2014.07 | 长城信托 | 财富 5 号中都青山湖畔贷款集合资金信托计划 | 融资方实际控制人被刑拘 |

资料来源：课题组根据公开资料整理。

虽然信托产品违约风险事件频现，但投资者却没有遭受对应的损失，因为信托公司为了维护投资者利益和自身名誉，或通过自用资金垫付，或寻求第三方接盘来实现刚性兑现。对于刚性兑付，央行给出的解释是当理财资金出现风险、产品可能违约或达不到预期收益时，作为发行方或渠道方的商业银行、信托公司、保险机构等为维护声誉，通过寻求第三方机构接盘、用自有资金先行垫款、给投资者价值补偿等方式来保证理财产品本金和收益的兑付行为。

高企的“无风险收益率”掩盖了信托产品所对应的融资主体和融资项目的信用风险，投资者不在意投资标的优劣和资金流向，更多地关心作为融资中介的资产管理机构的品牌和资本实力。若高收益与刚性兑付持续并行，将扭曲金融市场的竞争格局，即“非标”以高于标准债券市场的收益率和隐性兜底的担保，持续分流债券市场和权益类市场的资金。不断有资金入场接盘又进一步增强了“非标”产品刚性兑付的能力，并形成逆向选择，从而不利于金融市场的健康发展。

## 靴子落地：债券实质性违约已出现

从1984年我国第一只企业债发行至2013年，已将近30年，我国企业债市场一直保持着“零违约”记录。2011年，山东海龙发行的短期融资券出现过疑似违约的迹象，最后仍然通过新融资完成到期兑付。2012年，江西赛维LDK、新疆新中基也接连被降级，与违约相关的事件频发，信用市场有恶化趋势，资产管理行业逐渐开始重视债券的违约风险（见表5—2）。

表5—2　　2011—2012年违约风险事件概况

| 时间 | 公司 | 债券类型 | 风险事件 | 最终解决方法 |
|---|---|---|---|---|
| 2011.09 | 山东海龙 | 短融 | 连续降级 | 推测由银行提供过桥贷款 |
| 2012.01 | 北京地杰通信 | SME① | 支付困难 | 担保方支付 |
| 2012.04 | 江西赛维 LDK | 短融 | 信用连续降级 | 推测由地方政府或银行偿付 |
| 2012.09 | 新疆新中基 | 短融 | 信用连续降级 | 推测由省级国企偿付 |
| 2012.10 | 北京康特荣宝 | SME | 支付困难 | 担保方支付 |
| 2012.12 | 哈尔滨惠佳贝食品 | SME | 支付困难 | 担保方支付 |
| 2012.12 | 常州高力彩钢板 | SME | 公司破产 | 到期前支付本息 |

资料来源：课题组根据公开资料整理。

① SME指中小企业集合票据。

直至2014年，随着“11超日债”公告无法按时偿付利息，我国债券市场“零违约”的历史宣告结束。随着中小企业私募债兑付高峰的来临，实质性违约数量将逐步增加（见表5—3）。2014年7月，“13华通路桥CP001”公告无法兑付本息，到兑付最后一刻，在政府的协调下，华通路桥却回收资金，从而避免了其债券出现违约。同月，“12津天联”也公布无法兑付本息，然而其担保方天津海泰担保也陷入危机，濒临破产，所以其成为第二单实质性违约概率较大。

表5—3　　2013—2014年违约风险事件概况

| 时间 | 公司 | 债券 | 风险事件 | 处理结果 |
| --- | --- | --- | --- | --- |
| 2014.03 | 上海超日太阳能 | 公司债 | 利息无法支付，首例实质性违约 | |
| 2014.03 | 徐州中森通浩新型板材 | 中小企业私募债 | 3月宣布利息无法支付 | 5月已补足利息支付 |
| 2014.03 | 浙江华斯特聚合物科技 | 中小企业私募债 | 企业破产重组 | 债券有担保，担保公司实力有能力偿付 |
| 2014.06 | 正德人寿 | 公司债 | 虚增资本，偿付能力存疑 | |
| 2014.07 | 湖州金泰科技 | 中小企业私募债 | 业绩下滑，企业到回售期企业无法偿付投资者本息 | 证监会建议投资者遵循契约保护自身权利 |
| 2014.07 | 华通路桥 | 短融 | 7月发布风险提示公告，本息兑付面临不确定性 | 政府协调下，按时兑付 |
| 2014.07 | 天津市天联 | 中小企业私募债 | 无法兑付本息，担保方也陷入危机 | |

资料来源：课题组根据公开资料整理。

债券市场出现实质性违约对我国债券市场的发展起着重要的推动作用，促使债券风险溢价逐步合理，纠正债券融资价格的扭曲。另一方面，实质性违约让资产管理行业正视违约风险，引导他们加强风控能力，促使资产管理行业步向更加成熟。

## 历史趋势：我国信用市场刚性兑付难以持续

虽然目前刚性兑付仍然是市场处理违约行为的主要方式，但基于国际经验以及当前我国的经济形势，信用产品打破刚性兑付、市场机制逐步主导违约风险将是我国信用市场的发展趋势，原因有以下几点。

**第一，从基本面来看，中国目前处于“三期叠加”的特殊时期，而且杠杆积累较高，违约风险继续加深。**中国目前处于经济增速换挡期、结构调整阵痛期和前期刺激消化期，部分产业面临去产能的困境，同时部分新兴产业未能及时发展起来，我国宏观经济环境的稳定性有所下降。另一方面，中国社科院公布的国家资产负债表显示，全社会杠杆率从 2005 年的 163% 上升至 2012 年的 215%，我国企业部门负债率从 2005 年的 95% 上升至 2012 年的 113%。实体经济处于薄弱时期，加之微观企业杠杆率[①]高企，信用环境存在继续恶化的可能，违约风险会不断加深（见图 5—1）。

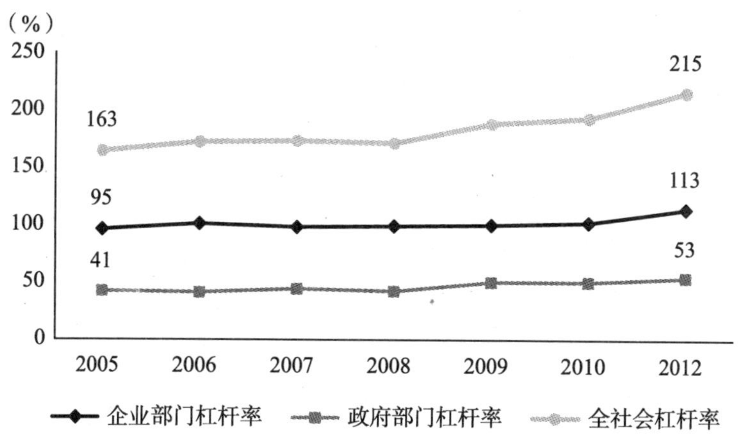


**图 5—1　我国非金融部门与全部门杠杆率**

资料来源：中国社科院。

① 杠杆率 = 该部门负债水平 / 我国当期 GDP

**第二，我国债券市场、信托行业在逐步扩容，融资主体渐趋多样化，整体违约风险在上升。**我国债券市场年发行量超过9万亿元，存量超过30万亿元，占GDP比例超过50%，已初成规模。随着短融发行条件的放松、中小企业私募债的推行，加之实体经济信贷融资利率较高，信用债在2011年后得到迅猛发展，其发行量在2010年前只占当年债券发行量不到20%，2013年升至40%左右；发行债券的数量也从686个升至接近3 000个（见图5—2）。发债主体的增加加大了债券市场的违约风险。回顾2010年初，A评级以下的发债主体为0个，但至2014年7月底，A评级以下的发债主体已升至39个，信用环境恶化不容忽视。

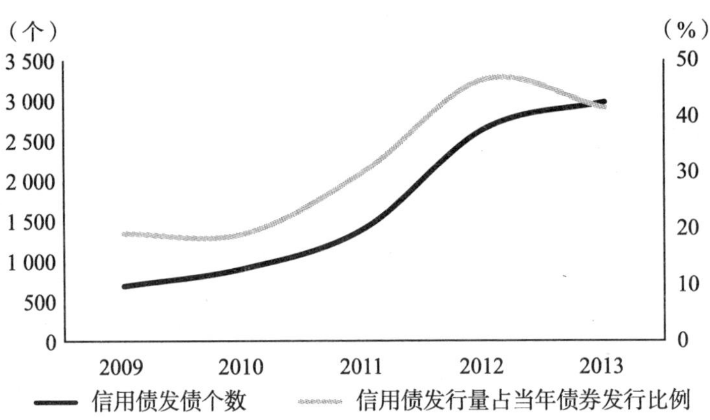


**图5—2　我国信用债发行个数与发行量占当年债券发行比例**

资料来源：Wind资讯。

信托业从2万多亿发展至117万亿仅用了4年时间，成为规模仅次于银行业的第二大金融产业。目前，信托资金主要投向基础产业与房地产行业，两者共占信托资金的35%；从上文对信托产品违约风险事件的梳理可发现，房地产和煤炭等周期性行业随着我国宏观经济波动而正积聚违约风险，信托行业未来继续保持刚性兑付的压力非常大（见图5—3）。

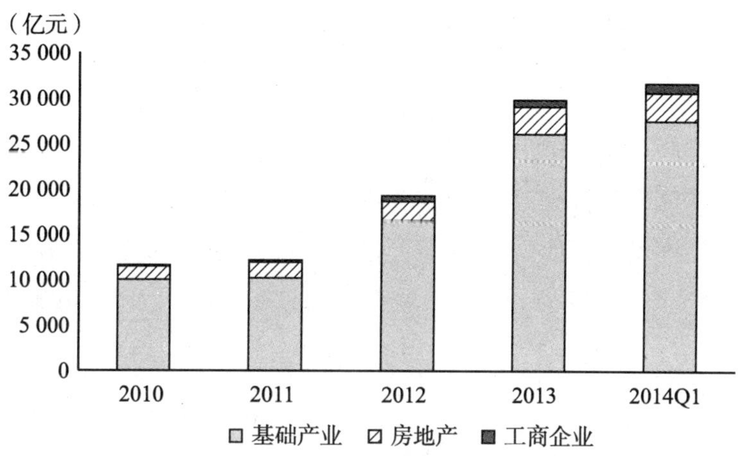


**图 5—3　信托产品资金投向的产业分布**

资料来源：Wind 资讯。

**第三，从历史经验看，当经济周期性下行或遭受到严重外部冲击时，信用环境会急剧恶化，市场融资利率迅速升高，资信质量较差的企业难以持续融资**。其结果是，违约大规模爆发，政府与金融机构无法继续承受刚性兑付的成本，最后市场机制主导违约行为，金融市场资金定价机制得以修复。由于违约行为大规模出现，与破产、债务重组相关的法律法规将逐步完善，进而促进金融市场法律环境的完善，推动金融市场成长得更为成熟。

**总结而言，宏观环境薄弱加之市场化融资主体扩容，违约行为市场化将逐步成为我国金融市场的新常态**。违约成为市场常态有利于市场资金的合理定价，也有利于投资者和金融机构的风险防范意识的提高。历史经验也表明，打破刚性兑付是金融市场发展的必经阶段。违约风险既是资产管理行业需要重视的风险，也是资产管理行业开拓新产品、新业务的机遇。

# 信用违约冲击下的资产管理行业：来自日本、韩国的启示

回顾国外资产管理行业发展历史，日韩两国打破刚性兑付的宏观经济背景相似，均处于经济增速中枢下移、经济结构转型阶段。日本在20世纪90年代初打破刚性兑付，日本政府与资产管理行业用了近10年时间化解信用风险，消化不良资产；韩国在1997年金融危机后打破刚性兑付，之后在韩国政府的积极支持下，韩国资产管理行业用了约5年时间化解信用风险，消化不良资产（见图5—4）。

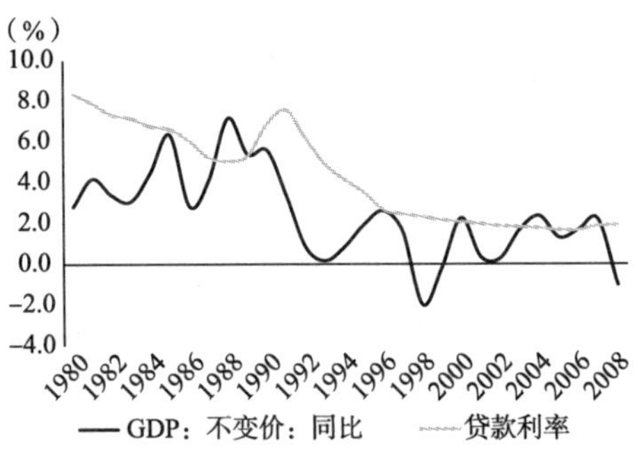


A）日本GDP增速与贷款利率

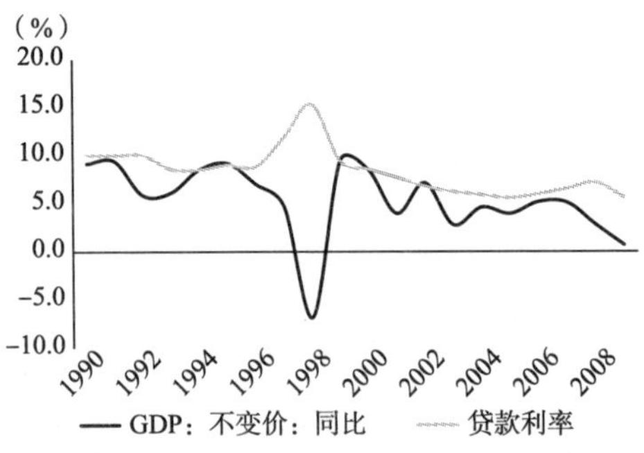


B）韩国GDP增速与贷款利率

图5—4　日本&韩国GDP增速与贷款利率

资料来源：世界银行数据库。

## 日本资产管理行业由分业经营走向混业经营

20世纪90年代初，日本房地产泡沫破裂，经济迅速下行，信用周期进入底部，违约率高企。1993年9月，日本不良资产达23.6万亿日元，约占日本当年GDP的4%。当时，日本政府认为不良资产增加只是经济周期下的暂时性恶化，等到经济复苏，房地产价格回升，不良资产问题便迎刃而解。如果过分干预，银行业信誉遭到质疑，可能引起挤兑，进而导致金融业崩溃。但经济增长中枢下移已成定局，加之当时会计制度并不完善，实际不良资产远大于公布数据，违约情况继续恶化，不良资产继续攀升。至1998年末，不良资产升至87.5万亿日元，约占日本当年GDP的17%。

面对信用风险的恶化，日本政府相继颁布了"金融三法"，即《存款保险法》、《金融机构等经营健全性确保法》和《金融机构更生手续法》。其主要导向为：第一，金融机构自行处理不良资产；第二，个别无力自行解决的金融机构，由存款保险机构予以援助；第三，濒临破产的金融机构可由一家经营较好的金融机构代为接管，或新成立一家金融机构来接管，或任由其破产。在1998年，日本相继出台《改正存款保险法》、《金融机能安定化紧急措施法》、《过渡银行计划》、《金融机能再生的紧急措施法》，分别确立保护投资者利益、不再保护破产金融机构、不良资产标准化公示等原则，并建立不良资产统一回收处置机构，推动不良资产处理市场化。通过出台一系列法律法规，日本奠定了打破刚性兑付、市场化处理违约的基础。

在此时期，日本资产管理行业逐渐从分业经营向混业经营过渡：

其一，资产管理行业机构业务跨领域渗透。由于宏观环境变差，分业经营盈利可持续性下降，日本政府逐步放宽各业务的准入门槛。1992年，日本通过《金融制度改革法》确立了银行、证券、信托三种业态可通过设立子公司实现业务综合化，生命保险公司可与财产保险通过设立子公司进入对方领域。1997 年，证券业被允许开设“证券综合账户”，即证券公司给客户开设的交易账户之上附加上支付与结算功能。1998 年，银行业被允许在窗口出售信托产品。

其二，资产管理行业掀起并购重组浪潮。由于不良资产积聚，占用资本金严重，加之宏观经济长期萧条，单靠利润覆盖不良资产难以完成，大部分资产管理机构单靠自身已无法完成不良资产处置，并购重组成为更大的资产管理机构成为趋势。2000 年 9 月，第一劝业银行、富士银行和日本兴业银行等三家大型银行联合组建了日本第一家金融控股公司——瑞穗控股公司，成为当时全世界资产规模最大的金融集团。2001 年 4 月，住友银行和樱花银行分别作为住友集团和三井集团的核心银行，顺利按照预定的计划实现合并，两家银行正式联合组建成立了三井住友银行。2001 年 4 月，三和银行、东海银行和东洋信托银行计划联合组建日本联合金融控股公司。2001 年 6 月，中央三井信托银行接受樱花信托银行的全部股票，樱花信托银行从此改称三井资产信托银行。2001 年 9 月，大和银行与朝日银行合并为大和银行。2001 年 10 月，三菱信托银行、日本信托银行和东京信托银行决定实行合并，成立了新的三菱信托银行。各大机构的合并促使日本资产管理行业迈向规模化、综合化经营的道路。

此外，由于金融机构资本金紧缺，加之政府为了提高实体经济融资的便利度，日本资产管理行业的资产证券化应运而生。1990 年，日本允许银行有限制地对资产证券化，但禁止其在二级市场的流通；1994 年，允许非银行机构在海外销售资产担保证券；1996 年，日本更改资产证券化相关法律法规，将资产支持债券和票据定义为证券，让其进入二级市场。日本资产支持证券在 1995 年金额不到 100 亿日元，到 1998 年其规模已经飙升至 1 兆 7 500 亿日元，进入 21 世纪，日本成为亚洲资产证券化的第一大市场。

## 韩国资产管理行业大力推进并购重组与资产证券化

韩国早在1991年就取消外汇管制。1997年亚洲金融危机发生时，其金融体系受到了严重的冲击。韩国在金融危机前，政府主导其金融体系，为了扶持财团发展，银行机构大部分借入外债贷款给大财团，金融危机前大财团杠杆率已经超过500%，企业借款比例为当时美国和日本的3倍之多。1997年，当金融危机发生时，韩国当年不良资产率迅速飙升至16%。

面对信用风险恶化，韩国政府迅速出台政策——《金融业结构改革法》、《金融控股公司法》、《存款人保护法》等，旨在迅速让经营不善的金融机构退出金融业，并建立不良资产专门处置机构韩国资产管理公司（KAMCO），开创韩国不良资产处置市场；另一方面，出台《企业结构调整促进法》、《企业重整专业公司法》、《企业重整投资公司法》、合并破产“三法”（即《破产法》、《公司整理法》和《和议法》）等，旨在加强企业透明度、改善资本结构和加强公司治理，让产能过剩或杠杆过高的企业自动破产。金融业改革与企业改革并行，促进市场化违约成为市场的常态，也为打破刚性兑付奠定基础。

类似于日本，韩国资产管理行业在此期间也出现了大规模的并购重组。韩国是亚洲金融危机时期银行业并购重组最快的国家。1997年韩国存在33家银行，其中全国性的银行17家、地区性的银行10家、专业银行6家；到2001年底的时候，银行总数只剩下20家，其中，全国性的银行9家、地区性的银行6家、专业性的银行5家。资产管理行业总机构数从1997年2 072家下降至2001年的1 522家，下降了27%（见表5—4）。

韩国资产证券化也是发展于此时期，且发展尤为迅速。1998年《资产证券化法》、《资产流动化法》出台，1999年《住房抵押债券证券公司法》出台，资产证券化以统一立法的形式助推了韩国资产证券化的发展。1999年，KAMCO发行首只资产支持票据，当年其发行规模只有4.4兆韩元；到2000年，资产支持票据发行规模跃升至41兆韩元；到2002年，资产支持票据未清偿余额达 62 兆韩元，占直接融资的 33.4%（见表 5—5）。

表 5—4　　韩国 1997—2001 年资产管理行业变动表　　单位：家

| | 1997 年 | 2000 年 | | | 2001 年 | | | 2001 年 |
|---|---|---|---|---|---|---|---|---|
| | | 破产 | 合并 | 新设 | 破产 | 合并 | 新设 | |
| 银行 | 33 | 5 | 6 | – | – | 2 | – | 20 |
| 综合金融公司 | 30 | 18 | 3 | 1 | 4 | 3 | – | 3 |
| 证券公司 | 36 | 6 | 1 | 14 | – | – | 3 | 46 |
| 投资信托公司 | 31 | 6 | 1 | 3 | – | – | 3 | 30 |
| 人寿保险公司 | 31 | 5 | 5 | – | 2 | – | – | 19 |
| 财产保险公司 | 14 | – | 1 | – | – | – | 1 | 14 |
| 信用保证协会 | 231 | 72 | 25 | 12 | 23 | 1 | – | 122 |
| 信用合作社 | 1 666 | 257 | 101 | 9 | 48 | 1 | – | 1 268 |
| 合计 | 2 072 | 369 | 143 | 39 | 77 | 7 | 7 | 1 522 |

资料来源：韩国中央银行网站。

表 5—5　　韩国 1999—2002 年资产证券化情况　　单位：兆韩元

| | 1999 年 | 2000 年 | 2001 年 | 2002 年 |
|---|---|---|---|---|
| 直接融资 | 71.8 | 73 | 99.4 | 86.8 |
| 股票 | 41.1 | 14.3 | 12.2 | 9.3 |
| 公司债券 | 30.7 | 58.7 | 87.2 | 77.5 |
| ABS 公司债券 | 4.4 | 41 | 39.6 | 29 |
| ABS 占直接融资比例 | 6.1% | 56.2% | 39.8% | 33.4% |

资料来源：中国社科院金融研究所。

总结日韩两国资产管理行业打破刚性兑付、应对信用风险的历史，可以发现：首先，为打破刚性兑付做准备时，政府首先出台一系列法律法规，推动金融业改革与企业改革并行，保护投资者利益；其次，打破刚性兑付后，有序引导不良资产过多的资产管理结构破产，市场化违约逐步成为常态，资产管理机构、实体企业出现大规模破产，资产管理行业出现大规模并购重组浪潮；最后，在信用恶化的市场环境下，资产管理行业的分业经营难以持续产生足够利润，综合化经营成为资产管理行业增强资本实力、应对信用事件恶化市场的必然趋势。

# 信用违约背景下资产管理行业的机遇

在金融监管去杠杆化，信用风险、流动性风险不断累积，互联网金融蓬勃发展的当下，资产管理业务如何走得更远需要我们认真思考。

## 最大化规避风险——回归本源、剩者为王

资产管理业务，本质上是受托代客理财业务。资产管理机构按与投资者事先约定的投资范围进行资产组合配置和投资管理，投资收益与风险由投资者承担，资产管理机构履行受托、尽责的义务并收取管理费。任何存在刚性兑付的理财产品本质上都是借贷关系，而非受托资产管理关系。

**从日韩违约潮的经验可以发现，周期性行业的崩溃会通过借贷关系波及金融机构，如果资产管理机构过多涉及借贷业务，也会随之崩溃。**以日本的信托银行为例，其80%的业务来源于信托，但由于过多投资房地产，难以承受房地产泡沫破裂的冲击，最后催生了信托银行的合并潮。回顾20世纪90年代初，我国海南信托业也有类似经历。当时海南信托业对房地产敞口过大，约80%的信托资金流向房地产。当海南省的房地产泡沫破裂时，海南的汇通信托、华银信托和赛格信托公司均由于为房地产行业过度融资而逐渐走向破产。

反观美国的公益信托领域，在纯粹的资产受托管理关系下，即使经过2008年金融危机的冲击，依然保持良好的发展态势，2006—2011年，年化收益率近5%，每年保持8%左右的对外捐助比例（见图5—5）。纯粹的受托理财关系能让资产管理机构在信用风险恶化环境下，只会在盈利情况上受到影响，而不会让信用风险传导到机构内部，资产管理机构进而会获得对抗周期的筹码。

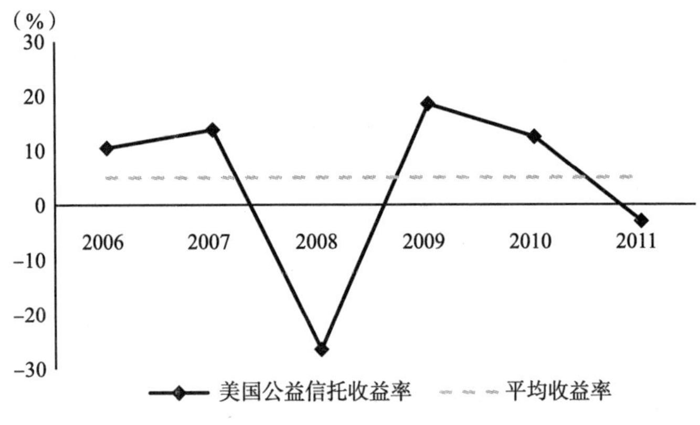


**图5—5　美国公益信托收益情况**

资料来源：北京师范大学中国公益研究院。

随着对信用风险认识的加深，我国大部分资产管理机构都已经开始走在财富管理的转型路上，回归受托理财的本源。资产管理机构无法规避经济周期，但可以把自身隔离于信用风险传导链条之外。

以银行业为例。首先，在组织机构上，部分银行从2013年就已开始着手理财事业部制改革。目前，交通银行已于2014年一季度完成了理财事业部改革，并且达到了人、财、物相对独立，包括人员干部聘用都由部门决定，之后设置了交通银行资产管理业务中心。华夏银行已向银监会报告了已有理财业务开展状况以及事业部改革规划和时间进度，9月底前能完成改革。据不完全统计，中国工商银行、中国农业银行、光大银行等超过10家上市银行也已陆续成立了资产管理部或者类似的职能部门。其次，在产品角度上，银行业提出“银行理财直接融资工具”和“银行理财管理计划”这一配套业务框架制度设计。在负债端，让银行按照开放式基金的方式发行资管计划；在资产端，让银行作为承销方，将理财资金投向的基础资产证券化，亦即将所谓的“非标资产”转化为标准化的直融工具，目的就是引导银行理财业务回归中间业务与受托管理的本源。

## 不良资产处置——掘金新的增长点

回顾日韩经验，违约潮推动了两国不良资产处置市场的发展。信用风险恶化导致实体经济不良资产攀升，政府为了及时处置不良资产，往往会通过建立政府性资产管理机构把不良资产集中交给市场处理。随着不良资产处置市场的成熟，不良资产的价值挖掘成为资产管理行业新增长点。欧美不良资产处置的市场化程度较高，专业化处置不良资产的对冲基金在资产管理行业较为普遍，其管理策略已形成较成熟的体系（见图5—6）。

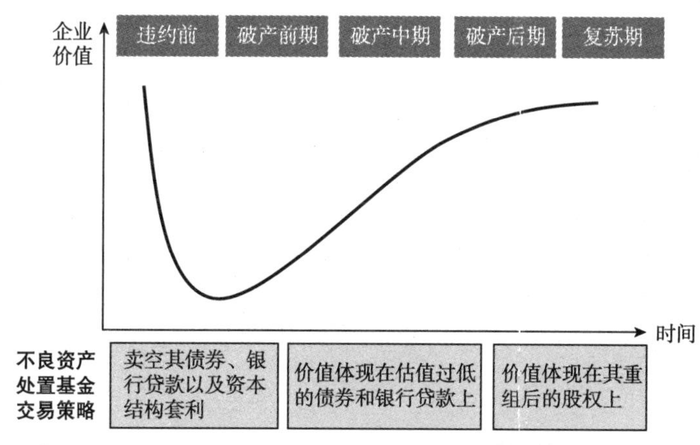


**图5—6　不良资产处置基金交易策略**

资料来源：英仕曼集团。

美国橡树资本集团（Oaktree Capital Group）在不良资产处置领域有较多的成功案例。2009 年，它曾被美国政府指定负责按“公私投资计划”（Public-Private Investment Plan）处置处于困境银行的不良资产。2008 年金融海啸引起的违约潮不仅没有影响橡树资本的发展，反而助推了其管理规模的扩张。由于橡树资本技术与策略的成熟，专业化处置不良资产的对冲基金 IRR 在近年稳定保持在 23% 左右，管理业绩优越（见图 5—7）。

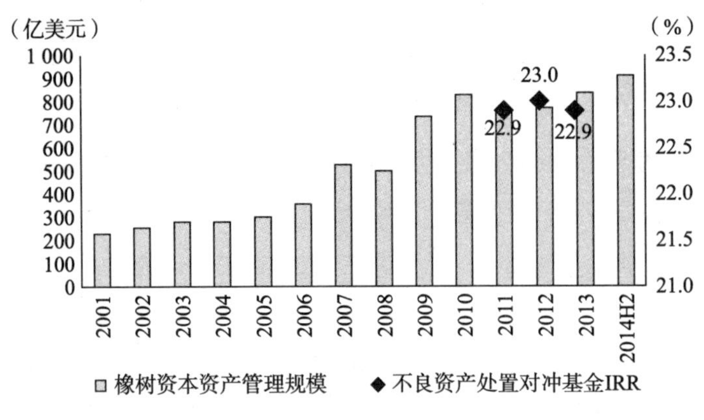


**图 5—7　橡树资本资产管理规模变化**

资料来源：橡树资本公司年报。

我国不良资产处置市场已经过近 15 年的发展，但该领域依然由 4 大资产管理公司所主导，商业不良资产市场 60% 以上的业务、政策性不良资产市场近 85% 的业务均被 4 大资产管理公司所承接。4 大资产管理公司 2013 年总资产接近 1.2 万亿元，约为整个证券业总资产的 60%；拨备前利润超过 550 亿元，比 2012 年的 376 亿元增长了近 200 亿元，4 大资产管理公司的良好业绩显示了我国不良资产市场的发展潜力。随着不良资产处置市场化推进，我国资产管理机构可以仿效国外的模式，设立不良资产处置基金，组件专业化的团队管理，在市场挖掘更多被低估的不良资产，通过重组债务、置换管理层等策略，提升资产价值，从而获取资产的溢价收益。

## 资产证券化——创新与合作空间巨大的平台

资产证券化能为资产管理机构增加流动性和分散信用风险，从日韩经验来看，其发展往往得益于信用环境恶化引起的流动性紧张。我国正处于信用环境逐步恶化，市场化违约逐步成为常态的新时期，在“盘活存量，金融服务于实体经济”的基调下，资产证券化正进入新的发展阶段。据 Wind 资讯数据显示，我国资产支持票据从 2014 年开始飞速发展，仅至 7 月底，其发行量已超千亿元，远高于 2013 年发行的 272 亿元（见图 5—8）。

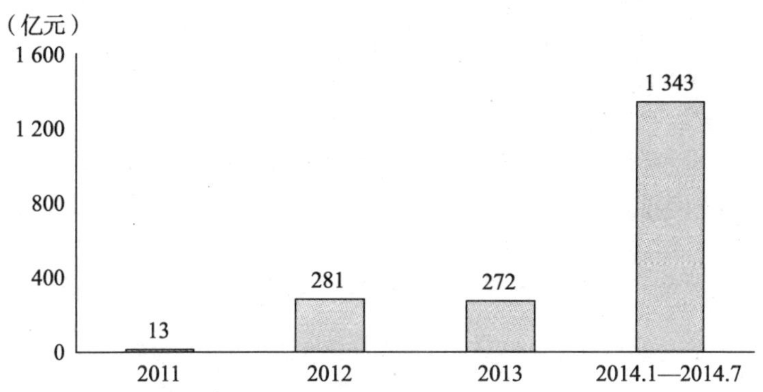


**图 5—8　我国资产支持票据发行规模**

资料来源：Wind 资讯。

**资产证券化的发展为各大资产管理机构提供了合作的平台。**第一，证券公司与银行等信贷机构合作，证券公司充当资产支持票据的承销商；第二，信托与金融资产管理公司合作，把不良资产设计成信托产品投入市场。以华融资产与中诚信托的合作为例，2014 年 1 月，华融把涉及全国 8 个省市 17 个借款人总值 12.4 亿元的不良资产受托给中诚信托，中诚信托随之设立财产信托“华元 2014 年第一期信贷资产支持证券信托”，期限 4 年，优先级受益权预计收益率为 4.17%（见图 5—9）。该资产证券化产品分为 4 档，分别为优先级三档，即优先 A-1 档、优先 A-2 档、优先 B 档；次级只有一档。其中优先档按固定利率进行付息，次级档不设利息。

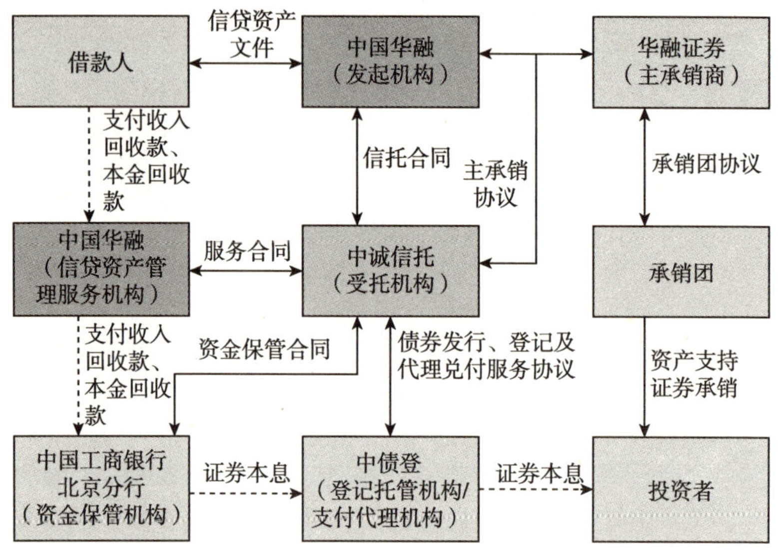


**图 5—9 “华元 2014 年第一期信贷资产支持证券信托”的业务流程**

资料来源：“华元 2014 年第一期信贷资产支持证券信托”发行说明书。

美国资产管理行业的经验表明，资产证券化的创新空间非常大，是各大资产管理机构合作的重要平台。在资产管理机构的相互合作过程中，各自在不断打破边界，推动着整个行业的创新与发展。

我国资产管理行业也可以依照此路径，在风险控制得当的基础上，推动金融创新，实现跨业务合作。这样既能增加整个行业的盈利水平，又能推动信用风险通过市场来进行分散，从而有效提高行业应对信用违约的冲击能力。

## 并购整合——信用违约环境中的资产管理行业大方向、大趋势

波士顿咨询公司发布的《2013 年全球资产管理报告》显示，在全球复苏

的环境下，资产管理行业处于“赢家通吃”的局面。如果要成为资产管理行业的“赢家”，资产管理机构需要不断增强自身的市场竞争力。日本20世纪90年代初和韩国1997年金融危机后的发展显示，资产管理行业可以通过并购整合产生的规模效应、协同效应，提升自身的行业地位，在信用环境恶化的情况下，凭借“赢家通吃”的优势稳固地发展。

我国资产管理行业在20世纪90年代和21世纪初均出现过并购整合潮，但均非市场主导的结果。近年，随着资本市场的逐步完善，资产管理行业的日渐成熟，为了满足提高自身竞争力的内在需求，资产管理机构已经开始推动新一轮的并购整合潮（见图5—10，表5—6）。新一轮并购整合潮的具体特点为：市场机制成为主导力量，综合性经营模式在逐步形成，跨境并购渐成常态。

宏观环境波动加剧与信用风险恶化等因素导致企业的外部估值存在差异，我国资产管理机构应抓住此次机遇，深化对市场同业的研究，找出适合自身战略发展的并购标的，通过并购整合形成“1+1 > 2”的规模效应和协同效应，实现跨越式发展，成为我国资产管理行业的“赢家”。以申万证券并购宏源证券为例，申银万国证券、宏源证券2013年总资产分列行业的第10位、第16位，现在申万宏源证券总资产跃升为全国第5位，广州证券、方正证券等各类指标排名在并购后均有所提高。目前，资产管理行业的并购效果在短期内仍难以估计，毕竟整合的过程才是重中之重。但外部环境变化催生了行业的新机遇，我国资产管理机构应大胆实践，提升自身的行业竞争力，在信用风险面前形成更稳固的基础。

总结而言，在信用环境恶化的条件下，我国资产管理机构需要逐步回归受托理财的本源，最大化减少信用风险传染；创新资产证券化和不良资产处置已成为市场中领先资产管理机构的现实选择。此外，部分资产管理机构在尝试通过并购整合增强自身的行业竞争力，以更稳固的基础应对信用风险。

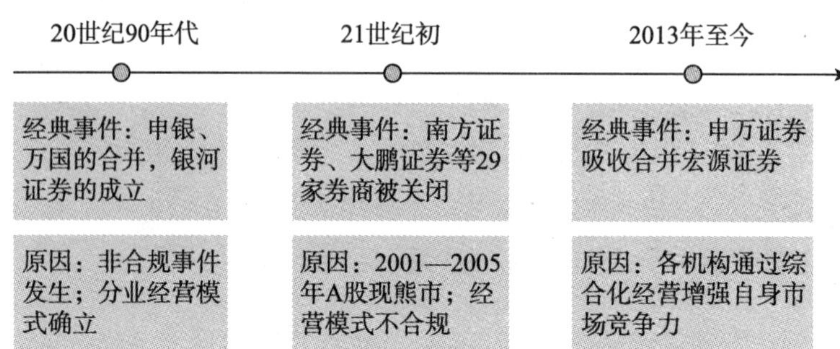


**图 5—10　我国资产管理行业并购整合潮**

资料来源：课题组。

**表 5—6　　2013 年以来资产管理行业部分并购事件汇总**

| 时间 | 并购方 | 并购标的 | 股权转让情况 |
|---|---|---|---|
| 2013.07 | 广发证券 | NCM 期货 | 广发证券收购 NCM 期货 100% 股权 |
| 2013.11 | 山西证券 | 格林期货 | 山西证券收购格林期货 100% 股权 |
| 2013.12 | 方正证券 | 北京中期期货 | 方正证券收购北京中期期货 60% 股权 |
| 2014.01 | 广州证券 | 天源证券 | 广州证券收购天源证券 80.5% 股权 |
| 2014.01 | 方正证券 | 方正东亚信托 | 方正证券收购方正东亚信托 70% 股权 |
| 2014.03 | 西南证券 | 西南期货 | 西南证券收购西南期货 100% 股权 |
| 2014.04 | 国金证券 | 粤海证券、粤海融资 | 国金证券收购粤海证券和粤海融资各约 100% 股权 |
| 2014.07 | 西南证券 | 敦沛金融 | 西南证券收购敦沛金融 51% 股权 |
| 2014.07 | 申银万国证券 | 宏源证券 | 申万证券换股收购宏远证券 100% 股权 |
| 2014.08 | 方正证券 | 民族证券 | 方正证券收购民族证券 100% 股权 |

资料来源：课题组。

# 第6章

# 类信托资产管理如何突破同业竞争的重围

## 本章导读

- 截至 2013 年年末，信托业总资产突破 10 万亿元，达到 10.91 万亿元；券商资管管理资产总规模飙升至 5.2 万亿元；基金子公司管理资产总规模达到 9 414 亿元。
- 通道业务将逐步退出历史舞台：短期来看，新进入者强势扩张压低通道业务的利润率；长期来看，金融牌照稀缺性降低，金融自由化进程将对目前信托 40% 的收入、基金子公司 70% 的收入和券商资管 90% 的收入形成巨大威胁，转型迫在眉睫。
- 私募投行业务较高的预期收益率使其成为类信托机构竞争的重点领域。信托私募投行业务在 2013 年遭到了券商资管和基金子公司的强力挑战。
- 标债在流动性、交易安排（可质押性和上市安排）、信息披露、策略选择、政策优惠、相对收益率等方面占优。
- 信托在净资本、股东背景、破产隔离、投资范围等方面的禀赋具有比较优势；基金子公司在净资本监管、业务范围、流程效率、二级市场等方面具有比较优势；券商资管在投行牌照和二级市场投资能力等方面具备比较优势。
- 信托的差异化转型之路一是深化私募投行方向，二是“受人之托、代人理财”的财富管理业务。券商资管的转型应充分利用母公司的投行和交易能力。基金子公司一是可以凭借投资研究和交易技术在定价错误中获得超额回报；二是开展企业资产、信贷资产等各类资产证券化业务。

大资管时代最为鲜明的特征就是资产管理行业原本分业经营、分业监管的格局被打破，横亘在各类资产管理机构之间的制度藩篱渐渐撤除，银行、券商、保险、基金、信托、私募等机构在几乎平等的制度设计下开展资产管理业务。因此，本章将突破行业的藩篱，将业务模式和收入来源类似的信托、基金子公司和券商资管[①]等从事类信托业务的机构和部门放在一起，来探讨三者之间的同业竞争、比较优势以及各自的差异化转型路径。

# 同业竞争日趋激烈

## 规模增长逐渐放缓，新进入者强势扩张

截至2013年12月31日，信托公司总资产在第3季度突破10万亿元的基础上进一步增加到10.91万亿元，同比增速为46%。较2012年55.27%的增速下降了9.27个百分点，首次结束了自2009年以来连续4年超过50%的同比增长率（见图6—1）。

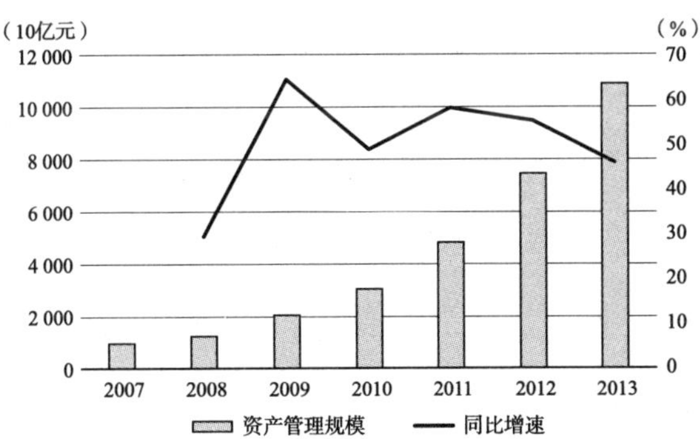


**图6—1　信托总资产及同比增速**

资料来源：Wind资讯，课题组。

① 截至2013年年12月31日，开展资产管理业务的券商共有86家，其中有4家券商成立了资产管理子公司专司资管业务，分别是：东方资管、光证资管、国泰君安资管和海通资管。其余的82家券商通过资管部门开展相关业务。

就季度环比增速而言，2013 年度前三个季度环比增速连续下滑，凸显了信托业在突破 10 万亿元门槛后初步显露疲态。2013 年第 1 季度环比增速为 16.86%，较 2012 年第 4 季度下滑 1.34 个百分点；2013 年第 2 季度环比增速为 8.3%，在季度环比增速的基础上几乎腰斩；第 3 季度环比增速在第 2 季度大幅下挫的基础上进一步下滑至 7.16%，第 4 季度环比增速稍有企稳。季度新增信托资产规模方面，2010—2013 年，信托业季度新增资产规模一直保持加速增长的态势，但是进入 2013 年后，上述态势发生了逆转，2013 年第 2 季度和第 3 季度新增资产规模出现了连续两个季度的负增长，从另一个侧面展现了信托业目前所面临的瓶颈（见图 6—2）。

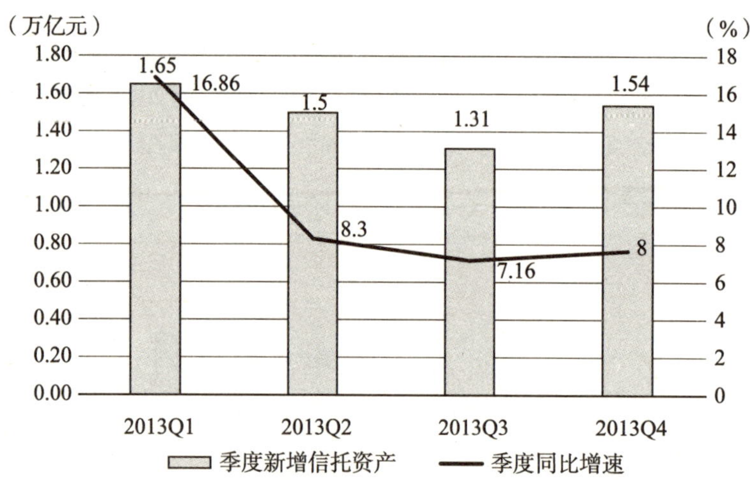


**图 6—2　2013 年季度新增信托资产及季度环比增速**

资料来源：Wind 资讯，课题组。

在信托增速放缓之际，券商资管却迎头赶上，资产管理规模一路狂飙（见图 6—3）。从 2012 年 5 月创新大会召开时的不到 3 000 亿元增长到 2013 年年底的 5.2 万亿元，一举超越同期资产管理规模为 4.2 万亿元的公募基金。目前共有 86 家券商开展资产管理业务，发行产品超过 5 000 只，其中 90% 是通道业务，只有 10% 是主动管理型业务。截至 2013 年 12 月 31 日，券商通道业务规模大致相当于被动型的定向资管计划，其体量约为 4.42 万亿元，类信托业务包括主动管理型的定向资管计划以及集合资管计划中的一部分，其体量在 4 000 亿 ~ 8 000 亿元之间。

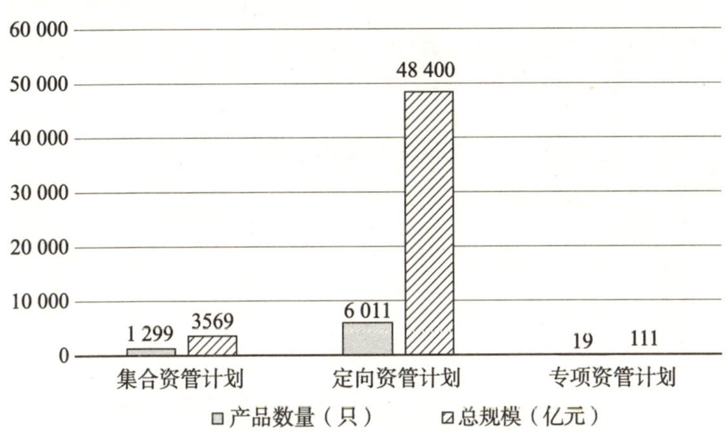


**图 6—3　券商资管计划数量及管理资产规模**

资料来源：Wind 资讯，课题组。

基金子公司是根据中国证监会 2012 年底发布的《基金管理公司特定客户资产管理业务试点办法》和《证券投资基金管理公司子公司管理暂行规定》等文件的规定，由基金管理公司申请设立的从事特定客户资产管理业务的子公司。截至 2013 年 12 月 31 日，共有 62 家基金子公司获批，合计注册资本近 30 亿元。2013 年是基金子公司全面开展业务的第一年，众多基金子公司不约而同地把通道类业务和类信托业务作为业务的突破口，频繁接触各地的平台和各类金融机构，同时大举挖角成熟的信托团队，管理资产规模从 2013 年 2 月的约 600 亿元飙升至年底的 9 414 亿元，规模增长异常迅猛。其中，银行系基金子公司承接股东资产出表的需求，通道业务规模膨胀迅速，招商、平安大华、民生加银等管理资产规模均过千亿；除了银行系，万家共赢等有第三方财富管理公司背景的子公司也凭借独特的销售渠道，管理资产规模迅速增长至三五百亿。

从图 6—4 中我们可以看出，尽管类信托市场总体的规模一直在不断提升，但市场结构却发生了显著变化。基金子公司和券商资管作为类信托业务的新进入者，业务规模迅速膨胀，对信托产生了一定的替代效应。集中表现在委托贷款累计值占社会融资规模的比例在 2013 年一路上升，并大幅超越信托贷款累计值占社会融资规模的比例，而后者在经历了 2012 年的快速提升后从 2013 年年初开始逐月下滑，类信托市场的竞争更趋白热化。

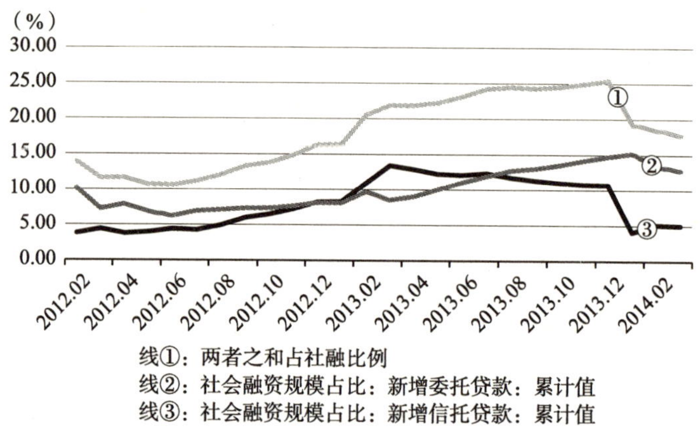


**图 6—4　信托贷款占比与委托贷款占比对比图**

资料来源：Wind 资讯，课题组。

## 业务模式高度重合，竞争白热化

### ‖通道业务‖

通道业务，即利用信托、券商资管或基金子公司的牌照，帮助银行等金融机构绕开监管部门对特定行业的投资限制，或者完成资产出表的一种业务模式。其项目和资金都由租入通道的一方提供，租出通道的一方仅仅承担声誉风险。信托牌照可投资的范围横跨货币市场、资本市场和实业，基金子公司的特定客户资产管理牌照也把非上市股权、债权和收益权纳入了可投范围，券商资管相对而言投资范围受限较信托和基金子公司多，但仍然具有相当的灵活性。上述灵活性本质上是一种出租，信托、券商资管和基金子公司可以通过“出借”牌照给受政策限制无法涉足某些投资领域的其他金融机构，换取几乎无风险的过桥费用。中国银监会在2014年4月下发的《关于信托公司风险监管的指导意见》（简称“99号文”）中首次对通道业务进行了说明，要求金融机构之间的交叉产品和合作业务，必须以合同形式明确项目的风险责任承担主体，提供通道的一方为项目事务风险的管理主体，厘清权利义务。可以说，这是正式把通道业务纳入监管范畴。

据统计，信托的通道业务规模占比约为40%，基金子公司通道业务占比约为70%，而券商资管的通道业务占比高达约90%。目前，信托、券商资管和基金子公司从事的通道业务主要有以下几个类别：票据类、银证信类、贷款类、特定收益权类、债券类等。

在票据类通道业务中，信托/券商/基金子公司接受委托人（自有资金、理财资金）的委托，设立信托计划/定向资管计划/专户投资于票据资产，在票据资产到期并由委托银行托收后，将相关收益分配给委托人。三类机构除了设立的特殊目的载体（SPV）的种类不同，所承担的作用非常类似，即帮助银行实现票据资产出表（见图6—5，图6—5至图6—8中的通道业务均以券商资管为例）。

银证信类（SOT）通道业务，即券商资管/基金子公司接受委托人委托，设立定向资管计划/专户计划，投资于信托计划，信托计划再投资于特定信贷项目。套两个通道的原因是为了规避监管部门对银行直接投资信托计划的比例限制。在银证信类通道业务中，信托和券商资管及基金子公司出于规避投资比例限制的需要存在一定的合作关系，但券商资管和基金子公司，以及信托和基金子公司之间仍然存在两两竞争（见图6—6）。

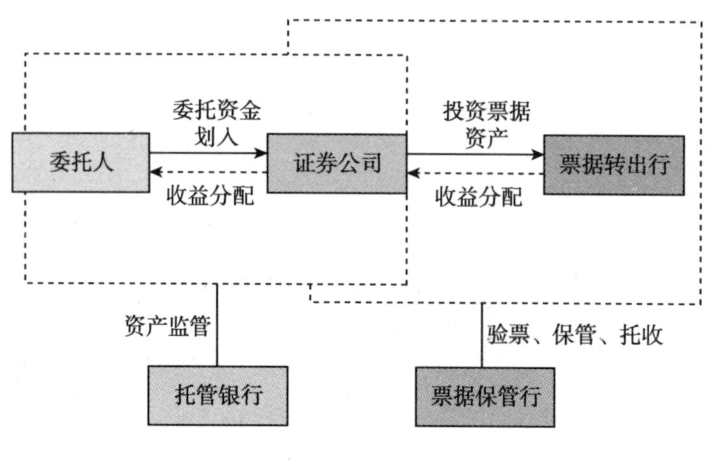


**图 6—5　票据类通道业务**

资料来源：光证资管。

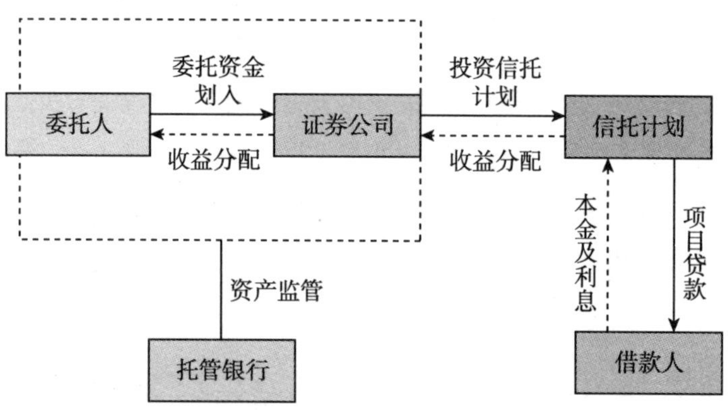


**图 6—6　银证信类通道业务**

资料来源：光证资管。

在贷款类通道业务中，信托 / 券商资管 / 基金子公司可以通过设立信托计划 / 定向资管计划 / 专户计划，直接向特定借款人发放信托贷款 / 通过银行发放委托贷款。在此类通道业务中，类信托机构直接连接了项目方和资方，为资方提供更广阔的资金使用渠道（见图 6—7）。

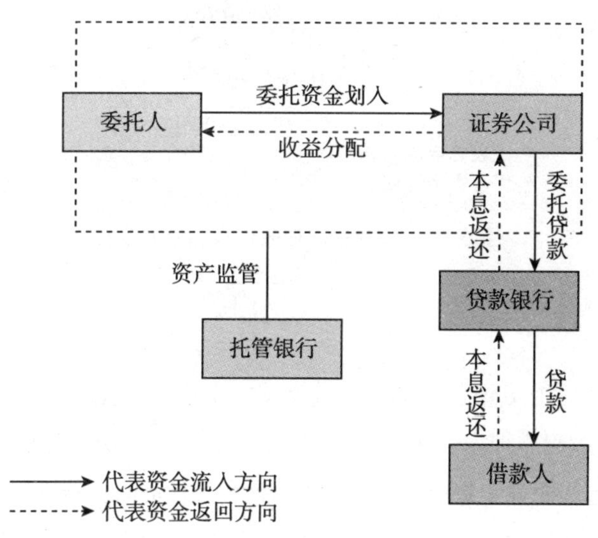


**图 6—7　货款类通道业务**

资料来源：光证资管。

特定收益权类通道业务即类信托机构通过设立信托计划 / 定向资管计划 / 专户来投资特定项目的收益权，融资人到期回购特定项目的收益权。上述特定收益权包括股权、土地使用权、矿产权、公用事业收费权等多种形态，投资人有限享有特定资产经营、管理、处置所产生的收益。此处的收益权也可以是应收债权，如应收账款、保理业务下的应收债权等。在这类通道业务中，信托和基金子公司都有明文规定可以开展特定收益权投资业务，因此竞争较为激烈（见图 6—8）。

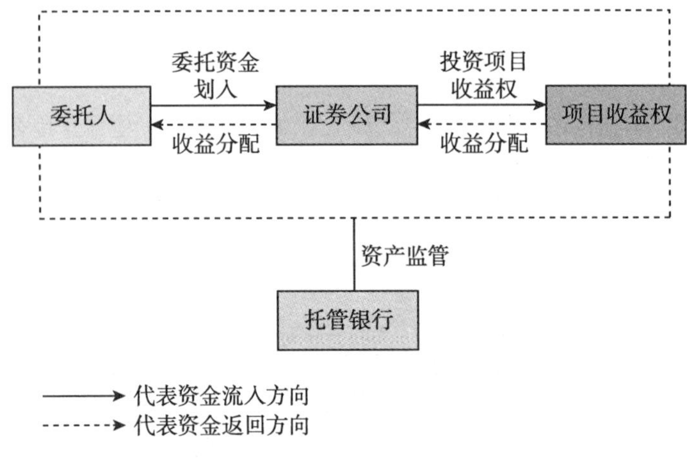


**图 6—8 收益权、应收债权类通道业务**

资料来源：光证资管。

此外，通道业务还包括债券投资类（中小企业私募债及非金融企业债务融资工具）、股权质押类、保险协议存款类等。最后，类信托机构目前阶段开展的资产证券化业务（包括企业资产证券化和信贷资产证券化）也可以归入通道业务范畴，原因是类信托机构在其中并没有发挥识别、评估资产包的作用，而仅仅是提供一个通道，在合同上盖章而已。

通道业务的同质化程度非常之高，无论是信托、基金子公司还是券商资管提供的最主要的服务是“出借”其牌照，并没有发挥资产甄别、评估和定价的作用。相应的，缺少了差异化服务，通道业务的费率一降再降，各资管机构为了冲业务规模发起了一轮又一轮价格战，通道业务的费率从最早的 0.5%~0.8% 降到 0.2%~0.3%。券商和基金子公司相对信托在通道业务上具备成本优势，券商是受净资本监管的，通道业务的风险资本占用仅为 2% 左右，而受银监会监管的信托类似业务的风险资本占用为 10% 左右，而基金子公司不受净资本管理，成本较券商资管更低。在券商资管和基金子公司不计成本地加入通道业务的抢夺后，通道业务的费率进一步下降到 0.1%，甚至到了 0.005%。最为明显的信号是，券商资管在短短的两年内规模破5万亿元，基金子公司的规模也达到数千亿元。

除了新进入者强势扩张、压低通道业务的利润率之外，通道业务面临更为严重的挑战是牌照稀缺性的逐渐降低。对牌照最大的需求方银行来说，银行推出净值型的理财直投计划，在资产端推出债权直接融资工具，在资金端推出银行资产计划，将理财资金和自营资金分开，破除刚性兑付的行业惯例，成为真正的代客理财业务。

此外，金融业准入标准不断降低，牌照稀缺性有所缓解，中国银监会发放首批民营银行试点牌照，尽管原则上不新批信托牌照，但鼓励原有的信托公司按照“一法两规”的要求整顿后重新开业。中国证监会也在推动资管牌照的放松，允许基金设立子公司从事特定客户资产管理业务，将私募基金纳入监管和牌照管理，尽管不新设综合性券商，但计划颁发资产管理、证券投资咨询、承销保荐等单个证券业务牌照。总之，预计未来通道业务在牌照稀缺性降低、银行釜底抽薪和利润率下降的背景下会面临巨大挑战，类信托机构去通道化是必然选择。也就是说，金融自由化进程将对目前信托40%的收入、基金子公司70%的收入和券商资管90%的收入形成巨大威胁，转型迫在眉睫。

从银行的角度来看，通道业务产生的背景是银行负债端的市场化程度要高于资产方的市场化程度。在互联网金融的冲击下，商业银行的一般性存款加速向同业存款转化，前者是管制定价，而后者早已实现市场化定价。相比较而言，银行在资产端的配置受到贷存比、信贷额度和贷款集中度等一系列限制，由于类信托产品目前的高收益，银行往往用成本市场化程度较高的同业负债或者理财资金来对接类信托产品，这也是非标能够大行其道的根源所在。一旦这个逻辑链条上的任何一环出了问题，比如说类信托产品信用风险爆发，不再具有低风险高收益的特质，或者说金融市场化改革使得银行在资产端的投资受到的额度、贷存比和行业限制大大放松，那么作为商业银行这样一类在信用风险领域深耕数十年，对企业业务和现金流的理解远高于目前的类信托的机构来说，完全可以将通道费用纳入自己的利润。

## ‖ 私募投行业务 ‖

类信托机构除了通道业务之外，最主要的业务模式就是私募投行业务（见图 6—9 对公募投行业务和私募投行业务的对比）。所谓的私募投行，即在全社会信用体系不完善的条件下，作为信用中介，撮合高风险项目方和风险偏好较高的资金方，通过信托贷款或者委托贷款的方式帮助融资方完成融资。在发达经济体，私募投行业务常常由专业的投资银行，尤其是拥有强大财富管理部门的投资银行从事；在国内，公募投行和私募投行被人为分开，两者的界限在于是否向超过 200 个对象或者不特定对象发行股票、债券或其他收益权，券商的投资银行部门从事公募投行业务，而拥有信托牌照的专业信托公司、基金子公司和券商资产管理部门被允许涉足私募投行业务。

| 私募投行业务 | 公募投行业务 |
|---|---|
| **机构类别** | **机构类别** |
| • 信托公司、基金子公司、券商资管<br>• 客户多是中小企业、房地产企业以及政府平台类企业 | • 证券公司投资银行部门和债券承销部<br>• 客户是拟上市公司、拟发债企业 |
| **业务模式** | **业务模式** |
| • 寻找高风险项目资源<br>• 设计产品，包装项目，成立类信托投资计划<br>• 寻找单一资金对接或者通过自有渠道或三方代销 | • 向超过200人或不特定对象发售股票或债券<br>• 发行人聘请券商为保荐机构，对发行人进行督导制作招股书/募集说明书<br>• 主承销商向主管部门申报等材料，核准后发行 |
| **收入利润** | **收入利润** |
| • 融资方的综合融资成本扣减产品预期收益率、通道费用、营业税利息税等相关税费、销售费用等，具体点差因项目而异 | • IPO业务的收入主要包括承销费和保荐费<br>• 债券承销业务收入主要包括承销费 |

**图 6—9 公募投行业务与私募投行业务对比**

资料来源：课题组。

正如前文所说，私募投行业务的资金融通是通过发放信托贷款或委托贷款实现的。信托公司有接受抵质押的资质，可以直接发放信托贷款，在央行社会融资总额的统计中信托贷款一栏列示，基金子公司和信托公司只能通过银行发放委托贷款，抵押品和质押物抵给银行，银行同时收取一笔委托贷款费用。尽管央行社会融资总量中委托贷款的统计口径比较广，不单单是基金子公司和券商资管发放的委托贷款，但我们仍然可以从趋势变化中一窥究竟（见图 6—10，图 6—11）。

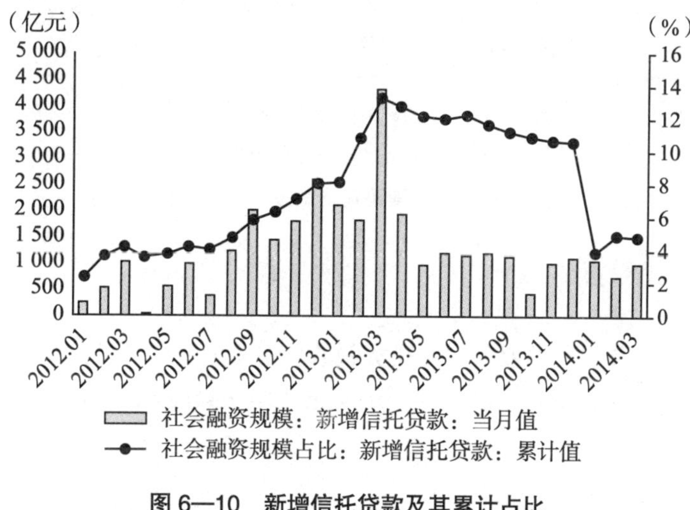


**图 6—10　新增信托贷款及其累计占比**

资料来源：Wind 资讯。

2013 年，信托的业务受到基金子公司和券商资管的强力挑战。从图 6—10 和图 6—11 中我们可以看到，2013 年新增信托贷款在 2013 年 3 月达到 4 312 亿元的高峰之后一路下滑，2013 年 10 月达到极小值，仅为 431 亿元，最后反弹至单月新增约 1 000 亿元的水平。相较之下，2013 年委托贷款最小值出现在 2013 年 2 月份的 1 426 亿元，随后一路走高，全年最高值为 8 月份的 2 938 亿元。从各自累计值占当月社会融资总量来看，信托贷款全年维持在 10.7%~13.4%，而委托贷款占比从 2013 年年初的 8.1% 逐月增长到年底的 14.7%。

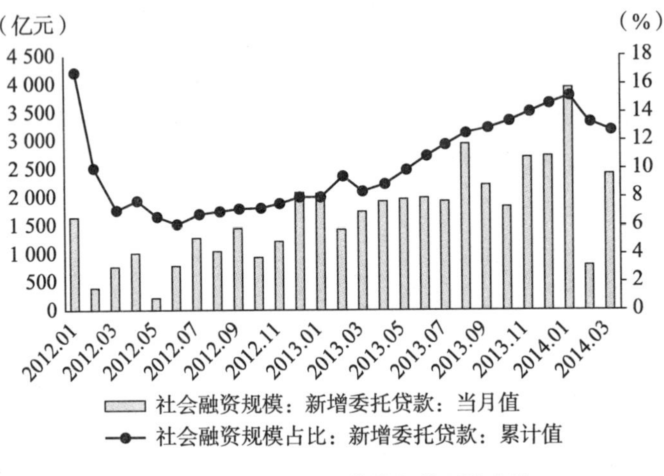


**图 6—11　新增委托贷款及其累计占比**

资料来源：Wind 资讯。

信托的私募投行类业务按照投资领域分主要集中在工商企业信托、房地产信托和基础设施信托。据统计，2013 年信托共发行 5 020 只信托产品，其中 1 102 只投向工商企业、房地产和基础设施，每只平均规模 2.35 亿元。从各类信托产品的预期收益率来看（因绝大多数私募投行类信托产品期限为 1~2 年，因此选取 1~2 年的信托产品作为样本），2013 年信托产品的预期收益率相对于 2012 年有一个明显的下降，之后触底回升，呈现一个 U 形，目前稳定在 8.5%~9.5% 这个区间内（见图 6—12）。

从实际发行规模来看，2013 年 1 月—2014 年 3 月，信托共发行私募投行类产品 2 188.7 亿元，其中私募投行类房地产业务约 1 256 亿元，占逾一半份额，基础设施类发行 658 亿元，工商企业类 271 亿元。从单只私募投行类产品发行规模来看，总样本平均为 2.3 亿元，房地产类产品平均为 2.7 亿元，工商企业类单只产品实际发行规模最小，仅为 1.4 亿元（见表 6—1）。

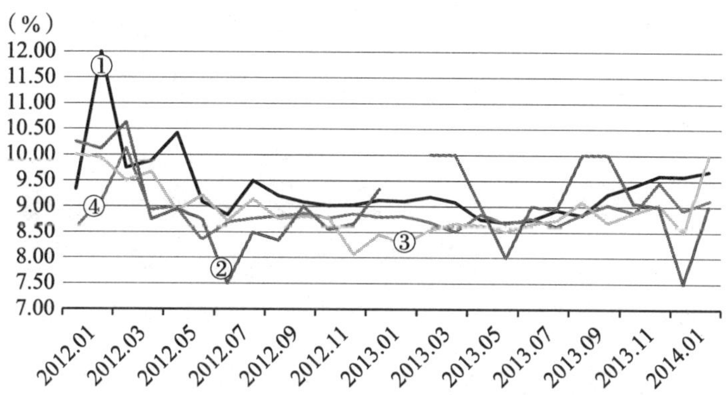


线①：信托产品预期年收益率：房地产信托：1~2年(含)
线②：信托产品预期年收益率：矿产能源信托：1~2年(含)
线③：信托产品预期年收益率：工商企业信托：1~2年(含)
线④：信托产品预期年收益率：基础设施信托：1~2年(含)

**图 6—12　各类信托产品预期收益率对比**

资料来源：Wind 资讯。

**表 6—1　　2013 年各类私募投行信托产品发行规模统计**　　单位：万元

| | 平均实际发行规模 | 实际发行规模总额 |
|---|---|---|
| 房地产 | 27 556.45 | 12 565 741.78 |
| 工商企业 | 14 680.84 | 2 715 955.00 |
| 基础设施 | 22 695.90 | 6 581 810.40 |

资料来源：课题组。

从以上数据我们可以看出，目前类信托的私募投行业务中的政信类和房地产类总额占比近 90%。市场一致的预期是，对于政信类业务，地方政府背后站着中央政府，中央政府不会听任地方债务违约，哪怕是私募的非标债务，本质上是套取中央政府的信用；而对于房地产业务而言，房地产的抵押物是土地和在建工程，相对而言价值确定性较高，一旦发生风险事件处置难度也较低。而以工商企业为代表的实体经济难以承受较高的融资成本，因此无论是单只产品规模还是总规模都较低，且实体企业同质化程度低，业务流程难以标准化，实际情况千差万别，类信托机构并没有足够的实务经验，因此，工商企业目前并不是类信托机构的重点客户。

从年化预期收益率我们可以看到，类信托机构的私募投行业务中的房地产类和政信类能够提供给投资者更高的预期收益率，其期限也较长。这说明房地产行业和政府融资平台的融资人能够承担较高的融资成本，其资金需求的期限也较长（见表6—2）。

**表6—2　　2013年各类私募投行信托产品预期年收益率及存续期统计**

| | 平均预期年收益率（%） | 平均存续期（月） |
|---|---|---|
| 房地产 | 8.84 | 26.80 |
| 工商企业 | 8.55 | 21.89 |
| 基础设施 | 8.76 | 26.22 |
| 总计 | 8.77 | 25.73 |

资料来源：课题组。

正是在类信托机构高度一致的预期下，各机构之间的业务同质化严重，不单单是信托公司，基金子公司也将房地产和政信业务作为发展重点。类信托产品预期收益率较高，容易吸引投资者的眼球，基金子公司利用无净资本监管和灵活度更高的优势，承接了不少信托和券商资管无法操作的或者是资质达不到前两者要求的项目，并给出了更高的预期收益率。据统计，2013年私募投行类信托产品的预期收益率平均值为8.77%，而基金子公司的产品的预期年化收益率普遍在9.5%以上，有的产品甚至高达13%，普遍比同类信托产品高1%~2%。例如，天弘天方华光南京江宁大学城债权类资管、华宸未来－华夏大溪地项目（二期）资管、吾思基金昆明棚户区资管（第二期）预期年化收益率分别达到11.8%、11.2%、12%，基金子公司的项目基本集中在政信和房地产两大领域。

除了短期内基金子公司和券商资管大规模扩张类信托业务对私募投行行业造成的冲击以外，从长期来看，私募投行业务还将面临以下机构挑战：一是私募投行业务本质上属于投资银行业务，收入利润的波动性较大，尤其是在经济下行期具有较大的信用风险；二是随着金融市场的不断成熟，各类金融产品将极大丰富，对私募投行业务造成一定的替代效应；三是随着资本市场的日益成熟，尤其是高收益债市场的形成和丰富，资本市场服务实体经济融资需求方面将有较大的提升；最后，券商正在将业务领域从公募投行向私募投行扩展，利用其交易技术、定价技术和承销能力为客户量身定做融资方案，从初创阶段的中小企业私募债，到成长期发行私募贷款，再到成熟期保荐上市、发行公司债等。预计券商将在私募投行领域对目前的霸主——类信托机构发起挑战。

## 影子银行监管趋严，标准化产品替代效应逐渐显现

### 业务创新与影子银行监管政策如影随形

正如前文所言，类信托前些年的蓬勃发展，在很大程度上得益于银行资产端受到信贷额度、存贷比、行业限制等非市场化约束，而商业银行又在金融体系和整个国民经济中占据绝对主导地位，后者决定了商业银行必须受到严格监管，进而决定了类信托业务受到政策的影响将非常之大。

我们统计了2008—2012年年末以及2013年4个季度的季末尚处于存续期的集合信托产品规模数据，据此计算出各类信托在每一个时间段内的增量数据（见图6—13）。我们可以清楚地看到，集合信托产品的规模明显受到相关政策的影响。例如2009年，银监会数次下文规范信政合作业务和银信合作业务，当年信政类集合信托增量仅为不到30亿元；而在经历了之后两年的大发展后，2012年，银监会再次加强了对银信业务的监管，导致2012年信政类集合信托规模小幅负增长。又如，2012年宏观经济增速放缓，银行收紧信贷政

策，工商企业贷款难直接导致了工商企业信托当年增量规模超千亿元。再比如，2011 年国家开始调控房地产市场，房地产企业获取银行发放贷款的难度大大增加，当年房地产集合信托的增量也超过了 500 亿元。

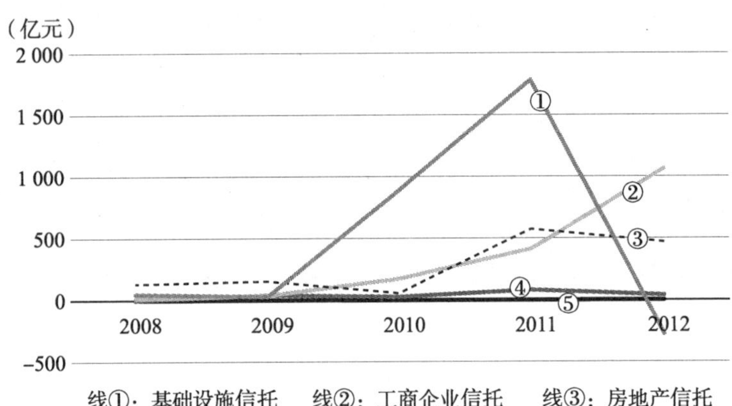


**图 6—13　2008—2012 年各类信托产品新增规模对比**

资料来源：Wind 资讯。

类信托机构业务重点过于频繁的变化一方面可以说是其灵活性的表现，但是另一方面也难以深耕某一项业务，发展出自身的核心竞争力和“护城河”。上述这种略带机会主义色彩的做法并不利于信托打造专业品牌，对其长期运营的稳定性也是挑战。

类信托机构的创新可以说是五花八门，令人眼花缭乱，主要可以分为三类创新（见图 6—14）。第一类创新是投资领域的创新，类信托机构逐渐将投资领域由原来的信贷市场拓展到房地产、工商企业、基础设施、矿产等实业领域、货币市场、债券市场及股票市场领域以及以艺术品、红酒为代表的另类投资领域。第二类创新是投资模式上的创新，可以进行股权、债权收益权等投资，还可以利用担保、融资租赁、同业拆放等手段，产品模式上也逐渐发展出伞形信托、结构化融资、假股真债等模式。第三类创新是通道类创新，帮助银行等资方规避资本充足率、行业限制、贷存比等监管要求，最典型就是银信合作，在监管对理财资金对接信托设限后又发展出银证信等一系列操作模式，与之对应的银行同业部门也相继开发出买入返售三方协议等一系列创新业务模式，在买入返售业务即将受到《商业银行同业融资管理办法》限制之际，总收益互换（TRS）和委托定向投资又被创新出来。

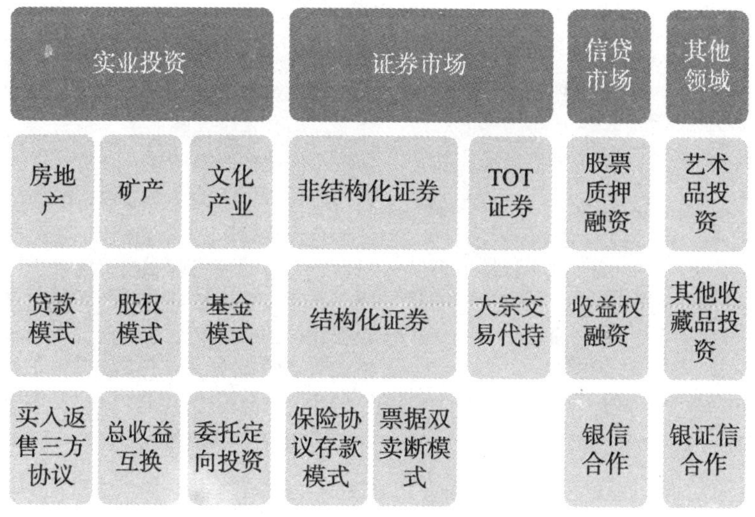


**图 6—14 类信托三类创新**

资料来源：课题组。

由于类信托业务的迅猛发展，影子银行规模越来越庞大。根据工商银行行长易会满的估计，截至目前，中国影子银行总规模约 15 万亿 ~20 万亿元，约占 GDP 的 30%。类信托业务是最为典型的影子银行业务之一，其业务本质是类贷款业务，但却并不受资本充足率、贷款集中度、存贷比、拨备覆盖率的监管，可能带来系统性风险。因此，监管部门在承认影子银行业务是对现有银行体系的有益补充的基础上，一直以来为规范影子银行业务，监管部门多次下文，对银信合作、政信合作进行规范和引导（见表6—3）。

表6—3　　影子银行监管政策梳理

| 时间 | 拟定部门 | 政策 | 主要内容 |
|---|---|---|---|
| 2008.12.04 | 银监会 | 《银行与信托公司业务合作指引》 | 明确银信理财合作的基本要求、风险管理体系、银行和信托公司各自应遵守的基本规范，合作双方的职责边界，信托公司的对银信理财资金的管理职责；银行不得担保信托产品，不得回购信托公司投资的信贷资产。 |
| 2009.04.14 | 银监会 | 《中国银监会办公厅关于信托公司信政合作业务风险提示的通知》 | 严禁信托公司向国家限制的行业、企业和项目提供融资或投资服务。在开展信政合作业务中，审慎选择服务支持对象，确保信政合作业务既支持地方经济发展，又能保证信托资金的安全和受益人的合法权益。 |
| 2009.12.14 | 银监会 | 《中国银监会关于进一步规范银信合作有关事项的通知》 | 银信合作理财产品不得投资于理财产品发行银行自身的信贷资产或票据资产；银信合作产品投资于权益类金融产品或具备权益类特征的金融产品的，投资者需达到合格投资者的标准；对于银信合作业务中存在两个（含）以上信托产品间发生交易的复杂结构产品，应提前向监管部门报告。 |
| 2009.12.23 | 银监会 | 《中国银监会关于规范信贷资产转让及信贷资产类理财业务有关事项的通知》 | 要求银行业金融机构在进行信贷资产转让时，应严格遵守资产转让真实性原则；转出方和转入方应做到衔接一致，相关风险承担在任何时点上均不得落空，转入方应按相应权重计算风险资产，计提必要的风险拨备；对银行靠打“时间差”粉饰报表的行为进行严格限制。 |
| 2010.06.10 | 国务院 | 《国务院关于加强地方政府融资平台公司管理有关问题的通知》 | 要求地方各级政府要对融资平台公司债务进行一次全面清理，对承担公益性项目融资任务，同时还承担公益性项目建设、运营任务的融资平台公司，要在落实偿债责任和措施后剥离融资业务，不再保留融资平台职能；加强对融资平台公司的融资管理和银行业金融机构等的信贷管理；此外，坚决制止地方政府违规担保承诺行为。 |

续前表

| 时间 | 拟定部门 | 政策 | 主要内容 |
| --- | --- | --- | --- |
| 2010.08.05 | 银监会 | 《中国银监会关于规范银信理财合作业务有关事项的通知》 | 信托公司在开展银信理财合作业务过程中，不得开展通道类业务；商业银行应严格按照要求将表外资产在今、明两年转入表内，并按照 150% 的拨备覆盖率要求计提拨备。同时，大型银行应按照 11.5%、中小银行按照 10% 的资本充足率要求计提资本。 |
| 2011.01.13 | 银监会 | 《中国银监会关于进一步规范银信理财合作业务的通知》 | 对商业银行未转入表内的银信合作信托贷款，各信托公司应当按照 10.5% 的比例计提风险资本；信托公司信托赔偿准备金低于银信合作不良信托贷款余额 150% 或低于银信合作信托贷款余额 2.5% 的，信托公司不得分红，直至上述指标达到标准。 |
| 2011.06.28 | 银监会 | 《中国银监会非银部关于进一步落实信托公司、金融租赁公司地方政府融资平台清查工作的通知》 | 信托公司除了严格控制地方政府融资平台新增业务投放外，加强对地方政府融资平台项目资金流向跟踪管理，防止信托资金被挪用，确保资金运用于指定项目建设。 |
| 2013.03.27 | 银监会 | 《中国银监会关于规范商业银行理财业务投资运作有关问题的通知》 | 银行理财产品投资非标准化债权资产（包括各类收益权）不得超过理财产品余额 35% 及银行上年度总资产 4%；银行理财产品不得提供担保或回购承诺；收紧资金池业务等。 |
| 2013.12 | 国务院 | 《国务院办公厅关于加强影子银行监管有关问题的通知》 | 对影子银行监管的权责做出了清晰的安排，建立影子银行专项统计，要求银行代客理财资金与自有资金分开，不得购买本行贷款、不得开展理财资金池业务；要求信托公司不得开展非标理财资金池业务；银行不得为债券和票据担保；小贷公司不得吸收存款等。 |
| 2014.04.08 | 银监会 | 《中国银监会办公厅关于信托公司风险监管的指导意见》 | 不得开展非标准化理财资金池等具有影子银行特征的业务；严格净资本管理，要求信托公司建立流动性支持和资本补充机制，强调了信托公司在风险中应负的责任；规范第三方销售，逐步实现信托公司以录音或录像方式保存营销记录；探索设立信托行业稳定基金。 |

资料来源：课题组。

就影子银行监管的层级而言，发文的监管机构级别逐步上升，从最初的信托业直属监管机构银监会上升到国务院办公厅；同时，监管的力度也逐年增强，对银信合作业务和信政业务进行了规范。以银信合作为例，2009 年、2010 年银信合作业务兴起时监管较为宽泛，仅仅是明确了银信合作的基本要求，并要求不得担保信托产品，不得回购信托公司投资的信贷资产。等到 2010 年下半年，银信合作业务规模急剧膨胀，银监会下文要求银行将表外资产转入表内，并计提拨备和资本金。之后，类信托机构开展了更多样化的创新业务，大有绕开监管之势，作为回应，监管机构转而对非标资产进行总量控制，要求产品投资非标准化债权资产（包括各类收益权）不得超过理财产品余额 35% 及银行上年度总资产 4%；在买入返售项下的类信托资产受到制约后，类信托机构和银行的同业部门又创新出总收益互换和委托定向投资等创新型非标资产。以总收益互换为例，将理财资金同包括信托、券商、基金在内的非银机构的投资收益相挂钩，进行总收益互换的衍生品交易，不但增加了银行一般性存款，计入贷存比考核，还减少了分子上的非标资产，同时做大了分母上的理财资金总量，也不占用风险资产，实质上是将非标投资关系异化为衍生品交易，实现资产的出表，巧妙地规避了“8 号文”和“9 号文”（即《商业银行同业融资管理办法》）对买入返售项下的非标资产的限制。

但是，从长期来看，非标资产是一个特殊时期内的产物。其产生的根本原因是银行在资产端投资受到信贷额度、行业及贷存比等限制，需要借用类信托机构的通道为自己的客户融资，或者是愿意接受类信托机构私下撮合项目。由于目前中国的资本市场尚不成熟，银行的风险偏好也较低，在经济高速增长，投资高企的背景下每年有约 3 万 ~ 5 万亿元的融资需求无法被传统的银行体系和资本市场满足，上述融资缺口很大程度上依靠类信托机构来填补，这也是类信托机构的核心业务。正如之前提到的那样，长期来看，资本市场的不断成熟、高收益债市场目前已经起步，但对比美国 2 万亿美元的体量还有极大的发展空间，银行体系也将在利率市场化的背景下逐步提升其风险偏好，更多地服务中小企业，这意味着长期来看类信托机构的核心业务模式在未来将遇到严峻的挑战。其次，监管机构一直小心翼翼地在维持类信托机构融资功能的基础上对影子银行进行规范和引导，防止大规模的监管套利，并致力于发展标准化的股权和债券市场，在十八届三中全会上也提出了要构建多层次资本市场和发展并规范债券市场，这将在未来部分替代目前类信托机构的业务。

## 标准化债权较类信托长期占优

现阶段，我国大部分信托产品均可视为类固定收益产品，通过将非标准化的信托与标准化的债券进行对比。其中对信托产品的统计为不完全统计，仅根据 Wind 资讯公开的资料进行统计整理，债券以国债、政金债以及不同评级的企业债和公司债为例。

### ‖期限对比‖

总体上看，信托产品的期限较短，债券期限较长。信托产品期限较灵活，从 0.3 个月到 444 个月不等，2 年期和 1 年期的产品最普遍。债券期限标准化，1 年以上的债券产品期限通常以整数年为单位，其中 5 年期和 7 年期的债券最普遍（见表 6—4）。

表 6—4　2013 年发行的信托产品与各类债券期限对比　单位：年

| | 信托产品 | 国债 | 政金债 | AAA | AA+ | AA 及以下 |
|---|---|---|---|---|---|---|
| 最大值 | 37 | 50 | 10 | 15 | 10 | 10 |
| 最小值 | 0.025 | 0.25 | 0.50 | 2 | 3 | 3 |
| 平均值 | 2.48 | 7.06 | 4.80 | 7.84 | 6.62 | 6.61 |

资料来源：Wind 资讯，课题组。

## ‖平均规模对比‖

总体上看，信托产品的规模较小，平均为 1.78 亿元；债券规模较大，平均为 51.83 亿元。信托产品规模多种多样，从 16.3 万元到 59 亿元不等，标准差系数（标准差 / 平均数）远高于各类债券（见表 6—5）。

表 6—5　2013 年发行的信托产品与各类债券规模对比　单位：百万元

| | 信托 | 国债 | 政金债 | AAA | AA+ | AA 及以下 |
|---|---|---|---|---|---|---|
| 最小值 | 0.16 | 8 000 | 865 | 400 | 170 | 200 |
| 最大值 | 5 900 | 31 730 | 25 000 | 16 000 | 3 800 | 3 000 |
| 平均值 | 178 | 23 811 | 6 884 | 2 792 | 1 118 | 974 |
| 标准差 | 306 | 6 735 | 3 946 | 2 511 | 627 | 461 |
| 标准差系数 | 1.72 | 0.28 | 0.57 | 0.90 | 0.56 | 0.47 |

资料来源：Wind 资讯，课题组。

## ‖收益率对比‖

2013 年—2014 年 2 月，信托产品的平均收益率高于其他几类债券，但其他几类债券收益率呈上升趋势。2014 年 1 月，信用评级在 AA+ 以下的企业债和公司债的平均收益率超过了信托产品。另外，不同信托产品收益率的差别非常大，最小为 2.47%、最大高达 45%（见表 6—6，图 6—15）。

表 6—6　2013.01—2014.02 信托产品与各类债券收益率对比　单位：%

| | 信托 | 国债 | 政金债 | AAA | AA+ | AA 及以下 |
|---|---|---|---|---|---|---|
| 最小值 | 2.47 | 2.62 | 1.525 1 | 4.47 | 4.5 | 5.05 |
| 最大值 | 45.00 | 5.41 | 6.05 | 8.6 | 8.9 | 9.3 |
| 平均值 | 8.36 | 4.17 | 4.61 | 5.61 | 6.62 | 6.94 |

资料来源：Wind 资讯，课题组。

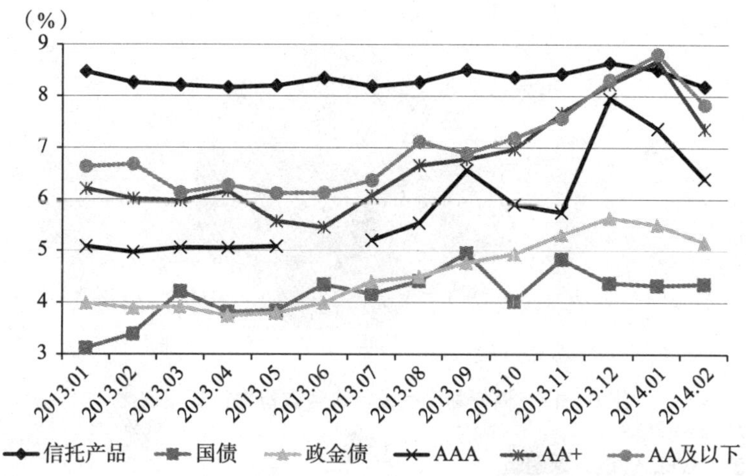


**图 6—15　信托产品与各类债券平均收益率变动趋势**

注：剔除贴现国债，平价发行的债券收益率为票面利率，溢价或折价增发的债券收益率为增发债收益率。

资料来源：Wind 资讯，课题组。

## 发行人地区分布对比

发行人地区分布情况的对比如图 6—16 和图 6—17 所示。

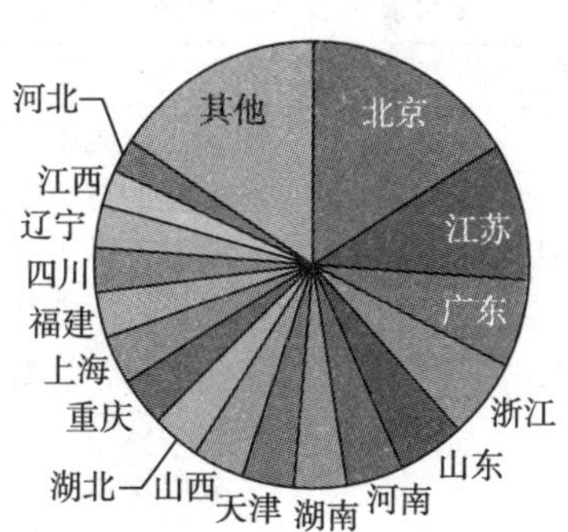


**图 6—16　公司债及企业债各省份发行规模占比**

资料来源：Wind 资讯，课题组。

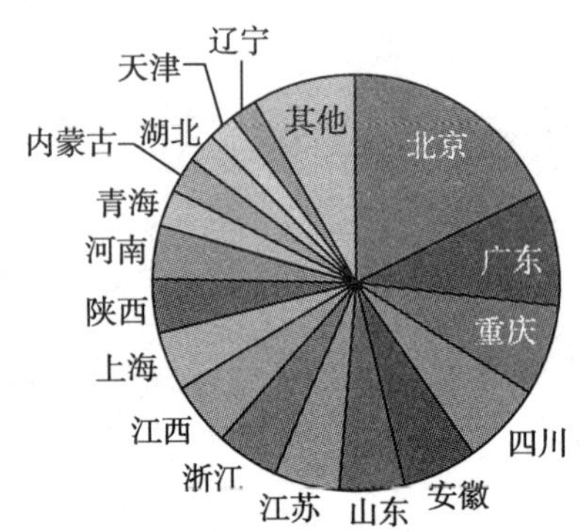


**图 6—17　信托新产品发行人各省份发行规模占比**

资料来源：Wind 资讯，课题组。

## ‖流动性对比‖

由于信托产品的非标准化，其从信息披露、产品评级到产品定价等方面均无统一标准，同时缺乏规模化、高效的信托受益权二级市场，造成其流动性缺失；而债券在信息披露、信用评级、发行定价等方面都已经建立了一个较为完整的体系，并形成了相互补充的场内外交易市场，流动性相对较好（见表 6—7）。

**表 6—7　　信托与债券发行及交易对比**

| | 信托 | 债券 |
|---|---|---|
| **载体** | 信托合同 | 标准化、无纸化的“电子”证券 |
| **信息披露** | 没有信息披露的具体的标准或细则，缺乏信息披露平台 | 对发行期及存续期需要披露的发行文件、定期财务报告、重大事项、以及具体披露的内容、时间和形式等均有较详尽的要求 |
| **信用评级** | “刚性兑付”潜规则，缺失统一的评级体系 | 企业发行债券要向认可的债券评信机构申请信用评级 |
| **发行方式** | 私募 | 公募居多<br>• 按招标标的分类：价格、利率、利差、数量<br>• 按价格决定方式分类：美国式、荷兰式、簿记建档、混合式 |

续前表

| | 信托 | 债券 |
|---|---|---|
| 交易市场 | 受限于公司内部的撮合，缺乏公开、透明、规模化、高效的信托受益权二级交易市场 | 形成了以场外市场（银行间市场）为主、场内市场（沪深交易所市场）为辅，相互补充的市场体系。场外市场参与主体为机构投资者，采取做市商制度，交易量大、品种丰富，以大宗交易为主；场内债券交易量较小、一般以手（1 000 元面额）为单位，采取竞价制度 |

资料来源：课题组。

## 增信措施对比

信托产品增信措施多样化，对融资性投资产品通常会有担保、抵押 / 质押、回购等措施。对 2013 年发行的 646 只提供了抵押或质押的信托产品进行的统计显示，其平均抵质押率为 45.57%（即平均 100 元的资产为 45.57 元的信托产品提供抵押或质押担保），其中有 80% 的信托产品抵质押率集中在 30%~60% 之间[①]。对于股票质押类项目，信托公司常常要求融资方在质押股票价格下跌到一定程度时补交保证金，以控制质押率。另外，证券投资类产品可能会设计成分层形式，优先级别投资者将获得固定收益型回报；境外投资产品通常会进行货币掉期以规避汇率波动带来的风险。

2013 年发行的企业债和公司债中，有占总规模 64.74% 的债券未采取增信措施，25.52% 的债券采取了不可撤销连带责任担保措施，采取抵押、质押等其他增信措施的债券较少（见图 6—18）。

总的来说，信托产品在投资范围与产品设计等方面具有灵活性。信托通过自身的非标属性优势，能够利用其风险收益重构能力将市场上的资金方与项目方实现合理对接，有效地满足了客户群体的个性化、定制化的投融资需求。

① 《华宝证券金融产品系列报告：信托产品年度报告》。

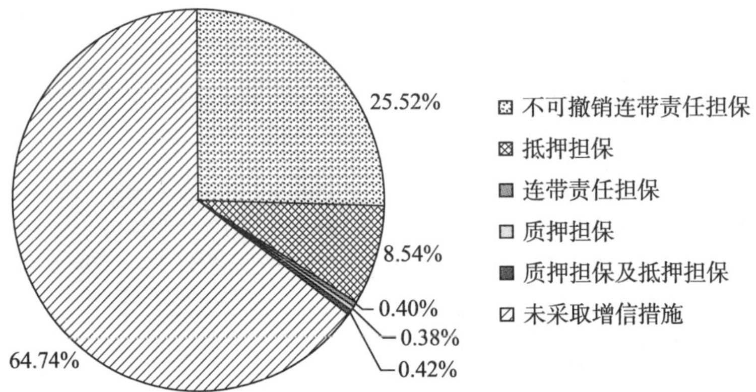


**图 6—18　2013 年企业债及公司债采取增信措施情况**

资料来源：Wind 资讯，课题组。

目前，大量的融资需求无法被银行体系和资本市场满足，信托产品以其高收益、短期限以及近乎零风险得到了众多投资者的追捧。然而，长期来看，没有一种金融产品能够同时具备高收益、高流动性、低风险这三个特质，这是一个“不可能三角”。股票收益高、流动性好，但是风险较大；企业债收益高、风险小，但是期限较长。信托和标债相比，标债在以下几个方面占优：

- 信托产品目前还没有建立二级市场，在流动性上大大弱于标债，流动性的缺失，一方面降低了投资者购买的积极性；另一方面导致其产品设计普遍短期化，难以满足部分客户中长期投融资的需求。
- 标债在信息披露的持续性和有效性上大大领先类信托产品，并有信用评级机构定期发布评级报告。
- 标债可以为组合管理者提供更多样化的策略选择，如信用评级在 AA 以上的交易所债券可以用于正回购操作放大杠杆，而类信托产品唯一选择就是持有至到期，几乎没有交易策略可言。
- 特定债券具有政策优惠，如国债票息免税，政金债票息利息税减半征收；利率债不计入加权风险资产，类信托产品如果银行是直接购买，则 100% 计入，如通过买入返售等操作手段藏匿在同业项下则 25% 计入。标债在税收优惠和加权风险资产计算上占优。

- 就收益率而言，截至 2013 年 12 月 31 日，AA+、AA 及以下信用债平均到期收益率和信托产品的平均到期收益率相差约 20~30 基点，较 2013 年 1 月大幅收窄近 200 基点，且信用债发行主体的资质显著优于类信托产品，信用债相比类信托产品占优。利率债方面以国债为例，考虑国债的免税和对银行资本充足率影响等因素后，一个收益率为 8% 左右的类信托产品的国债约当收益率为 4.5% 左右，而目前 10 年期国债在 4.5% 左右徘徊，相对类信托产品有相当的投资价值。

总之，我们认为，目前信托的快速发展很大程度上是因为标债市场，尤其是高收益债市场不发达、银行风险偏好较低所致。而归根结底的原因是信用体系缺失，才使得信托能够作为中间人撮合高风险项目方和高风险偏好的资方。未来随着市场上信用体系逐渐健全成熟，评级机构信誉提高，高收益债市场慢慢形成，银行对国企的偏好降低，开始服务高风险的中小企业，信息不对称的程度会慢慢降低，标债相对非标会具有越来越大的优势。其次，随着金融市场化的推进，尤其是十八届三中全会要求监管部门简政放权逐步得到落实，标债在发行效率上也会有很大的提高。目前交易商协会主导的短融、中票已经采取注册发行的方式，并在债券市场上占据了越来越大的份额，预计其产生的鲶鱼效应将进一步推动以国家发改委主导的企业债和以中国证监会主导的公司债向注册制转型，标债和信托相比在发行效率上的劣势未来将有所改观。最后，标准化产品在信息披露和透明度上具有无可争议的优势，更有利于防范发行过程中的道德风险，提高整个金融市场的效率。

综上所述，我们认为长期来看标债将占优。尽管 2013 年信托贷款和委托贷款的增速都不低（见图 6—19），显示当前类信托业务仍然具有强大的生命力，但进入 2014 年，我们可以明显地看到，无论是信托贷款还是委托贷款占社会融资总额的比例都有明显的下降，信托贷款占比的降幅更为明显。这也说明，总收益互换等创新类非标尽管看上去很完美，但是其最终要落实到信托贷款和委托贷款上，而正是后两者的数据显示其增量并没能对冲返售项下非标清理的效果，非标占社融的比例开始下滑。

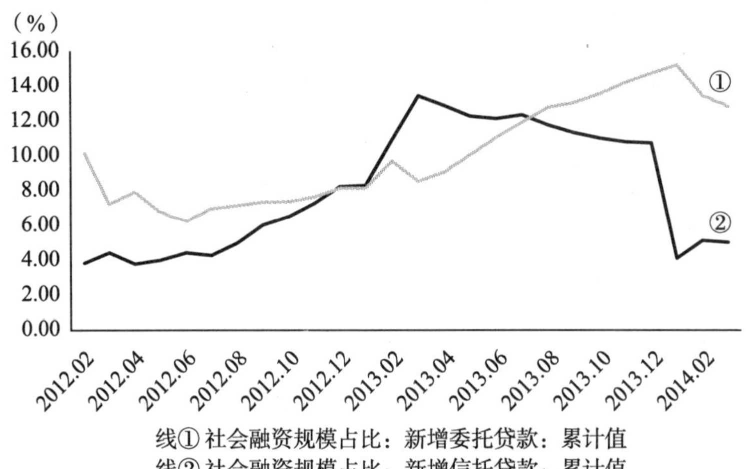


**图 6—19　信托贷款与委托贷款累计值占比**

资料来源：Wind 资讯，课题组。

最后，我们还统计了 2013 年 4 个季度各类集合信托的净增量。统计显示，除了房地产在第 1 季度增量较大外，其余季度各类信托新增规模增减互现，第 1 季度工商企业信托甚至还出现了新增规模陡降约 500 亿元的罕见情况，而 2008—2012 年间各类信托的增量数据最低为 –276 亿元，最高为 1 062 亿元，非标资产增速颓势初现（见图 6—20）。

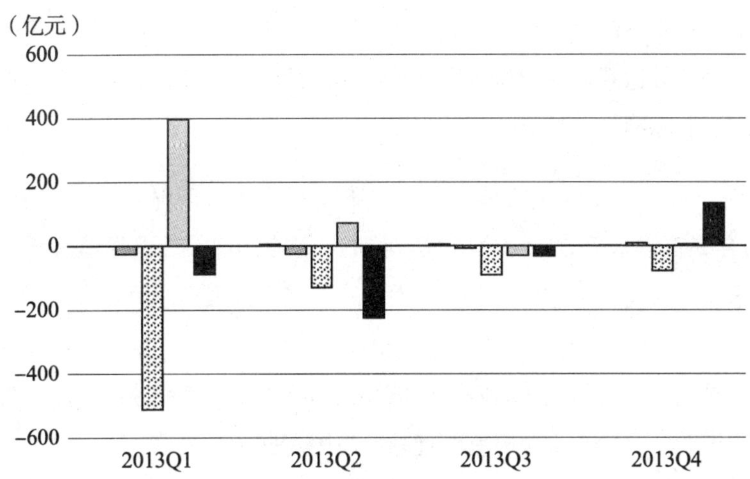


**图 6—20　2013 年各季度各类信托新增规模**[①]

资料来源：Wind 资讯，课题组。

# 差异化转型之路

## 信托：深耕私募投行，开拓财富管理蓝海

信托公司的差异化转型之路可以从两大业务方向去挖掘（见图 6—21）。第一个方向是私募投行方向，其中被动管理型的通道类业务将逐步被银行资管计划、基金子公司和券商资管所替代，而主动管理型的私募投行业务目前是信托公司主要的收入利润来源，并且在融资需求依然庞大、银行风险偏好仍然偏低以及高收益债市场的发展壮大尚需时日的背景下在中期仍然能够为信托机构带来丰厚的利润。相较于基金子公司和券商资管等其他类信托机构，信托在股东背景和净资本上占有相对优势，并且在融资类私募投行业务上深耕数年，积累了一定的资产获取能力和资方资源和渠道，未来可以将上述能力禀赋从目前的房地产业、政信等少数领域拓展到更广阔的实业中去，降低行业风险集中度。

① 图中有些数据太小，以至于无法在图中显示出来。——编者注

此外，信托在私募投行业务上除了类信贷模式，还可以借鉴美国的公司信托模式，创新类债券模式，作为投资银行和信托受托人，帮助企业发行公司债信托债券，彻底破除刚性兑付。

信托业转型的第二个方向是其“受人之托、代人理财”的本源型业务。未来10年是高净值客户数目和规模增长的“黄金10年”，高净值客户财富管理的需求将呈几何级增长的态势。然而，目前国内开展高净值客户的财富管理业务的机构，如银行的私人银行、券商的资产管理部大多尚处在卖产品的初级阶段，客户的投资选择仍然有限。而信托公司有望凭借其积累的产品优势和高净值客户资源，有望在未来财富管理的蓝海中占据一席之地。

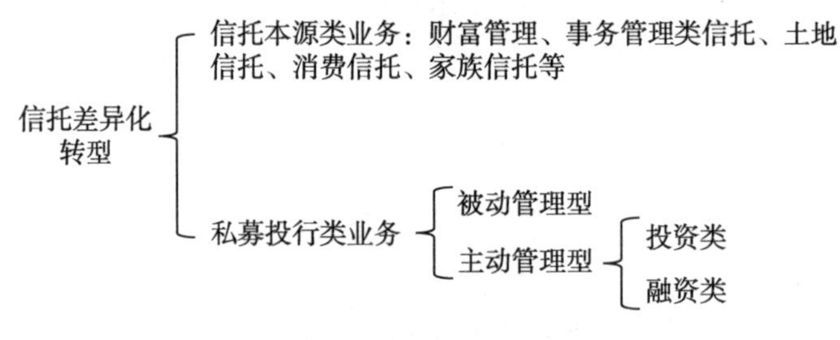


**图6—21　信托差异化转型**

资料来源：课题组。

## 深耕私募投行业务

尽管长期来看私募投行业务面临一定的不确定性，但是在中短期，私募投行业务绝对是类信托机构的核心业务模式和最主要的收入利润来源。首先，在中国经济高速增长并且投资仍然占经济增长的半壁江山的情况下，融资需求仍然巨大，超过了传统银行体系和资本市场所能够提供的融资量。其次，银行风险偏好的提高和多层次资本市场的建设是一个长期的渐进过程。最后，国内的高收益债市场刚刚起步，要达到美国高收益市场两万亿美元的类似体量需要相当长的时间。

"类信贷"的私募投行业务需要从业机构具备较强的股东背景、资本金实力、较短的项目周期以及广阔的投资范围。在股东背景和资本金实力上，信托在类信托机构中脱颖而出，明显优于基金子公司和券商资管。截至2013年底，信托全行业所有者权益合计2 555亿元，其中实缴资本为1 166亿元，而62家基金子公司合计注册资本仅为29.56亿元，平均每家4 800万元，注册资本金最高的一家仅为3亿元，券商资管多依附于母公司，其资金实力介于两者之间，因此信托具有较强的兑付能力。从投资范围来看，基金子公司的投资范围最为灵活，信托稍逊于子公司，但优于券商资管；从效率来看，信托基本是报备制，流程稍慢于基金子公司，但快于券商资管（见表6—8）。

表6—8　信托、基金子公司、券商资管三者对比

| | 信托 | 基金子公司 | 券商资管 |
|---|---|---|---|
| 适用的法律关系 | 信托关系 | 信托关系 | 委托关系 |
| 注册资本/净资本 | 最为雄厚，兑付能力强，行业所有者权益总计2 555亿元 | 较弱，62家基金专户子公司的平均注册资本为4 800万元，合计注册资本29.56亿元 | 注册资本金介于信托和基金子公司之间，兑付能力一般 |
| 净资本约束 | 较强 | 无 | 较弱 |
| 投资范围 | 限制较小，如：银信合作中无法投资票据等 | 非常灵活，在投资标的上几乎没有限制 | 集合受限较多，定向和专项较为灵活，如：集合资产管理计划不能投资非标资产等 |
| 流程效率 | 地产类事前审批，其余事后备案 | 均为事后备案 | 专项资管需事前审批，集合和定向事后备案 |
| 投资人数 | 不超过50人，但单笔委托金额在300万元以上不受限制 | 不超过200人，但单笔委托金额在300万元以上的不受限制 | 不超过200人 |

资料来源：Wind，课题组。

信托在"类信贷"私募投行业务领域应该充分发挥其资本金、股东背景、

投资范围上相对于其他机构的比较优势，尤其是进一步发挥其在“类信贷”私募投行业务上的先发优势和客户积累，将私募投行业务从房地产和政府平台拓展到实业中，打造“实业投行”。

目前的信托通过发行信托计划份额募集资金，再通过债权等方式将资金融通给融资方，与资金供需双方均有债权债务关系，信托公司处于对自己声誉等方面的考虑不愿意打破刚性兑付的潜规则，使得直接融资异化成为间接融资，风险集聚在影子银行体系内。为了解决上述问题，推动信托回归受托管理人的本源角色，信托未来可以在深耕“类信贷”私募投行业务之外，开拓“类债券”业务模式，引入受托人受让担保物权，作为投资银行和受托人，帮助企业发行附担保债券。

从产品模式上来看，一方面，信托是融资方的投行及财务顾问，帮助融资方设计融资方案，并作为主承销商包销公司债信托债券；另一方面，信托是发行方的受托人，受益人为公司债信托债券的持有人，而信托作为受托人代表全体受益人受让担保物权，成为担保权人，同时信托作为公司债信托债券的持有人代表后者监管融资方及募集资金。如此一来，风险隔离程度大大增强，信托的业务收入也由收取点差向收取承销费转变，也符合 99 号文“改造信贷类集合资金信托业务模式……这将使信托公司真正回归管理人、受托人的角色定位”的要求。

## ‖开拓资产管理蓝海‖

信托本源类业务包括财富管理、事务管理类信托、土地信托、消费信托、家族信托等。其中我们最为看好的转型方向是财富管理方向，主要基于以下三条理由：第一，随着经济的高速增长，中国高净值人士的数量和可投资资产规模都呈现几何级数增长；第二，利率市场化方兴未艾，储蓄，尤其是活期储蓄的占比将大幅下降，带来巨大的财富管理需求；第三，信托公司在前几年的快速发展中积累了一定的产品优势和高净值客户资源。

贝恩公司和招商银行联合发布的私人财富报告显示，中国可投资资产超过 600 万元的高净值人士数量从 2010 年的 87.5 万人增长到 2013 年的 138.4 万人，年复合增长率（CAGR）为 16.5%，并且预计 2015 年达到 192.9 万人。而高净值家庭的可投资资产规模从 2008 年的 38 万亿元大幅增长到 2013 年的 92 万亿元，5 年间增幅近 2 倍（见图 6—22，图 6—23）。

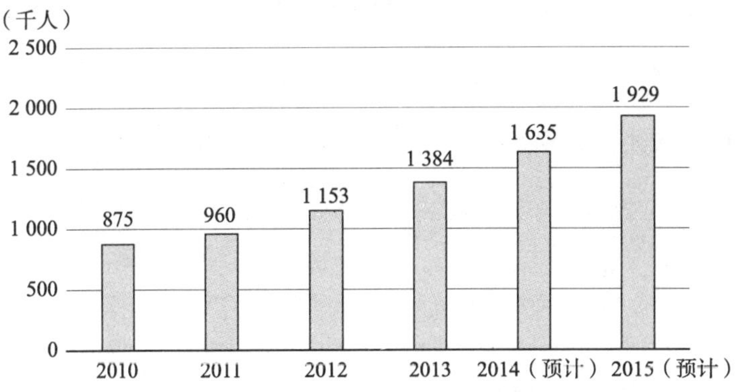


**图 6—22　2010—2015 年高净值人士数量变化情况**

资料来源：课题组。

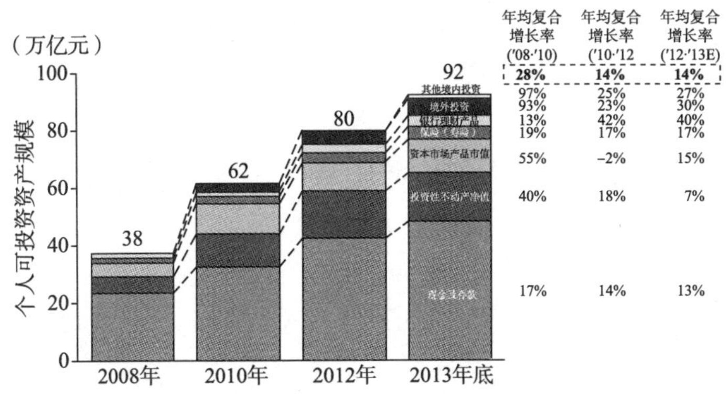


**图 6—23　高净值人士可投资资产总体规模变化**

资料来源：贝恩公司，招商银行；课题组。

2013年，利率市场化在互联网金融的催化下取得了突飞猛进的进展，货币基金资产总规模从2013年1月的7 571亿元增长到2014年4月的15 401亿元，增幅近1倍，占比也从23.6%增长到41.75%。与之相对应的是金融机构月度新增存款的波动幅度明显增大，流出的存款大部分都流向了以货币基金为代表的新型理财产品（见图6—24）。实际上，高净值人士资产配置“去存款化”的趋势在过去的几年中已经非常明显，正如图6—23所示，2008年和2012年间，现金及存款的年复合增长率大幅低于其他资产类别，而境外理财投资、银行理财产品等其他资产类别增速较快，高净值人士资产配置多元化的趋势非常明显。

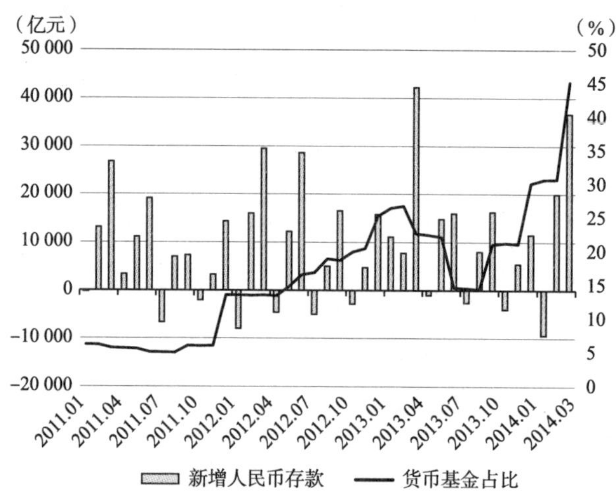


**图6—24 单月新增人民币存款变动及货币基金占比**

资料来源：课题组。

最后，信托公司在前几年的快速发展中积累了一定的产品优势和高净值客户资源，相对于银行和券商等其他服务于高净值人士的理财机构积累了一些独特的优势。就财富管理市场目前的状况和格局而言，目前还处在初级的产品驱动阶段，商业银行普遍成立私人银行部，升级原有的零售业务，尽管银行在客户端有一定的优势，但其在产品端较弱，需要借助券商和信托的产品制造能力来服务客户。而券商尽管拥有一定的渠道和较强的产品制造能力，但受制于近年来资本市场表现低迷，产品收益水平不尽如人意，限制了其产品的吸引力。而信托以其多样化的高收益产品迅速获得了高净值人士的青睐，近年来在财富管理领域积累了一定的产品优势和高净值客户资源。

## 券商资管：产品提供商及整合者

券商资管的转型方向在于结合券商一级市场产品提供商和二级市场交易经纪商的角色，整合券商的投行和交易业务资源，设计出更好的、风险收益更多样化的证券化产品和一级市场融资工具品种，为高风险偏好投资者提供各类投资工具组合和投资顾问服务（见图 6—25）。

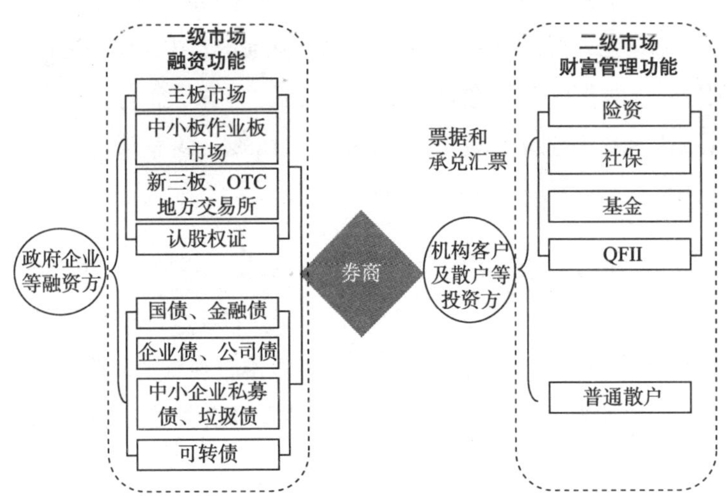


**图 6—25　券商的定位：产品提供商及交易经纪商**

资料来源：课题组。

券商的定位为：一级市场上企业、政府融资需求的综合解决方案提供商以及二级市场上为险资、社保等机构客户和普通散户提供综合财富管理服务，同时成为沟通一、二级市场的桥梁。

在机构的定位层面，具体而言，在一级市场上，券商通过各层次资本市场的股权产品，包括主板、中小板、创业板、地方政府股权交易平台以及OTC市场以及交易所、银行间债券市场为企业提供各类股权和债权融资一揽子解决方案；而在二级市场上，券商提供基础的股权和债权产品以及融资融券等信用交易服务来为二级市场上的险资、社保、基金等机构客户以及广大散户提供财富管理服务。因此，券商在权益类和债券类产品创设上具备一定的比较优势。

证券公司资产管理业务有定向资产管理、集合资产管理和专项资产管理三类。近年来，证券公司资产管理业务快速发展。自2012年10月券商资管新规颁布，券商资管规模获得爆发式增长，从2011年底的0.28万亿元，到2012年底的1.89万亿元，再到2013年底的5.20万亿元。其中，定向资产管理业务投资范围广，近两年呈现爆发式增长。截至2013年末，证券公司定向资产管理业务规模达4.83万亿元，较2012年末增长186%，占全部资产管理业务规模的93%。

证券公司与银行合作开展定向资产管理业务模式主要为：银行募集资金，与证券公司签订定向资产管理合同，证券公司作为管理人，执行银行投资指令，将资金投向银行指定投资品种，证券公司收取基本管理费。证券公司基本扮演了通道的角色，并没有发挥其资本市场产品提供商和投资者交易经纪商的优势，而主要是满足了银行存量资产出表、表外放贷等需求。

券商资管通道类业务的爆发式增长已经受到了越来越多的监管。中国证券业协会先后出台《关于规范证券公司与银行合作开展定向资产管理业务有关事项的通知》、《关于进一步规范证券公司资产管理业务有关事项的补充通知》，并对券商进行突击现场检查，对券商资管进行规范：一是对银证合作银行的门槛提高到资产 500 亿元以上规模的银行，二是提高证券公司聘请的第三方机构的门槛，三是禁止集合理财计划开展通道业务。

和信托及基金子公司等其他类信托机构相比，券商资管在通道业务等类信托业务上并没有明显的优势，相反还有一些劣势。从资本金实力来看，截至 2013 年年底，67 家信托公司所有者权益总额超过 2 500 亿元，平均每家约 37 亿元；117 家证券公司合并报表口径所有者权益合计 803 亿元，平均每家约 7 亿元，且券商的净资本除了支持类信托业务之外，还需要支持融资融券、股权质押等资本中介类业务以及直投等资本消耗类业务。从投资范围来看，券商的集合资产管理计划投资范围受限较多，定向资产管理计划虽然投资限制较少，但在银证合作中无法将募集资金投资到高污染、高耗能等国家禁止投资的行业，而基金子公司无此约束。从法律关系来看，券商资管适用委托关系，而信托和基金子公司适用信托关系，券商资管在类信托业务中的破产隔离保护较少，一旦节点处出现风险，更容易波及自身。从净资本约束来看，券商资管隶属于证券公司，而证券公司受到净资本管理，而基金子公司不受净资本监管。从业务开展先后来看，信托公司最早介入类信托市场，积累了一定的客户和资产获取能力，而券商资管是 2012 年才开始大举介入类信托市场的，无论在项目经验上还是人才储备上都不占优势。总的来看，券商资管在类信托市场上并没有明显的优势，其转型需要结合自身禀赋，结合券商一级市场产品提供商和二级市场交易经纪商的角色，整合券商的投行和交易业务资源，成为产品提供商和投资顾问。

券商从事资产管理行业的核心竞争力在于：第一，券商作为金融市场基础产品的提供者，精通权益类、固定收益类、衍生品类等基础产品的特性，并具备根据基础产品设计复杂投资组合的能力；第二，券商比其他资产管理机构都要贴近发行人，投行业务积累了相当的公司客户资源，交易和做市业务积累了大量的客户信息和偏好，有助于券商资产管理能力的提升；第三，券商积累了一批优异的研究和业务人才，为做大做强资产管理业务打下了坚实的基础。

具体而言，券商资管需要改变目前过度依赖通道业务规模的现状，大力发展集合资产管理业务，发挥其产品和组合管理的优势，在巩固高风险偏好客户现有优势的同时，大力开发固定收益类，衍生品类、现金管理类产品系列，开拓中低风险客户资产管理市场。从海外资产管理行业发展的经验来看，行业发展的一条脉络是基础产品品类从高风险的股票型核心产品向低风险的固定收益类、现金管理类产品拓展；以 ETF、FOF、指数基金为代表的被动式管理以其高流动性越来越受到投资者的青睐。目前券商集合理财市场已经有了上述趋势，据 Wind 资讯统计，2013 年券商集合资产管理产品共发行 1 947 个产品，总份额为 2 041 亿元，其中债券型和货币型份额合计为 832 亿元，超过了当年权益类发行总份额（见图 6—26）。

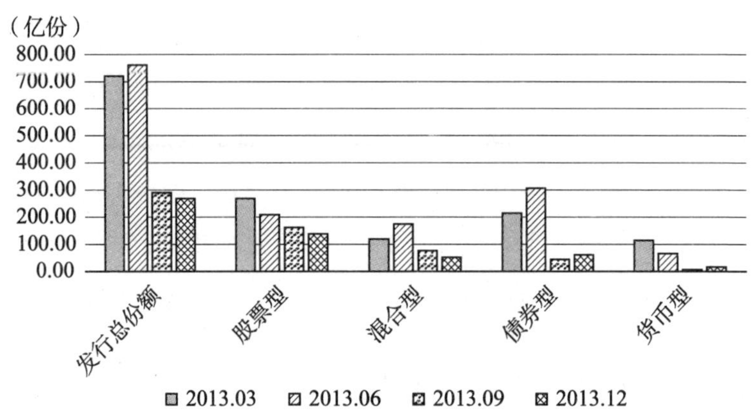


**图 6—26　2013 年各季度各类券商资管产品发行状况统计**

资料来源：课题组。

券商资管另一条发展脉络是利用其投行和交易资源，整合各种投资工具，灵活应用各种策略。一方面，国内各种交易手段，例如卖空、杠杆操作、程序交易、互换、套期保值等，在经历初步发展后逐渐成熟，可选择的期货期权等衍生产品也逐渐丰富，券商资管通过不同的策略手段将股票、债券、货币等投资工具进行杠杆化、对冲性的重新组合（见表 6—9）。

表 6—9　　主要对冲策略一览

| | 策略优势 | 策略风险 |
|---|---|---|
| 多空股票 | • 与市场表现相关性高<br>• 面临的风险易被投资者理解<br>• 进入门槛低，可以灵活应用 | • 选股风险<br>• 轧空风险 |
| 全球宏观 | • 投资灵活性 | • 方向性风险<br>• 杠杆风险 |
| 管理期货 | • 分散化<br>• 投资于全球市场的便易性 | • 保证金风险<br>• 策略收益在一段时间内显著下降<br>• 羊群效应 |
| 事件驱动 | • 业绩的持续高收益 | • 流动性风险<br>• 交易或事件的特定风险 |
| 股票市场中性 | • 收益相关性低<br>• 波动性低<br>• 改善资产组合的风险调整收益 | • 选股风险　• 模型风险<br>• 轧空风险　• 事件风险<br>• 流动性风险 |
| 可转换套利 | • 市场中立、关联性低<br>• 收益相对稳健 | • 低利率水平、低波动性<br>• 可转换证券供给和需求特征的变化<br>• 下降的 Delta、Gamma、Vega 等风险 |
| 固定收益套利 | • 与股票和债券市场以及其他策略的相关性相对较低 | • 杠杆风险　• 流动性风险<br>• 利率风险　• 提前偿还风险 |

资料来源：课题组。

## 基金子公司：立足二级市场，辐射多种业务

基金子公司有两大差异化转型模式。一是结合基金主业长久以来积累的二级市场投资经验，基于对上市公司的研究覆盖能力，通过构建大类资产配置组合，利用二级市场各类衍生工具满足投资者风险对冲需求，以投资研究和交易技术在定价错误中获得超额回报，开发量化对冲、定增专户、股权质押等二级市场相关业务，并将投资范围扩展到海外。二是开展收益权、不动产、信贷资产等各类资产证券化业务。

基金公司为有效隔离风险并灵活配置资源开展专户业务，除原有权益投

资、固定收益及保险资金专户管理业务以外，可以结合母公司主业长久以来积累的二级市场投资经验，开展二级市场相关的定增专户、股权质押等业务。

## ‖定向增发专户业务‖

该业务目前已经成为国内基金公司主要专户产品业务类型，目前此类专户业务规模约计几百亿元。伴随国内资本市场定向增发政策逐渐宽松，该类业务市场潜力巨大，预计将达到几千亿元的规模。

产品业务模式：委托人通过资产管理子公司专户参与有一定限定年限交易的定向增发股票。一般限定年限为一年内不得上市交易，因此类产品的时间相对比较长，有一定的市场风险。此类产品根据客户需求可设计为管理性和结构性产品。如是结构性产品，一般级客户向优先级客户融资并承担产品投资风险，享受扣除优先级固定收益部分的剩余收益，带有杠杆性质。

产品规模：单个产品规模视定向增发的规模而定，一般平均在 1 亿 ~ 3 亿元的规模。2012 年整个股票市场的定向增发融资的规模逾 5 000 亿元，市场回暖后，预计该类业务需求将大大增加。

定向增发专户业务的业务流程如图 6—27 所示。

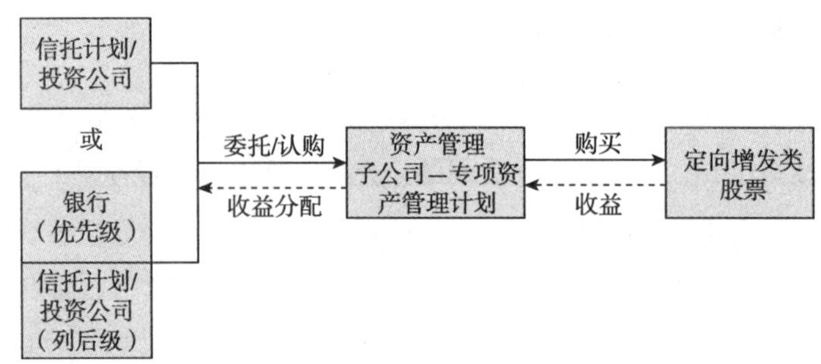


**图 6—27 定增专户业务流程**

资料来源：课题组。

## 股权质押融资专户业务

通过基金公司专户，在控制风险前提下，实现上市公司股权质押融资，以满足财富管理客户资金投资及上市公司股东融资需求。

产品业务模式：持有上市公司限售、流通股融资者通过基金专项资产管理计划实现股权质押融资。股权质押融资专户业务的流程如图6—28所示。

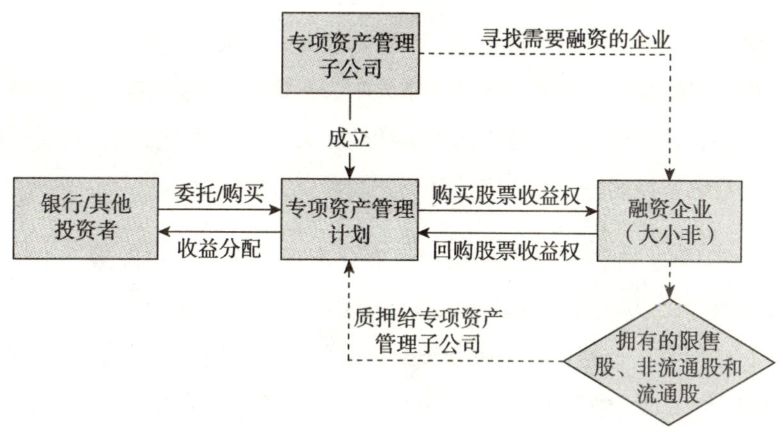


**图6—28 股权质押融资专户业务流程**

资料来源：课题组。

随着中国经济的发展和国际化程度的不断提高，资产管理行业全球化的趋势越来越明显，仅仅专注于国内市场投资不可避免会受到一国宏观经济环境的影响，而走出国门，开展全球投资有利于熨平经济周期对产品收益的影响，平滑回报率的波动性。基金公司从2008年开始就不断推出QDII产品，近年来海外投资产品更是不断丰富，相继推出了纳指ETF等产品，积累了一定的海外投资的经验。前不久，嘉实基金获批可开展离岸不动产、股权、债权、证券和其他收益权项目投资的嘉实“外汇通”业务，国内投资者可借此直接“出海”购置房产、投资基金产品。易方达基金子公司也有益出海投资海外房地产。富兰克林－邓普顿基金公司（Franklin Templeton Investments）就是一家以全球投资闻名于世的投资管理机构，20世纪50年代就推出邓普顿成长基金，专注于全球市场的投资，得以分享日本、德国等经济体战后复苏带来的超额回报。

最后，基金子公司还可以将母公司在权益投资上积累的研究能力拓展到新三板这一全新的领域。新三板大幅扩容后，基金子公司可以利用其灵活性和其母公司的研究能力在新三板拓展主动管理业务和融资类业务。在主动管理业务上，由于新三板市场对投资者的准入要求较高，基金子公司可以发挥其研究能力，以投资研究和交易技术在定价错误中为投资者获得超额回报。在融资类业务上，基金子公司可以充分发挥其灵活性，灵活设计融资方案，开展结构化定增，项目融资等业务，充分满足融资方和投资方的需求。

相比美国约12万亿美元的资产证券化市场而言，在中国接近100万亿元存款余额、65万亿元贷款余额的银行体系中，资产证券化资产仅几百亿元的规模，中国资产证券化业务尚处于起步阶段，未来规模、影响、潜力巨大。2012年5月17日，中国人民银行、银监会、财政部共同发文重启资产证券化，为此类业务大规模发展奠定了制度基础。资产证券化类业务包括信贷资产证券化、企业资产证券化、资产支持票据（ABN）、公用事业类收费权、消费贷款收益权等。基金公司子公司可以以专项资产管理计划专户作为资产证券化产品载体，以银行资金池、保险机构资金、银行渠道募集资金作为资金来源，发起资产证券化产品专户。

就信贷资产证券化而言，银行每年风险资产的增速约10%~15%，在新资本协议实施的背景下，到2018年将有超过4 000亿元的资本金缺口，而一级核心资本的补充会对市场造成较大的压力，通过将一部分风险资产证券化来减小分母能够缓解资本压力。基金子公司在信贷资产证券化业务中基本承担通道角色，无净资本监管等灵活性增加了基金子公司承揽相关业务的优势。其次，非银行金融机构也存在着普遍的资产证券化需求，对于小贷公司、融资租赁机构、汽车贷款公司等非银行金融机构，融资渠道普遍受限制，需要借助资产证券化来盘活存量资产。万家基金的子公司万家共赢与诺亚财富合作，完成了阿里小贷公司私募信贷资产证券化产品的募集，平安大华基金的子公司以融资租赁企业应收资金收益权为基础资产发起了资管计划。基金子公司在满足非金融机构资产证券化需求方面有着标的资产灵活度高、项目用时短等优势。除此之外，基金子公司还可以介入基础设施的资产证券化，帮助地方政府盘活存量，优化负债结构、商业地产证券化等一系列证券化业务。

中国的资产证券化产品和美国有天壤之别，产品标的基本对应于优质资产，且杠杆率低、安全性佳。过去几年中国金融资产增长迅速，而资产证券化则是提高银行资金流动性，化解银行体系“短存长贷”风险的最佳产品。

|第二部分|

# 机构篇：突破与转型

- 以各种“宝”为代表的互联网金融如何部分改变了金融市场的利益分配和游戏规则？
- 中国阳光私募基金行业的未来在哪里？
- 推进汇率、利率的市场化和建设多层次资本市场是金融变革的主题，未来变革的趋势将如何加速进行？

# 第7章

# 公募基金业在红海中开拓蓝海疆域

## 本章导读

■ 随着资产管理市场市场化程度的加深，市场上资产管理类产品的种类逐渐增多，公募基金行业牌照审批也开始加速。同时，私募证券投资基金逐渐向“正规军”转化。公募基金行业牌照价值降低、生存空间渐小，行业“红海化”程度逐渐加深。

■ 在“红海化”的格局下，公募行业原有的“内固投研、外拓市场”的发展逻辑逐渐失效，多数公司陷入战略迷茫期。部分公募基金公司通过充分利用监管部门的新政策以及通过自身创新探寻一条通向“蓝海”的道路。从效果来看，2013—2014 年探索蓝海对公募基金公司的效用强于对投研业绩的专注。

■ 公募基金行业的变局不会停止，“蓝海突围”依旧会是一段时期内公募基金公司变革的主旋律。随着行业变革的逐渐深入，各家基金公司发展战略高度重合的时代将慢慢过去，而人力价值的重估也会使公司治理在公募基金发展的过程中变得越来越重要。

■ 2013—2014 年，公募基金行业的变革之势虽初具雏形，但仅仅只是一个开始。随着对行业管制的逐渐放开，对敢于抓住机遇领跑行业者将会是千载难逢的发展机遇；而一直依赖于行业保护的企业则可能要被迫转型或逐渐退出历史舞台。

公募基金行业曾是资产管理行业中的“骄子”，而如今其光环渐失已经成为了不争的事实。随着牌照价值的降低和行业竞争的日益激烈，公募基金行业逐渐陷入发展困局。但与此同时，2013—2014 年间，行业内不少公司也在监管的逐渐放宽下谋求突破。这段时期内，公募基金行业的变革速度大大超过此前，在严格监管下中规中矩地发展了多年之后，危机意识最终将公募基金行业推向了追求创新、谋求突破的道路。

## 深陷红海的公募基金行业

2013 年的报告分析了公募基金公司所面临的投资、销售和公司治理等方面问题，而到 2014 年，全行业的发展环境变得更为严峻，“深陷红海”是对目前公募基金行业最为贴切的写照。随着跨界竞争的日益激烈以及市场准入的逐渐放开，再没有任何一家新的公募基金公司可以仅靠一张牌照便占有一定的市场份额，同时又能盈利。相反，越来越激烈的市场竞争使得此前稳定经营的一些中小企业亦开始面临生存的压力。

### 保护壁垒渐破，外来竞争者日益增多

公募基金行业曾是我国资产管理行业之中最受瞩目的“正规军”。在 2005 年以前较长一段时间内，居民的理财方式除了银行存款和炒股之外，公募基金投资是他们为数不多的选择之一。在这种行业格局下，公募基金的牌照价值得到了充分的体现甚至被放大。

但是，在过去 10 年间，银行理财产品、券商资管产品以及信托产品等资产管理类产品也逐渐在市场上出现并得到快速的发展。这些产品的产生不仅迅速打破了公募基金在居民理财版图中的领先格局，同时逐渐将公募基金产品推向了更为边缘化的境地，截至 2013 年，银行理财、信托产品和券商资管产品的规模均已超过了公募基金所管理的公募资产规模（见图 7—1）。

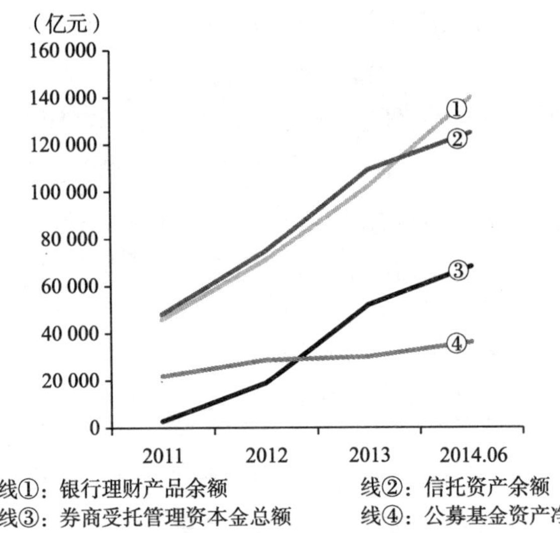


**图 7—1　2011—2014 年 6 月各类资产管理产品规模变动**

资料来源：中国证券业协会，中国证券投资基金业协会，Wind 资讯。

## 牌照审批加速，公募行业持续扩大

2013 年，公募基金行业的一个显著特征是市场准入审批进程加快，新公募基金数量快速增加。来自中国证券投资基金业协会的统计数据显示，截至 2014 年 3 月，我国共有公募基金 91 家，取得公募基金公司管理资格的证券公司 3 家。管理资产合计 47 365.17 亿元，其中管理的公募基金规模 34 707.34 亿元，非公开募集资产规模 12 657.83 亿元。在 91 家公募基金公司之中，年龄呈现“哑铃型”，多数基金公司成立于 2006 年之前和 2010 年之后。其中 2013 年共有 12 家新基金公司成立，为历史最高峰，与 2003 年持平（见图 7—2）。

从监管层的思路来看，公募基金牌照审批的风格将会延续，在尽力降低进入壁垒、鼓励市场充分竞争思路的指导下，再次出现类似于 2007—2010 年间公募基金牌照审批减缓或者停滞的现象可能性不大。

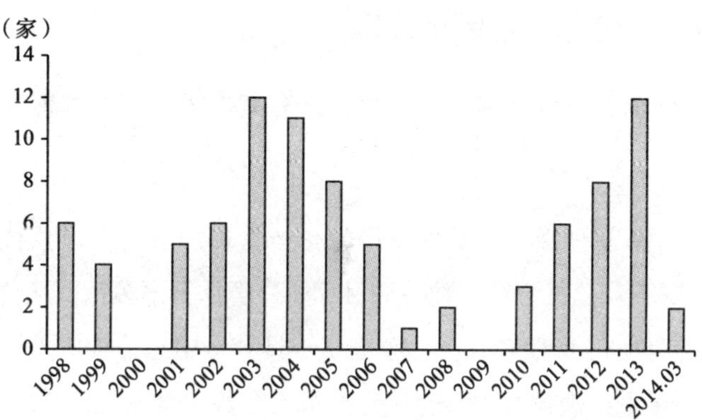


**图 7—2　1998—2014 年 3 月公募基金公司获批数量**

资料来源：中国证监会网站。

## 私募基金渐获认可，挑战公募“正统”地位

在我国基金行业的版图上，公募基金和私募基金之间的差别曾非常巨大，近乎于“正规军”和“杂牌军”之间的区别。公募基金可以公开募集，可以广告宣传，可以使用银行等诸多渠道；而私募基金则缺乏以上各种许可，发行产品都得借助信托等其他金融机构的渠道。

2013 年 6 月，修订后的《证券投资基金法》正式实施，私募基金开始被纳入法律监管范围。2014 年 2 月，中国证券投资基金业协会颁布的《私募投资基金管理人登记和基金备案办法（试行）》正式实施，私募行业被纳入监管范围，同时明确规定，获得基金业协会公示的私募机构可以直接作为基金管理人发行私募基金，无需再借助信托等其他金融机构的通道。

随着法律法规层面的放开，私募基金行业开始了逐渐向“正规军”转化的过程。2014 年 3 月 17 日，基金业协会给重阳、歌斐、景林等第一批 50 家私募机构发放牌照，其中包括二级私募证券基金 33 家。截至 2014 年 4 月，已有百家私募基金获得牌照。

## 内忧外患下，公募行业困境重重

在内有行业参与者逐渐增多之忧，外有其他类型资产管理产品抢占公募市场之患的格局下，公募行业当下和未来面临的危机重重。

**其一，公募基金相对于其他类型的资产管理产品而言，独特的优势已经不再明显，属于公募基金行业独特的目标客户群体日渐萎缩。**从公募基金产品（货币基金除外）的特性来看，它本身属于具有一定风险性的投资品种，其风险自担、不能保本的属性并不符合社会上绝大多数安全偏好较高的资金的需求。而有别于基金产品，银行理财、信托等产品在此前多年一直保有“刚性兑付”的潜在承诺，其安全系数较高、收益高于银行存款的特性更为符合国内绝大多数居民的多数资产的存款替代需求。因此，银行理财、信托等产品的发展细分化了一般性存款之外的资产管理市场，在不考虑我国货币存量持续增长的前提下，其所划走的市场的规模甚至要远大于留给公募基金产品的市场规模，使得公募基金所面临的目标客户群体相较要大幅减少（见图7—3）。

从产品特性上来看，券商资管产品和私募证券投资基金产品与公募基金产品区别相对不大，但受牌照因素的限制，券商资管产品和私募证券投资基金不能向公众公开募集，但是这部分产品在大客户市场上同公募基金产生了直接的竞争。

公募基金的另外一个隐忧是，在此前居民投资渠道相对匮乏及2006—2008年股市大牛行情期间，不少对“风险－收益”要求有别于基金产品特性的资金也进入了公募领域。它们中的一部分由于被套牢、封闭期未打开等因素暂时还留在公募基金的规模之中，这部分资金的回撤愿望也成为公募基金行业所要面临的巨大压力。

**其二，公募基金行业规模增长幅度有限，行业内企业数量的快速扩张使得行业内企业竞争由偏“正和”转向偏“零和”。**从数据来看，自2007年公募基金管理规模大爆发之后，2007—2013年公募基金管理的公募规模基本没有实质性增长[①]。2012—2014 年 6 月公募规模数字上虽有增长，但主要是货币基金规模在增长，而构成多数公募基金公司收入主要来源的股基、混基和债基的规模实际是在下降。因此，新基金公司的成立必然会给老基金公司造成很大的压力（见图 7—4）。

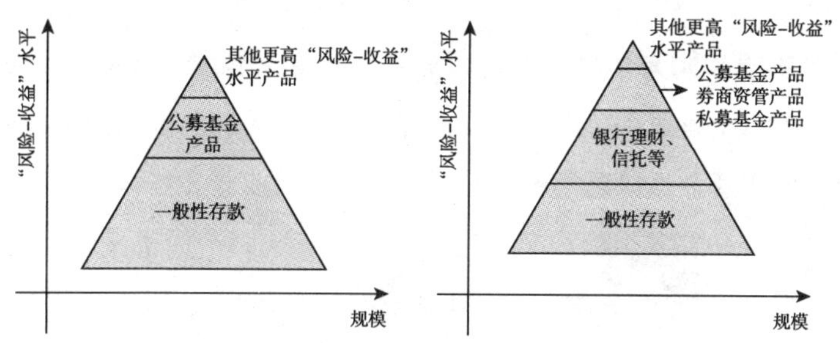


**图 7—3　不同资产管理类产品目标市场变迁**

资料来源：课题组。

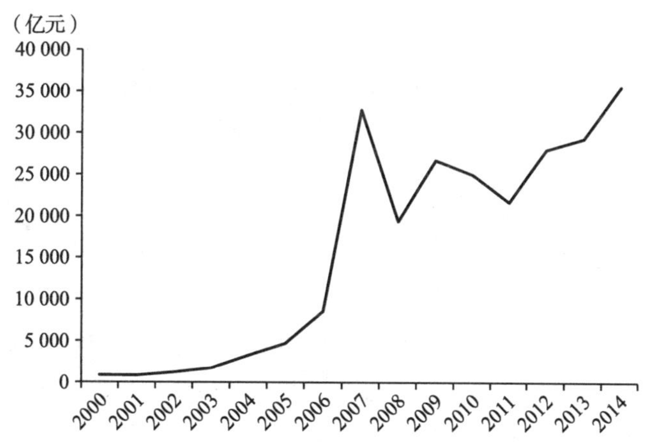


**图 7—4　2000 年以来公募基金规模变动**

资料来源：Wind 资讯。

① 据 Wind 资讯数据，2007 年，我国公募规模约为 32 766 亿元，2013 年这一数字为 30 020 亿元，较此前略有降低。

同时，一些曾是公募基金行业赖以生存的金融机构纷纷拿到公募基金牌照，对原有的公募基金企业而言也是一个较大的打击。例如，中国人寿等保险公司曾经是公募基金重要的机构客户和资产委托方，但是保险公司纷纷拿到公募牌照之后，其旗下的公募基金发展必然要挤占原本对机构客户高度依赖的基金公司的生存空间。

**其三，相较于阳光私募而言，公募基金在重重管制之下在投资手法和投资标的范围上并没有真正得到过拓展，即使放开对公募基金的投资标的限制和一些管制，公募基金也缺乏相应的人才储备和经验将新业务做好。**经过多年的严格管制，各家公募基金的产品线已经僵化到近乎一个模子里刻出来的一般，基本都在“股基＋混基＋债基＋货基＋指基”的大框架之下，同种类的各只基金之间最多投资风格有所差异，投资标的上鲜有突破。而《证券投资基金法》对基金种类分类的规定,也使得各类基金必须主要局限于一类资产的投资，在大类资产配置和风格转换上也难以涉及。因此，多年来公募基金死守在为数不多的几个投资市场之上，等待牛市靠天吃饭的现象较为严重。

更为重要的是，在公募基金僵化运作的同时，私募基金却纷纷涉足宏观对冲、外汇、商品、期货等领域，还较早涉及国债期货、融资融券等创新品种。在这个过程中，私募基金不仅积累了大量的投资经验、心得和手法，同时还拥有一定的人才储备和风控经验。从这个角度来看，私募基金和公募基金逐渐缩小差距对于公募基金而言可能会是一个较大的威胁：私募基金一旦可以公开募集，只需要解决品牌、渠道等问题（国内重阳、景林等私募证券投资基金实际上已具备了较高的声誉），而公募基金哪怕放开投资标的等限制，短时间内不少企业也难以积累足够的经验去涉足新开放的领域和市场。

**其四，公募基金行业曾经的发展逻辑被颠覆，而新的发展逻辑并未被找到，不少公募基金公司陷入战略迷茫期。**公募基金公司曾经的发展逻辑，可以总结为“内固投研、外拓市场”。也就是说，一方面至少将部分基金的业绩做好，一方面依靠银行渠道（零售）和保险客户（机构）；而从产品线的角度来看，则是经济形势好则多发股基，经济形势欠佳则重点发展债基。但是，在整个行业逐渐发展向红海之时，曾经的发展逻辑逐渐开始失去其效用。首先，在投研方面，经过多年洗礼，广大投资者已经对基金良好业绩的持续性不再抱有太大信心，树立“明星基金”和“明星基金经理”的榜样已经不能够充分打动绝大多数投资者。其次，在市场方面，随着资产管理类产品的逐渐增多，银行渠道所需要销售的产品种类也逐渐增加，一线销售人员已经难以再将注意力专注于某几款产品。再加上上文所提到的带有刚性兑付性质的诸如银行理财、信托产品等产品更有市场，保险等机构客户也开始具有公募牌照等因素，基金的销售也逐步开始走入困境。再次，从产品线的角度来看，迄今为止，公募基金在股票投资方面还具备一些优势，但是随着保险等机构的投研能力增强，公募基金在债券投资方面已经不具备明显的超出其他类型的能力，这使得公募基金拓展机构客户难度逐渐有所增加。

在旧的发展逻辑逐渐失效的同时，多数基金公司并没有找到相应的解决办法，行业普遍陷入战略迷茫期。在迷茫的困境之中，部分企业开始尝试多种方式突破，这些尝试给 2013—2014 年的公募基金行业带来了新的气象。

## 顶层推动与自主创新并举，公募蓝海探索

相较于此前多年较为单一和僵化的行业状况，在陷入红海的行业危局被普遍意识到之后，部分企业对蓝海的探索使得在 2013—2014 年，新气象更多地在公募基金行业之中显现了出来，并且这些新气象所受到的行业内外的关注度也普遍超过了过去曾被人津津乐道的基金投资绩效和投资风格。总的来说，这些新气象的出现主要来自于两个动因：监管层有意的政策放松，即顶层推动；部分公募基金公司在传统的业务模式之外另辟蹊径，即自主创新。

## 顶层推动：快速发展的基金子公司

在监管层针对公募基金出台的已有政策中，允许公募基金公司成立专项资产管理的子公司无疑在2013—2014年取得了最大的成效。来自中国人民银行《中国金融稳定报告（2014）》的数据显示，自2012年11月工银瑞信基金和嘉实基金获批成立子公司以来，截止到2013年末，共有62家公募基金公司成立了子公司，管理资产规模达到9 414亿元，占基金管理公司非公募业务资产管理规模的44%，占基金行业资产管理总规模的18%；截至2014年3月，成立子公司的公募基金公司达到67家。截至2014年6月，民生加银、招商等多家企业的子公司发展迅速，规模均突破千亿元。

公募基金公司积极筹备成立子公司，原因主要有三。第一，行业压力使然。近年来，公募业务的增长速度减缓，在二级市场短时间内看不到牛市行情的前提下，难以看到明显的增长空间，公募基金公司急于“松绑”以拓展新的生存空间的意愿非常强烈。第二，部分处于行业中下游的公募基金在公募业务大格局逐渐僵化、公募业务快速突破缺乏有效手段的前提下，将成立子公司当作了“生存”和“增收”的途径和手段。第三，银行系的公募基金积极成立子公司，是希望将过去与信托的合作彻底收归到自己的手中，不仅“肥水不流外人田”，同时也可以加强自身对整个业务链条的控制能力。

公募基金子公司成立之初可以从事的业务范围较为宽泛，经总结主要包括图7—5所示的几大业务链条。但是尽管基金子公司可以从事的业务范围比较宽泛，各类基金子公司在成立之后也具备了各自的业务特色，但是总的来说，公募基金子公司迄今为止的主要业务依旧还是类信托业务。

公募基金子公司过于单一的业务结构，在类信托业务风险逐渐加大的背景下，使得诸多业务人士都意识到了现行模式可能不能永远持续下去。逐渐积累的风险因素也使得监管部门开始对公募基金子公司业务进行一些约束，同时要求公募基金公司更多地关注其子公司的风控状况。可以预见的是，虽然如今的公募基金子公司业务将持续地维持旧的模式抢占市场份额一段时间，但在未来，公募基金子公司在高速增长之后，还将经历一个新的业务模式探索阶段。

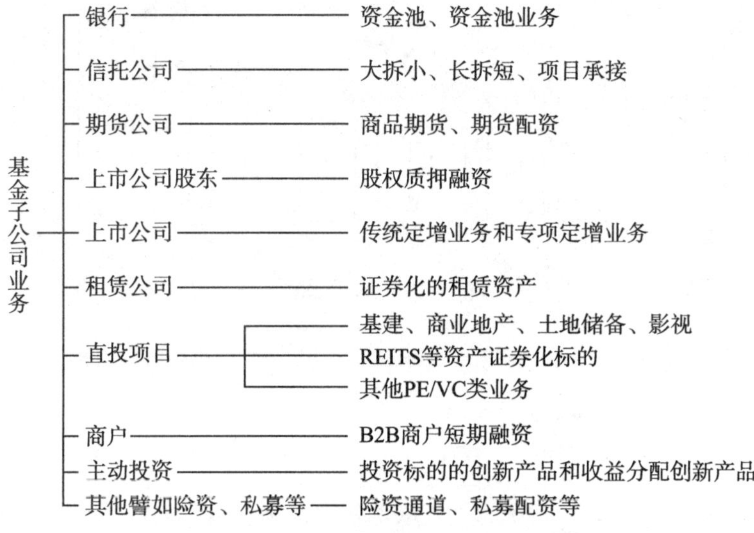


**图 7—5　公募基金子公司各大业务链条**

资料来源：和讯网，http://funds.hexun.com/2013/jjzgsywlt/。

## 自主创新：货币市场基金牵手互联网搅动市场格局

如果说子公司的快速发展来自于监管层的有意“松绑”，那么 2013 年货币市场基金牵手互联网则是来自于行业的自主创新。自 2013 年 6 月天弘增利宝即余额宝上线以来，货币市场基金的规模发展迅速地超乎想象，截至 2014 年 4 月底，不足一年的时间里，我国货币市场基金规模翻了三倍（见图 7—6）。这个意外发生的奇迹不仅将曾经排名行业靠后的天弘基金送上了公募基金行业排名第一的宝座，同时搅动了整个金融行业的格局，逼迫“行业大佬”银行们纷纷作出改变，加速推动了利率市场化过程和互联网金融的发展。

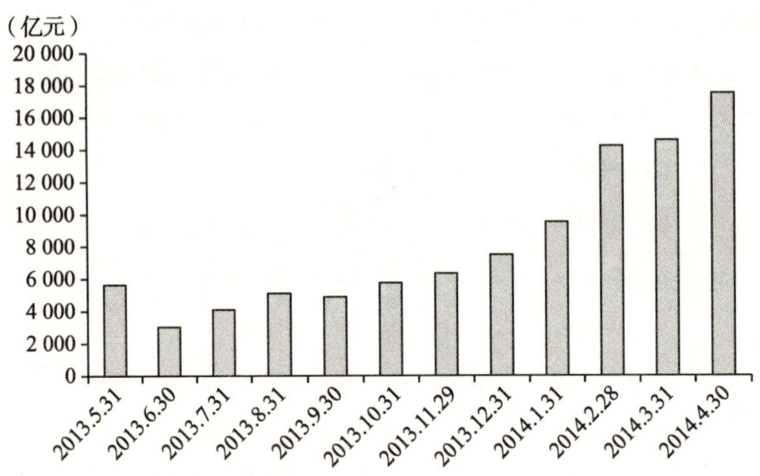


**图 7—6　天弘增利宝（余额宝）诞生以来货币基金规模增长**

资料来源：中国证券投资基金业协会。

应当说，这些此后被称为“互联网货币市场基金”的产品并不是一个非常复杂和特别的创新，从产品运作的角度来看，它和普通的货币市场基金并没有什么差别。其特殊性主要在于它拓展了一个全新的销售渠道（互联网），购买货币基金的便利性似乎是“互联网货币市场基金奇迹”发生的根本原因。

往深处探究，互联网货币基金的成功应该不仅是“便利”这么简单。我国金融资源的过度垄断，使得广大储户的利益被长期忽视，货币市场基金作为存款替代，帮助储户“绕开”银行体系的“剥削”，直接分享社会发展收益的产品，其本身就具备极大的生命力和市场潜力。但是，受我国第一代基金产品基本以股票型基金为主的影响，此前社会对基金产品的普遍认识还停留在“高风险资产”。余额宝诞生之前的货币市场基金披着基金的外衣，虽然本质为存款替代产品，却并没有充分得到安全性、便利性要求较高的有存款替代需求的资金的信任。因此，尽管此前货币市场基金发展了十余年的时间，但是其增速较为缓慢，在余额宝诞生前期，规模也仅为 5 000 多亿元。

“余额宝”、“理财通”等产品在出现的同时，也迅速获得社会认可的原因，除了社会投资者在逐渐成熟之外，更重要的在于此类产品在诞生之初并没有直接披着基金的外衣，国内互联网巨头的信用背书也使得广大有存款替代需求的储户容易对他们产生信任。便利化的购买方式加速推动了产品的推广和储户们对其的进一步了解。互联网的“奇迹”之处在于，在广大有存款替代需求的储户开始对货币市场基金产品了解并产生信任之时，能够非常迅速地将这种信任推广，并使得大家对此类产品的低风险性深信不疑。这种信任感的增加和扩散，正是互联网货币基金创造奇迹的根本原因。

而从行业发展角度来看，此轮自主创新风潮主要给行业格局带来了三个主要影响。

**第一，此轮“货币基金牵手互联网”的创新风潮给行业注入了新的生命力。**本轮互联网货币基金大发展的本质是在红海竞争之下，以天弘基金为首的数家基金公司为自己廾辟了一片新的蓝海。这片蓝海的开拓除了给自身带来高速增长之外，亦给行业带来了很大的正面影响。一方面，自 2013 年 5 月底至 2014 年 4 月，公募基金行业股票型、混合型以及债券型基金的规模均有不同程度的缩水，但是有赖于货币基金、尤其是互联网货币市场基金规模的增长，公募基金行业资产管理规模依旧获得了较大幅度的规模增长；另一方面，在公募基金行业格局原本已较为僵化，众多行业内企业纠结于旧的发展逻辑失效而新的战略未明之时，给原本被动接受行业变化的公募基金企业打开了一条全新的发展思路，自此之后，鼓励创新也逐渐成为众多公募基金公司思考的问题（见图 7—7）。

**第二，本轮自主创新实际上拉大了不同资源禀赋的基金公司的距离，扩大了行业内部的实力分化。**行业内下游基金的“生存”需求是推动此轮自主创新的主要动力。在天弘基金获得成功之后，业内开始流传各类版本的“最初阿里联系各家大型公募基金遭拒”的故事，而恰恰是此前行业内排名靠后、处于亏损状态[①]的天弘基金有足够的动力去接受当时看来较为不可思议的创新。但此后，这一波创新的跟随者则是华夏、汇添富等排名前列的大基金，以及与银行有所关联的基金公司，如兴业全球、招商、信诚、民生加银等。排名靠后的、没有银行系背景的基金公司普遍没有参与到这波创新中来，原因并非是这些公司不想参与，而是没有能力参与进来。参与互联网货币市场基金发展的一个重要条件就是与大平台对接，而目前的“大平台”主要指的还是大银行或者互联网巨头。大银行更青睐于同自身有“血缘”关系的基金公司，而互联网巨头们，则更愿意与基金行业里面排名前列的基金公司合作。排名中下游又缺乏相关资源的公司，则在此次创新风潮中又拉大了与行业领先者的距离。

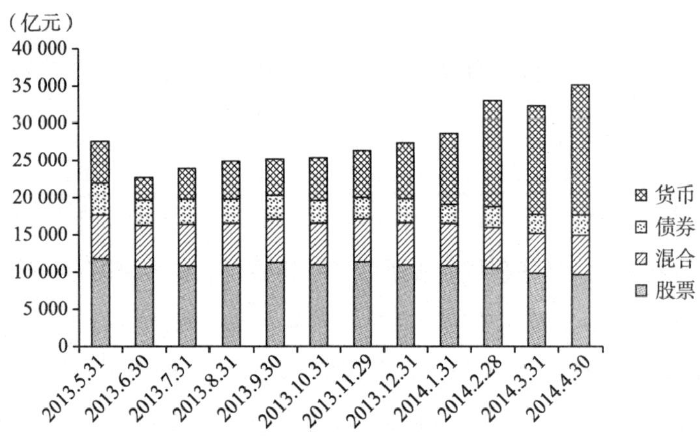


**图 7—7　公募基金规模变动及结构变化（2013.5—2014.4）**

资料来源：中国证券投资基金业协会。

**第三，一年之内上万亿元的存款流失给此前“躺着吃息差”的商业银行造成了极大的压力，推动了银行业发生一些变革，但同时也将货币市场基金推到了争议的风口浪尖。**面对货币基金对一般性存款的替代，不少商业银行的对

① 天弘基金公司股东之一的内蒙君正公司2012年年度报告显示，天弘基金2012年度亏损1 535万元。

策是，同有关联的基金公司的货币市场基金合作并成立账户，以牺牲自身一部分利益为代价用同类产品与互联网货币市场基金产品展开争夺，以期将资金依旧留在自己可控的体系中来。但与此同时，自余额宝发展壮大之后，有关货币市场基金的争论就不绝于耳。作为官方定义的影子银行中的一种，货币市场基金的快速壮大使其越来越有能力造成系统性风险，在多方高度的关注之下，货币市场基金未来的发展除了受市场环境影响之外，还会受不小的政策性因素的影响。

## 破局之术：变是不变的真理

虽然公募基金行业已经迈出了创新的脚步，也取得了一些成果，但是在资产管理行业持续发展和变革的大势下，公募行业的红海破局还远远没有结束。对于公募基金公司群体而言，冲击和机遇将持续存在，继续探索是行业唯一的出路，变将是不变的真理。

### 变革之际，开拓蓝海者胜

多年来，在绝大多数对公募基金行业发展的诊断中，“良好的投研业绩是发展的根本”几乎是必不可少的一条结论。但是，2013—2014 年公募基金行业发展的状况来看，投研业绩固然重要，但行业的胜出者却是那些勇于开拓蓝海的企业（见表 7—1）。

从数据中可以看出，突出的业绩对于公募基金资产管理规模而言或有所助力，但并不能算太明显。但是，开拓互联网货币基金蓝海的天弘基金，同期规模增长则是由 120.73 亿元（第 43 名）迅速增长至 1963.13 亿元（第 2 名）。至 2014 年第 2 季度，则以 5 875.54 亿元规模高居公募基金排行榜第 1 位。其效果不言而喻。

表 7—1　　2013 年 10 大金牛基金管理公司规模及排名变动

| | 2012 年第 4 季度规模（亿元） | 2012 年第 4 季度排名 | 2013 年第 4 季度规模（亿元） | 2013 年第 4 季度排名 |
|---|---|---|---|---|
| 中银基金 | 1 039.09 | 10 | 1 225.34 | 7 |
| 富国基金 | 794.26 | 13 | 709.27 | 16 |
| 交银施罗德 | 593.41 | 19 | 469.91 | 22 |
| 鹏华基金 | 660.88 | 15 | 646.53 | 17 |
| 农银汇理 | 189.23 | 41 | 338.12 | 29 |
| 嘉实基金 | 1 892.73 | 3 | 1 814.45 | 3 |
| 南方基金 | 1 664.46 | 4 | 1 592.08 | 5 |
| 长城基金 | 402.44 | 27 | 413.28 | 25 |
| 博时基金 | 1 544.62 | 5 | 1 217.82 | 9 |
| 建信基金 | 1 033.78 | 11 | 766.93 | 14 |

资料来源：Wind 资讯。

开拓蓝海者胜，财通基金的发展历程也是案例之一。近三年成立的公募基金公司，除了国寿安保等个别具有股东优势的企业之外，多数公司规模仍在百亿元甚至 30 亿元之下，如果按照业内“公募百亿盈亏线”的说法，不少新成立的基金公司甚至不能盈利。财通基金 2011 年成立之后，虽然没有足够强大的股东背景能助其将公募规模做大，但是它通过发行期货专户产品寻找到蓝海，截至 2014 年 2 月，财通基金已经发行了超过 200 个专户产品，管理专户资产规模超过 200 亿元。在近三年成立的基金公司之中，财通基金属于经营业绩的“优等生”。

以上例子表明，在充分意识到行业的“红海”格局的前提下，拓展蓝海是企业获得高速发展的最有效途径。对于投资类企业而言，投研实力依旧是生存之本，但是在现有的行业格局之下，一家企业的投研实力很难做到长时间地优于行业内其他企业而形成独特的比较优势。一般而言，更好的投研业绩只能使得企业在“红海”争斗中更具有生存能力，在业绩较难持续的前提下，无法带来企业的快速发展和脱颖而出。

同时，如果跳出狭义的“投研能力”的定义，我们还可以发现，广义的“投研能力”的增强同蓝海的开拓在该时点下并不冲突，反而是一体的：目前我们强调的狭义的投研能力，是基金在股票投资和固定收益等投资上的业绩，而在任何一个市场下，要获得持续战胜市场的能力非常难。但是，广义的投研能力则指的是，跳出目前公募基金可投资的有限投资标的和可运用的有限投资手法的束缚，充分使用较为广泛的投资标的和各类投资手法的投资能力和经验。当下，有计划地培养和积累这种投资能力和经验恰恰是一个开拓蓝海的过程。

## 牢抓改革东风，制定合身战略

推动2013—2014年行业革新的两大动因之一，监管层的革新意图，即顶层推动还将会持续发挥作用。在2014年6月中国证监会印发的《关于大力推进证券投资基金行业创新发展的意见》中，监管部门较为系统地阐述了证券投资基金进一步发展的思路规划。其中，拓展基金投资标的，支持设立管理费率与回报挂轴的浮动管理费基金，推进与中国香港地区等境外市场基金产品互认，研究商品期货基金和不动产基金等品种，以及积极参与养老金市场化管理的制度设计等都有可能是公募基金发展的下一片蓝海。

应当说，依照监管层的思路来看，公募基金公司群体在可以做的事情将会有很多，同时在管制逐渐放开之后，行业里多数企业模式高度重合的情况应会逐渐发生变化。在这个过程中，较有实力的大型公募基金公司往往有能力对新业务的开展投入大量人力财力，而中小公募基金公司则缺乏相应的财力和人员储备。公募基金群体里，较多大企业会选择全面发展的道路，而多数中小企业在短时间内面面俱到较为困难。因此，牢抓监管部门意图改革的东风，依据自身资源禀赋制定合身战略，打造适合本公司的特色化道路，是公募基金公司群体，尤其是中小公募基金公司下一步发展要面临的重要议题。

**需要注意的是，在公募基金公司下一步的战略制定和发展蓝图之中，子公司将会是一个非常重要的平台。**尽管目前各家基金公司对子公司的规划中还追求“短平快”获利的类信托通道业务，但是公募基金子公司可参与业务范围广泛使得这个平台上业务的发展具有巨大的可能性。在公募基金母公司缓慢且有限地管制放宽的过程中，子公司或可以成为一些公募基金公司探寻蓝海的重要工具。

## 人力价值重估，公司治理将愈发重要

2013—2014年，公募基金行业在监管层的许可下公司治理方面有所突破，讨论多年的事业部制改革、股权激励等措施在中欧基金、天弘基金等基金公司开展。可以预见，这些尝试仅仅是公募基金行业中对公司治理探索的开始。而这些探索的背后，隐藏着行业牌照价值下降带动人力价值重估的重要影响因素。

**公募基金行业是轻资产行业，人力资本无疑是公募基金企业中最为重要的资产。**但是，在牌照有限审批、市场需求远超供给的时代，个人与公司之间的议价能力极为有限，个人相对于牌照存在一定的依附性，对于优秀人才的估值相对偏低。而与此同时，又由于有限的牌照供给，使得公募基金牌照本身就意味着可以享有一定的市场份额并盈利，对于一些其实并不完全符合行业需求或所在职位需求的人员，因种种原因可能会享受高于其本身价值的估值。

随着市场准入逐渐放开，公募基金行业逐渐在红海格局中陷入，牌照价值急剧下降。一方面，新公司的快速成立使得它对优秀人才的需求方急剧增多；另一方面，公募基金公司获利的难度逐渐增加，对人员业绩贡献考核的精细化程度必然需要提升。因此，此前行业内存在的人力价值估值不合理现象逐渐会在这个过程中受到调整，随着行业的进一步变革，人力价值大规模重估将会逐渐到来。

**而人力价值重估的过程则正是行业公司治理逐渐完善的过程，一套好的公司治理体系必须要实现的一个职能就是对人力价值的合理定价。**未来，具备较完善的公司治理体系、合理的公司文化的企业将会因人才的集聚效应变得更为强大，而顶级人才的进一步集中也将使投研能力在市场上形成显著的比较优势成为可能。而不完善、不合理的公司治理体系及公司文化，则有可能使得一个企业因牌照价值归零和人才流失而逐渐退出这个行业的舞台。

## 充分利用资本市场工具，做好上市、并购等准备

对行业出现的种种变革的迹象，监管部门应已预料到了未来行业的生存法则和行业格局将会发生翻天覆地的变化。因此，在监管部门的规划之中，也提到了鼓励基金公司发债、上市、并购等内容；而这些资本市场工具的使用，最终也会起到协助好的公募基金企业做大做强、让差的公募基金企业更快地被行业淘汰的作用。

**第一，就发债、上市而言，多数公募基金公司融资需求并非迫在眉睫，但“蓝海战略”的进一步实施必将对资本金提出新的要求。**资本金较少是公募基金公司的行业特征。截至 2014 年 2 月，已经成立的 90 家公募基金公司里，50% 以上的公募基金公司资本金不足两亿元，90% 以上的公募基金公司注册资本金不足 3 亿元，5 亿元注册资本金以上的公募基金数量仅仅有两家（见图 7—8）。这样的资本金规模水平，与银行、券商、信托以及保险这些资产管理领域其他机构相比，都显得非常单薄。并且，行业内注册资本金在 5 亿元及之上的公募基金公司是近几年才产生的，而此前公募基金行业普遍的资本金水平则更低。公募基金资本金此前规模较低的原因，大致是公募基金公司在此期间的监管框架下所能做的创新和突破不多，一旦将公司做到盈利的程度，就不会再有太多的业务会产生较大的资本金需求。

但是，随着公募基金行业创新意识的增强以及重新定位战略等的需要，新的资本金需求开始陆续产生。而这种新产生的资本金需求是多数公募基金眼

下靠自身运营无法解决的。首先，随着行业内企业逐渐增多，新成立的公募基金公司盈利逐渐变得更为困难，在这些公募基金公司之中，不少还正处于纯粹消耗资本金的状态，一旦资本金消耗殆尽，甚至可能会有破产的风险，更别提有足够的资本金进行业务创新寻找蓝海。其次，对于一些排名中游、尚在盈利的公募基金公司来讲，虽不能说对资本金存在显著的需求，但在财务方面也面临一定的压力：因多数公募基金公司的公募规模（货币基金除外）近年来趋于稳定，其管理费收入水平也趋于稳定，靠传统的银行等渠道已经很难再大幅提高管理费收入水平（新发公募基金规模日趋减小，尾随佣金比例也较高）。就这类公司而言，随着行业竞争的益发激烈，盈利能力的可持续性具有隐忧，眼下虽然尚且还能生存，但是并没有多余的能力进行创新突破。最后，对于大型公募基金公司而言，若需要采取类似于“金控化”等全面发展战略，也会出现巨大的资本金需求。因此，发债和上市对于公募基金行业而言，或将是一种重要的战略实现手段。

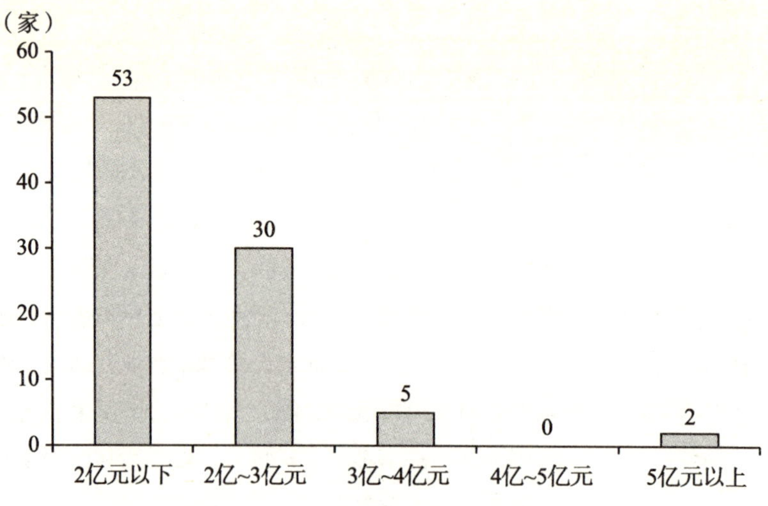


**图7—8　公募基金公司注册资本金统计（截至2014年2月）**

资料来源：中国证监会网站。

**第二，从海外经验来看，“上市 / 发债 – 并购”是资产管理类企业获得快速成长的一条有效途径。**美、英、德、法以及中国香港地区就有上市的资产管理公司。在这些国家或地区上市的资产管理公司名单之中，有不少耳熟能详的名字，如贝莱德、美盛集团、道富集团等。这些上市的资产管理公司，基本以大型资产管理公司为主。从这些资产管理公司成长壮大的经历来看，除了历史悠久、自身投资能力突出等原因带来的自然增长之外，兼并收购亦是较为常见的手段之一。

较为典型的例子是贝莱德公司。贝莱德成立于 1988 年，独立于 1992 年。它在创始之初仅是黑石集团的一个组成部门，仅有一间办公室。在 1995 年，贝莱德被 PNC 收购，但依旧独立运作；1998 年，贝莱德与 PNC 的权益、流动性和共同基金部门合并，1999 年，贝莱德在纽交所挂牌上市。

上市之后，贝莱德通过几次并购迅速成长：2005 年，收购道富研究与管理公司；2006 年，收购美林资产管理公司，从此成为美国最大的上市资产管理公司；2007 年，收购 Quellos 集团组合基金业务；2009 年，收购巴克莱国际投资管理公司，成为全球最大的资产管理公司之一。

除贝莱德集团通过“上市募集资金 – 兼并收购”而获得迅速扩张的道路之外，同时，一些老牌的资产管理公司，如美盛集团（成立于 1899 年）在 1983 年上市之后亦有收购子公司的举动（1986 年，收购西部资产管理公司 [Western Asset Management]；2001 年，收购锐思投资 [Royce& Association]；2014 年，收购 QS 投资公司）。

从这些例子中我们可以看出，随着资产管理行业的进一步发展和深化，并购可能会比自然生长能够更快地获得市场份额。目前，我国公募行业竞争逐渐白热化，且逐渐允许进入的领域越来越多，当条件成熟之后，公募基金选择“上市 – 并购”以扩张市场份额，或收购 / 成立子公司进入新的投资领域，亦是一种可行的战略选择。

**第三，股权激励因素或成为推动企业上市的现实因素。**虽然目前仅有极少数基金公司开展了股权激励，但在未来，这一群体必将逐渐扩大。开展了股权激励的公募基金公司，对于上市的动力和诉求，除了发展战略的需要之外，还会有股权变现方面的渴望。基于此，股权激励因素或至少成为第一批上市的公募基金公司群体中一个非常重要的上市影响因素。

**第四，公募基金公司上市，对行业当下所面临的几类问题，如战略规划、公司治理等的解决，或多或少有促进作用。**如公司上市获得的资金可以成为公募基金企业推行积极的战略的有效手段，公募基金公司上市之后公司治理问题、激励问题均可以获得相应的解决和改善办法等。同时，上市也给一些想要改变现状的企业提供了更多的可能性。因此，上市对于公募基金行业而言，或也将会成为下一个较为重要的机会。

## 行业突围和变革远未结束

2013—2014年，公募基金行业的变革之势虽初具雏形，但仅仅是一个开始。公募基金行业的诞生和初步发展源自监管部门“培养机构投资者”的理念，自发展伊始便处于一个较为非市场化的发展逻辑之中。而如今，随着监管部门思路的转变以及国内资本市场的逐渐成熟，行业的转型也不可避免。

在转型过程中，既有危机，也有机会。行业管制的逐渐放开，对敢于抓住机遇领跑行业者将会是千载难逢的发展机遇；而一直依赖于行业保护的企业则可能被迫转型或逐渐退出历史舞台。行业的突围和变革远远没有结束。

# 第8章

# 信托业“10 万亿时代”的困局与出路

## 本章导读

在“泛资产管理时代”全面开启的大背景下，2013 年信托业资产管理规模达到 10.91 万亿元人民币，较 2012 年增长 46%，再创历史新高，收入及利润均保持了良好的发展态势。总体发展良好的同时，信托兑付的风险也得到关注，监管层出台了一系列政策加强信托业风险管控，推动业务转型。

- 长期来看，刚性兑付很难持续维系，然而，刚性兑付有其历史必然性和现实可能性，需要因势利导，逐步化解。通过政策上的引导和基础制度的建立与完善，可以使信托业暗含的风险和兑付压力得到有效缓解。如完善公司内部治理结构，建立资本约束机制、分类经营机制和监管评价机制等风险处置机制，建立信托产品登记和流通机制、信托业稳定机制、信托业“恢复与处置”机制等整个信托业的基础制度等。
- 通过法律机制明确信托公司作为受托人的职责范围，确定受托人责任和投资风险之间的界限。未来也可以参照英国、新加坡以及我国香港地区等地的做法，制定专门的《受托人条例》，或者可以在“信托业法”中单列一章规定受托人的责任，明确受托人的责任标准、是否应承担责任的认定标准以及举证责任。
- 积极构建新的业务体系。实现由“行商”向“坐商”业务模式转变；挖掘信托业新的业务发展空间，向精深化和专业化发展。如并购信托、资产证券化、企业年金信托、中小企业信托、金融衍生品信托业务等。
- 构建特色业务，着力发挥信托的目的型功能和平台型功能，前者如家族信托、公益信托，后者如土地信托和消费信托等。

2013 年，“泛资产管理时代”全面开启，信托业面临的市场竞争进一步加剧；监管层出台的一系列政策文件使信托业务不确定性增加；经济下行与利率市场化使信托公司经营风险增大；信托公司在“保兑付、防风险”的同时，更加重视业务转型和创新，真正开启了信托业的转型之旅。以上诸多事实，使 2013 年的信托业始终处于舆论的风口浪尖上。总体上看，2013 年的信托业可以用“兑付危机”和“转型创新”两个关键词来概括。

从中国信托业协会公布的 2013 年信托业运行情况及数据看，信托业保持了良好的发展态势；与此同时，信托业面临的兑付危机增大，支撑信托业快速发展的刚性兑付规则开始受到挑战。为了缓解兑付危机，信托业不但需要完善制度建设，做好风险防控的长效机制，而且应发挥信托的目的型应用功能和平台型应用功能，积极探索业务升级和转型，建立新的业务体系，实现信托业的可持续发展。

## 2013 年信托业总体发展态势及其前景

2013 年，信托资产管理规模达到 10.91 万亿元，较 2012 年增长 46%，再创历史新高，但增速较 2012 年下降了 9.27 个百分点（见图 8—1）；经营收入 832.6 亿元，较 2012 年增长 30.42%，增速较 2012 年下降近 15 个百分点；实现利润 568.61 亿元，人均利润 306.65 万元，较 2012 年分别增加 28.82% 和 4.93%，增速分别下降 19 个百分点和 11.6 个百分点。总体上看，2013 年的信托业保持了良好的发展态势，但增长速度较 2012 年有所放缓。

2013 年以来，随着许多项目陆续到期，信托公司的兑付压力增大，中国经济的下行周期也加大了信托项目兑付风险。社会各界开始密切关注信托业持续增长背后的风险。监管层出台了一系列政策文件（见表 8—1），以完善监管机制，加强风险防控，防范系统性风险，同时也开始极力推进信托业的转型。

表 8—1　　2013 年以来信托行业监管政策文件一览表

| 文件名称 | 时间 | 出台部门 | 主要内容 |
| --- | --- | --- | --- |
| 《中国银监会关于规范商业银行理财业务投资运作有关问题的通知》(银监发 [2013] 8 号) | 2013.03.25 | 中国银监会 | 对银行理财资金的投向、风险拨备提出明确要求。明确非标准化债权资产，提出“坚持限额管理原则”，将通道类业务纳入有效监管体系，防范系统性风险 |
| 《中国人民银行关于进一步推进利率市场化改革的通知》 | 2013.07.19 | 中国人民银行 | 自 2013 年 7 月 20 日起全面放开金融机构贷款利率管制 |
| 《信托贷款信息全面纳入金融信用信息基础数据库》的通知 | 2013.08.21 | 中国人民银行 | 按照《征信业管理条例》的相关要求，中国人民银行决定将信托公司贷款信息全面纳入金融信用信息基础数据库 |
| 《国务院办公厅关于加强影子银行监管有关问题的通知》(国办发 [2013]107 号文) | 2013.12.10 | 国务院办公厅 | 推动信托公司业务模式转型，回归主业；运用净资本管理约束信托公司信贷类业务，信托公司不得开展非标准化理财资金池等具有影子银行特征的业务 |
| 中国人民银行中国银行业监督管理委员会公告 [2013] 第 21 号 | 2013.12.31 | 中国人民银行、银监会 | 明确信贷资产证券化发起机构保留基础资产信用风险的比例，进一步加强和完善信贷资产证券化业务管理 |
| 《中国银监会办公厅关于信托公司风险监管的指导意见》(银监办发 [2014]99 号) | 2014.04.08 | 中国银监会办公厅 | 坚持防范化解风险和推动转型发展并重的原则，综合运用市场、法律等手段妥善化解风险；推动信托公司业务转型发展，回归本业 |
| 《关于规范金融机构同业业务的通知》(银发 [2014]127 号) | 2014.04.24 | 中国人民银行、银监会、证监会、保监会、外汇局 | 界定并规范了同业拆借、同业存款、同业借款、同业代付、买入返售（卖出回购）等同业投融资业务 |

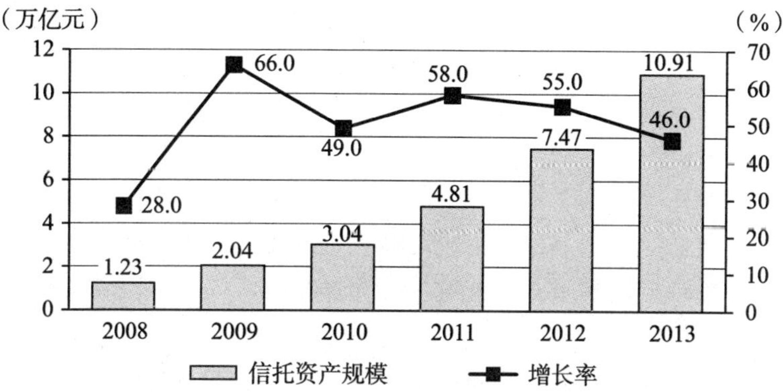


**图 8—1　2008—2013 年信托资产规模及增速对比**

展望未来，在防范与化解风险的同时，努力探索转型方向，加快产品创新，从根本上解决由刚性兑付机制带来的信托业务发展不可持续性问题，是信托业持续健康发展的基础，也是整个金融体系稳健运行的必要保障。从某种意义上看，防范化解风险与转型创新齐头并进，是信托业的无奈之举，更是明智选择。基于此，下文将首先对信托业目前的兑付危机和刚性兑付规则进行分析，进而从信托行业基础制度建设和信托公司业务转型两方面来探讨化解行业风险、促进行业结构调整的长效机制。

## 信托业面临的兑付危机与刚性兑付规则

2013 年年末，中诚信托、吉林信托等矿业类信托面临的兑付危机使信托业的刚性兑付神话受到挑战，引发了社会各界对信托兑付风险的关注和担忧。2014 年房地产的降价潮，又将房地产信托的兑付风险推到了风口浪尖上，防范兑付风险成为许多信托公司的工作重点（见表 8—2）。

表 8—2　　社会舆论关注的信托潜在风险项目

| 发生时间 | 产品名称 | 信托公司 | 涉及金额 |
|---|---|---|---|
| 2012.02 | 吉信·松花江 78 号南山建材项目 | 吉林信托 | 1.5 亿元 |
| 2012.02 | 国投信托·山西泰莱能源信托贷款集合资金信托计划 | 国投信托 | 2 亿元 |
| 2012.05 | 吉信·长白山 [11] 号南京联强集合资金信托 | 吉林信托 | 2 亿元 |
| 2012.09 | 鄂尔多斯伊金霍洛旗棚户区改造项目集合资金信托计划 | 中融信托 | 11.64 亿元 |
| 2012.11 | 华鑫信托·希森三和集合资金信托 | 华鑫信托 | 5.47 亿元 |
| 2012.12 | 中融·青岛凯悦中心集合信托计划 | 中融信托 | 3.845 亿元 |
| 2012.09 | 昆山 – 联邦国际资产收益财产权信托 | 安信信托 | 2.15 亿元 |
| 2012.12 | 陕国投·裕丰公司贷款集合资金信托计划（一期、二期） | 陕国投信托 | 5.98 亿元 |
| 2013.01 | 中信制造·三峡全通贷款集合资金信托计划 | 中信信托 | 13.335 亿元 |
| 2013.01 | 中信 – 舒斯贝尔特定资产收益权投资集合信托计划 | 中信信托 | 5 亿元 |
| 2013.01 | 安信信托 – 温州“泰宇花苑”项目开发贷款集合资金信托计划 | 安信信托 | 3.99 亿元 |
| 2013.01 | 新华信托·上海录润路业股权投资集合资金信托计划 | 新华信托 | 8.5 亿元 |
| 2013.01 | 中泰信托关于高远控股有限公司的单一资金信托计划 | 中泰信托 | 3 100 万元 |
| 2013.01 | 中融 – 廊坊海润达股权投资集合资金信托计划 | 中融信托 | 8.707 亿元 |
| 2013.02 | 锦都路业项目特定资产收益权投资集合资金信托计划 | 四川信托 | 1 亿元 |
| 2013.07 | 五矿信托 – 荣腾商业地产投资基金信托计划（一期、二期） | 五矿信托 | 4 亿元 |
| 2013.03 | 山东火炬置业有限公司贷款集合资金信托计划 | 新华信托 | 3.1 亿元 |
| 2014.01 | 中诚·诚至金开 1 号集合信托计划 | 中诚信托 | 30 亿元 |
| 2013.11 至 2014.03 | 吉信 – 松花江（77）号山西福裕能源项目收益权集合资金信托计划（1～6 期） | 吉林信托 | 10 亿元 |

## 信托业兑付风险解析

信托的核心是“受人之托、代人理财”，恪尽职守履行受托管理职责是受托人的基本义务，也是项目出现风险时受托人免责的必要条件。受托人在前期的尽职调查和后期的项目管理中未尽到职责时，项目本身就是瑕疵项目，为风险的出现埋下了隐患。当真正出现兑付危机时，信托公司不能免责，不兑付立即面临诉讼风险。因此，信托公司更愿意选择直接垫资兑付，而不愿意被起诉后再承担赔偿责任，以避免诉讼对公司声誉和品牌带来的不利影响。从某种意义上，这也是刚性兑付形成的原因之一。

一些尽到受托人职责、产品结构设计合理、担保措施完备的信托项目，仍不可避免因交易对手资金短缺等原因出现信用风险。因为信托公司无论是通过向保证人追偿、处置抵押物，或者是通过司法手段保护受益人的合法权益，都需要较长的时间，而一旦信托计划即将到期，信托计划财产不足以支付信托本金和预期收益，该项目即被视为风险项目。实际上，只要经过一定的时间，通过处置抵押物、向保证人追偿等措施便可以实现项目的兑付，此类风险并非真正的风险。因此，表 8—2 列出的潜在风险项目并非都是风险项目，信托行业真正面临的风险也比舆论关注的要小。

由于不同的信托项目之间缺乏互助和风险分担机制，信托公司抵御风险的能力较弱，单个项目或单个机构的风险很容易暴露并引发关注，进而引发对于整个行业系统性风险的关注。《中国银监会办公厅关于信托公司风险监管的指导意见》（99 号文）引入了净资本扣减机制，信托公司经营侵蚀资本的，应在净资本中全额扣减，并相应压缩业务规模，或由股东及时补充资本。如果股东看好信托公司的牌照价值和经营能力，可以选择增资，使信托公司扩大业务规模，为股东创造更多利润；反之，股东可以不增资，信托公司只能在扣减后的净资本范围内开展业务。

## 面对风险项目的兑付抉择

面对风险项目，信托公司有兑付和不兑付两种选择，投资者可以选择被动接受或积极争取兑付，信托公司和投资者之间会展开博弈，信托公司选择确保兑付是这一博弈的纳什均衡策略。从整个行业看，信托公司彼此之间也在博弈，放弃刚兑，信托公司不仅要遭受品牌信誉损失，同时也会遭遇大量客户流失的严重后果。因此，全行业的刚性兑付潜规则短时间内很难被打破。总体来看，信托公司决定是否对风险项目进行兑付是一个“两害相权取其轻”的利弊权衡过程（见表8—3）。

表8—3　信托公司面对风险项目时的利益权衡

| | 兑付 | | 不兑付 | |
|---|---|---|---|---|
| 利 | • 维持良好的社会声誉<br>• 有利于监管评级 | • 维护客户的稳定性<br>• 业务持续发展 | • 无需承担额外债务负担 | |
| 弊 | • 承担高息负债 | | • 名誉受损<br>• 监管惩戒 | • 客户流失<br>• 业务受阻 |

## 刚性兑付规则的“功”与“过”

从法理上看，信托并非债权债务关系，不存在所谓的刚性兑付义务；“一法两规”亦并未要求刚性兑付。刚性兑付是在特定时期、特定条件下形成的一种自我约束机制，其出现和存在对推动信托行业的发展起到一定的积极作用，也带来了一些不利影响（见表8—4）。

表8—4　刚性兑付的积极作用和负面影响

| 积极作用 | 负面影响 |
|---|---|
| • 促进了信托行业的快速发展 | • 引发投资者的不合理期待和非理性投资 |
| • 提升了信托公司的社会影响力 | • 加重信托公司的经营风险 |
| • 赢得了公司声誉和客户的信任 | • 使信托产品定价和风险背离 |
| • 倒逼信托公司提升风险处置能力 | • 不利于信托行业的持续发展 |

长期来看，刚性兑付很难持续维系，执拗于刚性兑付可能引发行业系统性风险。然而，刚性兑付有其历史必然性和现实可能性，盲目地打破并不可取，需要因势利导，逐步化解。刚性兑付的化解与信托业风险事件的处置密不可分，而且与信托公司的业务转型密切相关。

## 完善制度建设防范化解风险

通过政策上的引导和基础制度的建立与完善，使信托业蕴含的风险和兑付压力得到有效缓解，是社会各界对信托业的美好期待。2013 年中国信托业年会上，中国银监会主席助理杨家才提出了完善信托业治理体系的“八大机制”，99 号文对“八大机制”进行了系统性细化。在信托业风险水平日益上升的背景下，制度层面的风险防范化解机制如何更好的发挥作用，值得探究。

### 引导公司治理，降低风险发生概率

信托实行“买者自负”的前提是“卖者尽责”，这要求信托公司完善公司治理机制，形成运行有效、制衡有效、激励有效、约束有效的良性机制。同时，信托公司应积极履行社会责任，严格按照合格投资者标准选择投资者，并向投资者负责，向社会大众负责。信托公司治理机制和社会责任机制的完善可以有效降低风险事件发生概率，为信托行业规范化、专业化发展奠定基础。然而，它们的建立和真正发挥作用是循序渐进和逐步完善的过程，不能产生立竿见影的效果。

99 号文对信托公司及其股东责任的规定属于公司治理的范畴。需要指出的是，99 号文关于股东流动性支持和限制分红的规定强化了刚性兑付，使股东承担了无限责任，与股东的有限责任相违背。实际上，对 99 号文的规定可以作出不同的解释，股东提供流动性支持并非等于股东兜底，也可以是公司对股东的临时负债；对分红的限制属于章程可以自由约定的事项，与私法自治理念下公司自治的追求是一脉相承的，其本质是通过公司内部治理机制增强信托公司抵御风险的能力，有效化解风险。

## 加强业务监管，实现内部风险化解

通过监管措施的完善，加强对信托业务的监管，是从项目风险产生的源头防范和化解风险，这类风险处置机制主要是以净资本管理为基础的资本约束机制。

净资本管理是防止风险外溢的重要工具或手段，主要是为了解决单家机构经营失败之后可能产生的负外部性。资本约束机制不但可以有效控制信托公司的项目风险，而且通过为不同业务设置的风险资本计提比例和风险权重，可以引导信托公司业务方向的转变。从具体操作上看，应为不同业务设置不同的风险资本计提比例和风险权重，在控制风险的同时推动业务转型。分类经营机制是防止信托公司经营性风险的根本保障，是在分业经营的基础上对信托公司可以开展业务的进一步细分。从行业整体看，将各公司的发展建立在自身经营能力之上，引导行业逐步实现差异化、特色化发展是大势所趋。

## 建立流通机制，通过市场化解风险

信托产品登记和流转可以将信托产品的风险置于市场之中，让市场发挥其风险配置和风险释放的决定性作用，从而形成市场化的风险分担和风险化解机制。对信托公司而言，信托产品进入公开市场流通的前提是产品的标准化，这不但使信托产品摆脱了非标准化金融产品的形象，而且也有助于提升管理效率和管理水平。对投资者而言，信托产品登记可以为其提供更直接、透明的信息，缓解信息不对称和误导销售问题，信托产品的流通则赋予投资者更多自主管理的权利，不仅为投资者提供风险转移的途径，同时也培育了风险意识。对行业而言，提升流动性不但可以使信托业在泛资管格局下与其他金融子行业处于公平的竞争地位，而且可以为信托业兑付压力以及风险的化解奠定基础。

然而，信托产品登记与产品流通机制属于信托业基础制度建设的范畴，它们对于信托业风险的化解则属于边缘化的配套制度，在良性的发展环境下，可以转移投资者的风险、防范风险的累积，但并不能从根本上消除行业的风险。

## 完善风险处置，防范系统性风险

### ‖信托行业稳定机制‖

国外资产管理行业普遍存在行业稳定制度，如银行业的存款保险制度（DIS）、保险业的保险保障基金（IGF）、证券业的投资者保护基金（IPF），一些国家还设立了养老金行业的养老金保护基金（PPF），等等。设立行业稳定基金的资产管理行业多数被认为是低风险行业，资产管理公司在资产管理活动中承担着主要责任，投资者为弱势群体，行业的稳定对金融稳定甚至是社会稳定具有重要意义。我国 2005 年设立的证券投资者保护基金属于证券行业的稳定基金，目前正在讨论的存款保险制度是银行业的稳定基金。

**信托行业的稳定性，关系投资者对信托行业的信心，关系对实体经济的支持力度。**任何信托公司出现经营风险后如果处理不当，一方面会大大降低投资者对整个信托行业的信任度，对其稳定性产生冲击，进而危机整个金融行业；另一方面，信托业危机也会大大降低社会整体的融资规模，进而影响实体经济的发展。因此，可以借鉴其他行业的经验，结合自身特点设立信托行业稳定基金，以防止发生系统性风险和区域性风险。这也是从金融稳定的大局出发，在保证信托业稳定的前提下，促进信托行业的发展。

**信托行业稳定机制是信托业风险的“最后一道防线”，是风险出现后的风险化解与承担机制。**稳定机制与恢复与处置机制均属于信托业风险防控的长效机制，而不是从源头上化解兑付压力、防范风险发生的事前防控机制。

## ‖信托业恢复与处置机制‖

恢复与处置机制（RRP），又称“生前遗嘱”，是由金融稳定理事会（FSB）为应对金融危机在2009年4月提出的概念，要求金融机构拟定并向监管机构提交当其陷入实质性财务困境或经营失败时快速有序的处置方案，以促使机构恢复日常经营能力，或实现部分业务功能分拆或机构整体有序关闭的制度安排。目前，国内多家银行业已经设立“生前遗嘱”，信托公司可以借鉴其经验，建立信托业的恢复与处置机制。

恢复与处置机制体现了监管机构逆周期的监管策略，是风险发生之后的补救机制，同时也是风险预警机制，对于警惕信托公司规范经营、避免风险以及风险发生后的及时、有效处理有一定的积极作用。但这一机制真正发挥作用不但有赖于具体的制度设计，而且有赖于金融市场的发展和法治环境的进一步完善。表8—5列出了这几大机制的对比情况。

总体来看，信托产品登记和流通机制、行业稳定机制、信托业恢复与处置机制属于整个信托业的基础制度建设，是通过外部制度的完善，为信托公司的发展提供健全完善的平台和环境，但对目前信托业风险的化解而言，具有滞后性和迟延性。信托公司治理机制和社会责任机制属于引导信托公司完善内部治理和自我约束，为业务的开展奠定良好的基础，从根源上防范风险，但其效果实现也需要较长的时间。从目前情况来看，通过外部手段限制信托公司的业务规模和业务范围的资本约束机制、分类经营与监管评级机制，对于防范项目风险可以发挥较好的作用。

除表8—5中的机制外，通过法律机制明确信托公司作为受托人的职责范围，确定受托人责任和投资风险之间的界限，也是实现信托项目风险处置市场化和法制化的必要前提。《信托法》第25条对受托人义务的规定较为抽象和笼统，不具有可操作性和直接适用性，未来可以参考英国、新加坡以及我国香港地区等地的做法，制定专门的《受托人条例》或者可以在“信托业法”中单列一章规定受托人的责任，明确受托人的责任标准、是否应承担责任的认定标准以及举证责任。

表 8—5　信托行业的风险防控机制对比

| 风险防控机制 | 性质 | 发挥作用 | 具体措施 |
| --- | --- | --- | --- |
| 公司治理机制<br>社会责任机制 | 风险防范机制（内部） | 引导信托公司实现内部治理和自我约束，以防范风险 | • 内部治理结构的完善<br>• 合格投资者筛选机制<br>• 社会责任报告制度 |
| 资本约束机制<br>分类经营机制<br>监管评价机制 | 风险防范机制（外部） | 通过外部手段限制信托公司的业务规模和业务范围，以防范风险 | • 净资本计算标准修订<br>• 信托业务分类标准<br>• 修订《信托公司监管评级与分类监管指引》<br>• 调整监管评级指标<br>• 评级结果影响业务范围<br>• “有限牌照”管理 |
| 产品登记机制<br>产品流通机制 | 风险转移机制 | 以产品的规范、透明和流通为基础，实现风险的市场化释放 | • 建立信托产品统一登记系统和等级制度<br>• 明确信托产品流转市场和流转机制 |
| 行业稳定机制<br>恢复与处置机制 | 风险负担与分散机制 | 单个项目或公司发生风险后的救助与处置，防止系统性风险 | • 信托行业稳定基金<br>• 激励性薪酬延付<br>• 业务分割与恢复<br>• 机构处置 |

## 积极转型构建新的业务体系

要真正化解兑付压力，实现信托业持续良性的发展，不但需要有效化解目前的兑付压力，还需要调整业务方向，推动业务转型，建立新的盈利模式，以避免兑付压力的进一步累积和加大。立足现在并展望未来，信托公司在将来一段时间内仍会以私募投行业务作为主要收入来源，但需要不断探索新的业务模式。同时，应发挥并利用信托独特的制度优势及平台优势，形成自己的业务特色和竞争优势，从根本上解决信托业的兑付危机及刚性兑付机制带来的信托业务发展的不可持续性。

## 审时度势，实现从“行商”到“坐商”的过渡

短期来看，可以满足客户投资需求、作为信托公司主要收入来源的仍然是期限较短、收益稳定的类信贷业务，但信托公司应积极提升和改造传统业务。信托公司的主流业务模式是以项目为主导的“做一单业务换一个地方”的“行商”模式，它对信托业的快速发展作出了巨大贡献，却不利于长期性、战略性的业务储备。信托公司在积累的丰富投资管理经验的基础上，应逐步调整业务思路，不断探索并完善具有持续性的、可批量复制的业务，向“坐商”业务模式转变，以实现信托公司成长的稳定性和信托业发展的持续性。例如，探索债权型信托直接融资工具，改造信贷类集合资金信托业务模式，积极开展股权信托和产业基金，实现信托业务和盈利的可持续性。

### ‖债权型信托直接融资工具‖

债权型信托直接融资工具与西方国家的“附担保公司债信托”类似。日本最初引进信托时，就把主要目的放在附担保公司债信托上。附担保公司债信托属于担保信托的一种，是指企业在发行公司债券时，债券发行企业作为委托人，以所有公司债债权人为受益人设立信托，信托公司作为受托人，取得担保权，并为受益人进行利益管理与处分担保物。委托人若按期清偿公司债本息，则信托目的达成，信托关系消灭；如委托人违约，不履行清偿本息的义务，或给付延迟，信托公司可行使担保权，拍卖担保物，向债权人清偿。债权型信托直接融资工具是在附担保公司债信托的基础上，由信托公司担任债券的服务商和承销商，将信托制度优势与债券发行制度结合起来，由信托公司协助企业发行“附信托企业债”或私募性质的“附信托私募企业债”，将信托融资还原为一种债券型直接融资工具，将信托融资业务转换为事务管理类业务，以降低经营风险。

### ‖股权投资信托‖

与融资类信托不同，真正的股权投资信托的期限可以根据投资项目的实际需要加以合理设定，而非局限于短期；可以不再有预期收益率、担保和回购等传统债项的设计，而是根据投资事项以及退出程序等作出相应设计。99号文将大力发展真正的股权投资作为信托业务转型的方向之一，信托公司应提高专业投资能力、建立合理的激励约束机制，循序渐进地开展股权投资信托。

## 深耕细作，挖掘信托业务新空间

传统私募投行业务的经营风险增大、通道业务被挤压、同业竞争加剧等，都迫使资产管理规模突破10万亿元的信托业从"冲规模"向"调结构"转变。由以市场机会为核心的粗放式发展模式向以专业能力为导向的精细化发展模式转变，利用信托的制度优势，结合各自的优势和特长，向精深化和专业化发展，是信托公司未来发展方向。并购信托、资产证券化、企业年金信托、中小企业信托、金融衍生品信托业务等都可以成为新的业务领域。

### ‖并购信托‖

2014年3月7日，国务院《关于进一步优化企业兼并重组市场环境的意见》中规定，鼓励多项措施多管齐下，优化产业的并购重组环境。信托公司积累的丰富的投融资经验，为参与并购业务奠定了良好的基础，并购信托可以成为其扩大业务领域并进行战略转型的重要着力点。信托公司介入并购可以采取提供并购贷款的债权模式、持有项目公司部分股权的"股＋债"模式和成立专门并购基金以持有项目股权一定时间后再出售的模式等。在起步阶段，贷款模式可行性最大，但长远来看，"股＋债"模式或基金模式可以走得更远、带来更丰厚的资金回报。

杭州工商信托、中建投信托等已经陆续开始参与光伏行业项目的并购重组。例如，杭工商信托与爱康科技在清洁能源项目方面达成意向协议，双方拟在全国范围内寻找具备投资价值的光伏电站。爱康科技作为投资主体与杭工商信托就目标项目开展并购、投资的合作，杭工商信托发行信托计划募集资金，合作期满，按约定获得相应收益并退出。

## ‖资产证券化‖

我国目前的资产证券化处于起步阶段，信托公司参与的主要是信贷资产证券化。从实践运作看，信托公司并不处于主导地位，而只是向受托人和发行人收取一定的服务报酬，并且由于我国目前信贷资产证券化额度有限，信托行业开展此类业务竞争激烈，服务报酬费率被压缩为1‰～2‰。很显然，这类业务只有规模达到一定程度，才会带来可观的收入，因此，目前信托公司开展此类业务的积极性并不高。然而，从其他国家的经验看，资产证券化的范围很广，如住房抵押贷款证券化、汽车抵押贷款证券化、应收账款证券化、不良资产证券化，等等。随着我国金融市场的逐步完善和金融体制改革的不断深化，信贷资产证券化的规模会逐步扩大，其他资产证券化也可能有业务空间，资产证券化有可能成为主要的业务方向，信托公司应积极尝试，积累经验。此外，信托公司还可以参与信托型资产支持票据，积极探索信托受益权证券化等业务（见图8—2）。

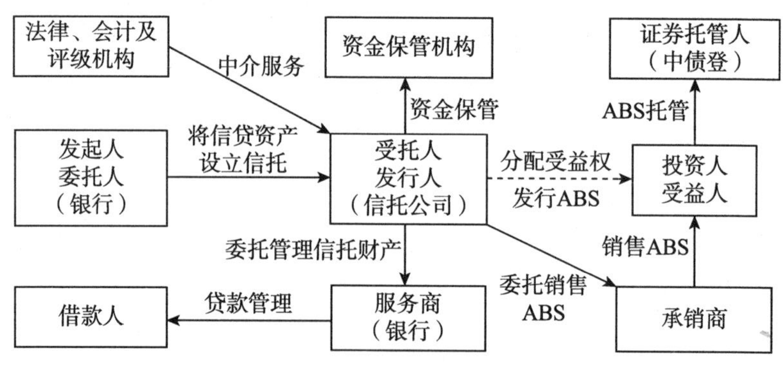


**图8—2 信贷资产证券化业务（ABS）模式**

## 高瞻远瞩，构建信托业务新蓝图

从长远来看，作为金融系统的子行业，没有自己的核心竞争力和特色业务，就没有存在的必要。信托作为一项制度运用在实务上可以产生一定的社会效应，即信托的制度功能衍生的应用功能，包括工具型应用功能、目的型应用功能和平台型应用功能。工具型应用功能的体现是信托公司开展的投融资业务，如上文所述，这类业务目前面临较大的挑战。信托业未来应着力发挥信托的目的型功能和平台型功能。前者是指信托在实现财产转移与财富管理的制度功能时，由信托目的不同所派生出的功能，如家族信托、公益信托；后者是指利用信托搭建一个资源整合的平台，向平台战略型商业模式转型，例如土地信托和消费信托。

### ‖家族信托——目的型功能‖

家族信托（Family Trust），是指个人为委托人，按照自己的意愿将部分或全部财产委托给受托人，受托人为受益人的利益或特定目的管理信托财产的财富管理模式。2013 年被称为中国"家族信托元年"，平安信托、北京信托都开展或参与了家族信托业务。

#### （1）家族信托的细分领域

从性质上看，家族信托并非独立的信托产品，而是通过信托安排为家族财富的管理和传承提供服务的总称，包括资金信托、不动产信托、股权信托以及事务管理信托，是信托目的型应用功能的很好体现。根据发挥功能的不同，可以区分为家族企业股权信托、家族财富传承信托、遗嘱信托和离婚信托（见表 8—6）。

家族信托涉及的财产形式多样，可以采取多种灵活的设计，要求信托公司必须具有综合的资产管理能力和资产配置能力。但目前我国大部分信托公司只具有投融资的能力，再加上国内的整体信用体系和法律体系并不健全，导致家族信托业务在我国发展缓慢，已有的几单案例也仅限于简单的资金信托。

表 8—6　　家族信托的具体类型

| 信托类型 | 运作方式 | 实现效果 | 案例 |
|---|---|---|---|
| 家族企业股权信托 | 通过信托持有公司股权 | 维护公司股权结构的稳定，实现企业的长期存续和发展 | 龙湖地产掌门人吴亚军与丈夫蔡奎设立的信托 |
| 家族财富传承信托 | 以一定的财产设立信托，受益人为委托人的后代 | 有效保护财产的安全；定制化和个性化服务 | 家业恒昌张氏家族单一资金信托计划 |
| 遗嘱信托 | 委托信托公司在自己百年后依照遗嘱管理和处置遗产 | 按照委托人意愿分配财产，防止他人侵占，防止继承人任意挥霍 | 2003 年香港艺人梅艳芳设立的遗嘱信托 |
| 离婚信托 | 以抚养费或财产设立信托，由信托公司进行管理或投资理财，定期向受益人分配 | 保护未成年子女的利益；顺利实现离婚时财产的分割 | |

### （2）家族信托典型案例

**设立背景：**在北京昌平的张老先生夫妇，其中张老先生早年经商有一定的积蓄，唯一的儿子在车祸中丧身，儿媳不到 30 岁，两个孙子中最大的才 3 岁。老两口最担心的是将来两个孙子的教养和成长，同时也担心儿媳的改嫁会带来孩子的“改姓”，甚至导致张氏家族血脉的“断绝”。

**信托计划名称：**家业恒昌张氏家族单一资金信托计划

**委托人：**张老先生夫妇

**受托人：**北京信托

**受益人：**两个孙子及其“直系血亲后代非配偶继承人”

**信托财产：**5 000 万元人民币

**信托财产运用方式：**由北京信托投资于稳健的金融资产，进行稳健的保值和增值

**信托财产分配：**在两个孩子考入高中之后才开始分配，并视学业、家业和生育后代情况予以奖励

**特别事项：**为了避免儿媳的改嫁风险，信托合同约定受益人一旦“改姓”或发生未对生父、祖父母之墓进行祭扫等行为，便自动丧失张氏家族信托的受益权。

## 公益信托——目的型功能

公益信托是指为了公共利益而设立的信托，我国《信托法》规定了公益信托的特别规则。但由于信托在我国的发展历史较短，公益信托属于较新的公益事业模式，再加上公益信托制度尚不完善，公益信托目前在我国发展缓慢。

### （1）发展前景和障碍

传统的公益事业“基金会”模式暴露出的问题越来越多，信托的财产隔离性、资产管理方式的多样性和专业的投资能力，使公益信托模式得到更多的认可。对信托公司而言，发展公益信托是履行社会责任的体现，也是业务转型的一个方向。目前在我国开展公益信托有一定障碍，如批准公益信托设立的公益事业管理机构不明确，公益信托监察人的选任方式和相关的权利义务以及未履行监察职责时的责任认定等不确定，公益信托税收机制的不完备等。制定公益信托相关管理办法，在公益信托制度的顶层设计方面作出相应调整，是在我国广泛开展公益信托的前提。在此之前，信托公司应积极探索公益信托和准公益信托的模式，积累公益事业的经验，为未来开展真正的公益信托奠定良好的基础。

### （2）准公益信托案例

**信托计划名称：**百瑞仁爱·天使基金 1 号集合资金信托计划

**委托人 / 受益人：**救助中心、基金会、企业和高净值个人等合格投资者

**受托人：**百瑞信托

**保管人：**广发银行

**信托监察人：**北京市长江科技扶贫基金会

**救助资金接受方：**河南金庚脑瘫儿童救助中心

**信托计划规模：**初始不低于 100 万元

**信托计划期限：**20 年，开放式设置，委托人可在开放期赎回信托本金

**信托财产运用方式：**受托人认可的组合投资

**信托收益的分配：**信托收益不向受益人进行分配，以捐赠形式投向脑瘫儿童救助事业

**信托终止时信托财产的分配：**信托本金分配至受益人信托利益划付账户，信托收益捐赠至脑瘫儿童救助事业。

## ‖ 土地信托——平台型功能 ‖

传统意义上的土地信托（Land Trust）是指，土地所有人将土地信托给受托人，由受托人对进行专业规划与管理，将经营的利润作为信托收益分配给受益人的制度。由于我国的土地所有制与国外不同，公民对土地仅享有使用权，因此，我国的土地信托就是指以土地使用权为信托财产设立的信托。

### （1）土地信托的具体类型

目前实践中出现的是围绕农用地流转开展的土地信托，由于农用地流转信托面临盈利模式不清晰、信托期限长、农业风险不可控等问题，大多数信托公司仍处于观望阶段，并未采取实质行动，尝试此类业务主要有中信信托和北京信托等。长期来看，如果土地经营权抵押得以实现，农业企业的融资问题得以解决，信托公司在农用地流转中的作用将大大降低。因此，如何利用自己的平台优势，以农用地的集中为契机，搭建一个整合农产品、农业生产资料和农业科技的平台，是解决盈利模式不清晰、农业经营风险大等问题的关键，表 8—7 所示为土地信托的不同类型及比较。

表 8—7　　土地信托的不同类型及其比较

| 信托类型 | 信托财产 | 解决问题 | 适用领域 |
| --- | --- | --- | --- |
| 农用地流转信托 | 农地经营权 / 土地承包经营权 | 解决土地抛荒问题，解放农村劳动力 | 农村土地的规模化和集约化经营 |
| 宅基地流转信托 | 农村宅基地使用权 | 盘活农村土地，增加农村财产性收入 | 城中村或城市郊区的农村宅基地的使用与管理 |
| 建设用地使用权信托 | 城市建设用地使用权 | 解决旧城改造面临的资金难题 | 旧城改造、保障房和廉租房建设 |

### （2）土地信托典型案例

2013 年 10 月 10 日，我国首单土地流转信托“中信·农村土地承包经营权集合信托计划 1301 期——安徽宿州农村土地承包经营权信托计划”正式成立。该信托计划设立 A 类受益权，将农民零散的土地进行集约化经营；引入 B 类和 T 类信托受益权向 A 类信托受益权提供流动性支持。信托要素如下：

**委托人 / 受益人：**A 类委托人为安徽埇桥区人民政府。埇桥区政府与朱仙庄镇政府签署农地承包经营权委托管理合同，朱仙庄镇政府与塔桥村和朱庙村村委会签署农地承包经营权委托管理合同，享有所涉土地承包经营权的农户分别与村委会签署《农村土地承包经营权委托转包合同》。B 类和 T 类委托人为合格投资者。

**受托人：**中信信托

**服务商：**安徽帝元现代农业投资有限公司

**保管人：**中国农业发展银行

**监管人：**中国农业发展银行

**信托规模：**A 类信托单位 5 400 万份（5 400 亩土地承包经营权）

**信托期限：**12 年

**信托财产的运用：**受托人对 A 类委托人交付的土地承包经营权进行整合

后，整体或分开出租给承包方，并聘请服务商为信托计划提供农地评估、流转等方面的服务，且由服务商对经营收入等也即指标作出相应承诺。

### 消费信托——平台型功能

消费信托是指信托公司从消费者需求出发，通过发行信托理财产品，让投资者购买信托产品的同时获得消费权益，直接连接投资者和提供消费产品的产业方，将投资者的理财需求和消费需求整合起来，达到保护消费者消费，实现消费权益增值的目的。其本质是利用信托打造一个金融消费平台，打通产业链的前端融资需求和后端消费需求，实现金融对接。短期来看，其市场空间有限，但是其发展起来后蕴含的潜在价值巨大。信托公司特有的财产隔离功能可以保证消费资金的安全，而且信托公司专业的知识有助于资金的增值保值，在市场消费需求和理财需求日益增强的背景下，符合“普惠金融”的理念，可以被公众接受。长期来看，可以将信托收益凭证打造成一张可以在指定商家或服务机构消费的便携卡，实现和其他产业（如土地流转信托背景下的生态农业园、度假村、养老院等）的对接。目前，中信信托推出了国内首单消费信托——嘉丽泽健康度假产品。

## 让业务拓展与发展阶段相适应

任何行业的发展都有其阶段性，业务拓展与其发展阶段相适应是这个行业持续发展的必要前提。历经 5 次整顿，迎来飞速发展和资产管理规模迅速累积的信托业，如何有效防范化解风险、推动业务转型，对监管机构和所有信托公司来说都是严峻的考验。妥善处置风险项目、建立风险防范长效机制与构建新的业务体系，与从本源上杜绝风险的发生和累积同样重要。构建新的业务体系应以业务的转型和创新为核心，但必须立足于当前阶段的客观情况；传统业务的升级与新业务的拓展应同时进行，以构建良性的、可持续的业务体系和发展模式。

# 第9章

# 私募基金转型：新机遇下的多元化与创新性发展

## 本章导读

从 2014 年初中国证券投资基金业协会发布《私募投资基金管理人登记和基金备案办法（试行）》开始，对中国私募基金管理人登记备案的制度全面实施。从法律意义上讲，这是对一个行业的正名；而从行业意义看，中国的阳光私募距离到达对冲基金的彼岸又前进了一大步。全新时代的到来，必然需要装备上全新的武器以应对，而这一场装备竞赛已经在 2013 年全面展开。回顾 2013 年，或许可以帮助我们更清晰地管窥到这一场装备竞赛后，即将引发的中国阳光私募基金行业未来。

- 股票型私募 2013 年平均收益为 13.31%，好于股票型公募基金 11.45% 的平均收益率。从长期来看，阳光私募基金除了 2011 年和 2012 年业绩略低于公募基金外，其他年份均战胜了股票型公募基金和大盘指数，再次彰显其灵活多变的优势。

- 修订版《证券投资基金法》的正式实施，终于给了阳光私募基金一个合法的身份。作为新《证券投资基金法》的配套产品，私募备案的正式启动，为行业的发展带来新的机遇。私募牌照的发放确立了行业的合法地位。私募基金既可以借道公募基金、信托等渠道实现阳光化，也可以独立发行新产品。在私募备案“一种牌照、多种业务”的政策支持下，一家私募公司可同时开展证券私募、股权私募等多类业务，为阳光私募的多元化转型打下了基础。

- 考虑到进入 2014 年以后，阳光私募基金管理人发行产品的通道形式更加多样和自由，再加上个股期权、股指期货等新型对冲工具即将推出，融券范围持续扩大等，我们完全有理由相信，2014 年或将在创新型、多元化的基金形态方面将迎来更大的发展。

# 2013 年阳光私募整装再发

## 行业持续发展，规模突破 2 700 亿元

根据私募排排网数据中心统计，截至 2013 年 12 月 31 日，全国 1 017 家私募基金公司所管理的私募证券基金产品总规模达 2 700 亿元人民币，比 2012 年的 2 000 亿元新增约 700 亿元。尽管传统股票多头策略的私募基金产品仍为主流，但除此以外，一批以股指期货、商品期货、债券为投资标的，以量化对冲为交易手段的对冲策略基金也开始崭露头角，受到各家私募基金管理人的重视，得到市场和投资人的追捧，不论在规模和产品发行数量方面都比往年有较大幅度的增长（见表 9—1）。

其中，股票多空对冲策略的产品在 2013 年新成立 74 只，在当年末仍在运行的该策略产品为 113 只。可见，虽然对冲策略基金的绝对数量还非常小，但增速可观。

### ‖ 新发数量增长迅速 ‖

2013 年共有 2 546 只阳光私募产品成立，是 2012 年总发行只数的两倍多。从单月份来看，每月产品发行数量较均衡，最低月度 2 月发行量为 131 只，5 月份发行数量最多，共发行了 354 只产品，全年平均月度发行量为 212 只（见图 9—1）。

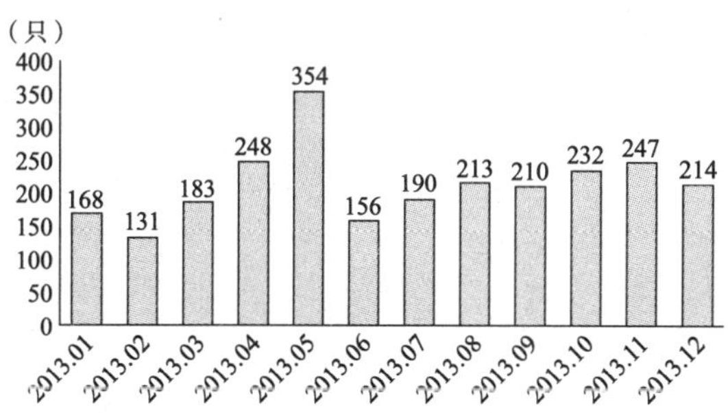


**图 9—1　2013 年阳光私募产品发行节奏**

资料来源：《2013 年中国对冲基金年度报告》。

表 9—1 各类型私募基金各阶段业绩概览

| | | 近一年 | | | | 近两年 | | | | 近三年 | | | |
|---|---|---|---|---|---|---|---|---|---|---|---|---|---|
| | | 收益率（%） | 夏普比 | 标准差（%） | 下行风险（%） | 收益率（%） | 夏普比 | 标准差（%） | 下行风险（%） | 收益率（%） | 夏普比 | 标准差（%） | 下行风险（%） |
| 传统策略 | 管理型 | 12.89 | 0.48 | 19.49 | 20.09 | 14.56 | 0.32 | 25.46 | 39.38 | 4.58 | -0.40 | 31.47 | 72.53 |
| | 分级型 | 8.05 | 0.25 | 22.93 | 26.62 | 15.34 | 0.40 | 30.94 | 51.32 | -1.36 | -0.12 | 37.66 | 88.63 |
| 事件驱动策略（含定向增发、大宗交易） | | 36.29 | 0.44 | 37.48 | 28.45 | 47.09 | 0.48 | 49.97 | 67.55 | — | — | — | — |
| （全球）宏观策略 | | 32.69 | 0.95 | 27.53 | 14.74 | 52.41 | 0.98 | 53.49 | 58.26 | — | — | — | — |
| 相对价值策略－相对价值套利策略 | | 9.50 | 1.56 | 5.68 | 4.37 | — | — | — | — | — | — | — | — |
| 股票对冲策略－市场中性策略 | | 9.51 | 1.06 | 6.25 | 3.57 | 17.36 | 1.15 | 9.09 | 6.84 | — | — | — | — |
| 固定收益策略 | | -0.83 | -0.70 | 5.73 | 7.42 | — | — | — | — | — | — | — | — |

注：除传统策略外，其他策略具有完整年度以上业绩的样本数量相对较少，平均结果仅供参考，且没有区分管理型和分级型等特征。

资料来源：国金证券研究所。

## 非结构化再成主旋律

根据国金证券的统计，在2013年新发行的私募产品中，非结构化产品占比68%，坚定占据主旋律（见图9—2）。尤其在传统股票策略的产品中，新发产品有77%为非结构化产品。在新发的多元策略私募产品中，非结构化产品的占比稍低，但仍达到了54%。如果考虑到多元策略产品中，私募基金管理人往往会对所采用的多元策略发行试水性质产品，以及债券等固定收益策略产品绝大多数会采取结构或分级设计，以增大次级投资人的收益率等因素，多元策略私募产品的非结构化比例稍低有其合理性。

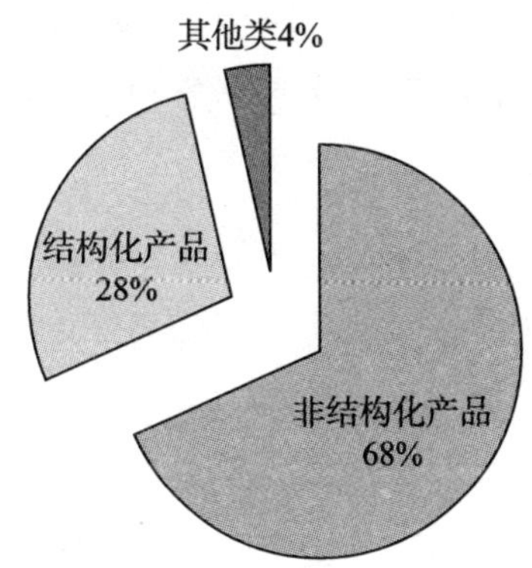


**图9—2　2013年阳光私募信托产品构成情况**

资料来源：朝阳永续。

## 产品创新前景广阔

目前国内阳光私募行业正引入大量创新型策略，包括偏高风险策略的事件驱动策略、（全球）宏观策略、期货多空策略，以及低风险策略的固定收益策略、市场中性策略、相对价值策略等。至2013年年底，全市场已有300多只创新型产品。2013年新发行的基金中，传统策略占比已不足70%（见图9—3）。

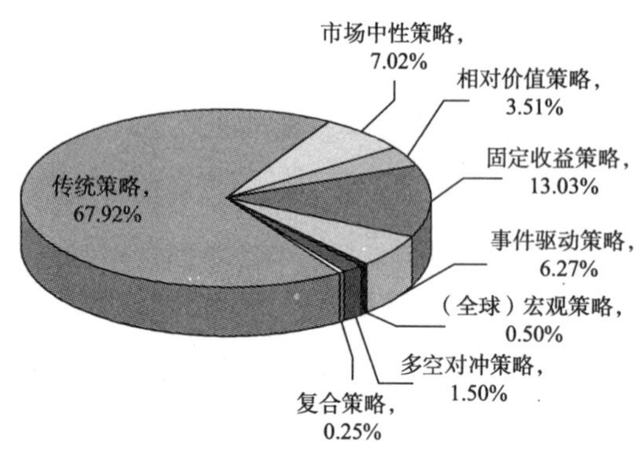


**图 9—3 2013 年各种策略私募基金发行量**

创新型私募异军突起，在各类理财产品中表现非常抢眼，为行业发展开辟了新的空间。2013 年，由北京盛世景投资管理有限公司管理的华融信托 – 盛世景 3 号的收益率位列偏高风险私募基金的首位，达到 62.73%。低风险私募基金中收益率最高的是由上海重阳投资管理有限公司管理的国泰君安 – 君享重阳阿尔法对冲一号，达到 28.63%。创新型策略私募产品的收益率较为可观（见表 9—2）。

**信托公司是目前传统阳光私募基金最主流的发行通道。**信托制的阳光私募基金必须依据中国银监会《信托公司集合资金信托计划管理办法》设立，由银监会负责基金设立和日常监管。投资者认购信托制的阳光私募基金，实质上是与信托公司签署信托合同。通过信托平台发行的阳光私募基金投资范围包括 A 股股票、基金、债券、逆回购、银行存款等。自 2011 年 7 月起，通过指定信托公司（如外贸信托、华润信托等）发行的阳光私募基金还可投资一定比例的股指期货以对冲系统性风险。但是仍然存在诸多限制，信托制的阳光私募不允许投资商品期货、黄金、外汇、国外股票等投资标的以及不得参与融资融券业务，这成为创新型策略的基金通过信托平台发行最大的阻碍。进入 2014 年以后，阳光私募基金管理人发行产品的通道形式将更加多样和自由。再加上个股期权、股指期货等新型对冲工具即将推出，融券范围持续扩大。我们完全有理由相信，2014 年或在创新型、多元化的基金形态方面将迎来更大的发展。

表 9—2　　2013 年多元策略私募基金 – 管理型收益前十

A）低风险私募基金

| 名称 | 管理人 | 截止日期 | 净值 | 收益率（%） |
|---|---|---|---|---|
| 国泰君安 – 君享重阳阿尔法对冲一号 | 上海重阳投资管理有限公司 | 2013.12.27 | 1.362 | 28.63 |
| 外贸信托 – 民晟 B 号 | 天津民晟资产管理有限公司 | 2013.12.31 | 1.221 5 | 20.49 |
| 外贸信托 – 金锝量化套利 | 上海金锝资产管理有限公司 | 2013.12.31 | 1.187 9 | 18.79 |
| 外贸信托 – 民晟 C 号 | 天津民晟资产管理有限公司 | 2013.12.31 | 1.198 1 | 18.24 |
| 有限合伙 – 锝金一号 | 上海金锝资产管理有限公司 | 2013.12.27 | 1.323 6 | 17.93 |
| 外贸信托 – 民晟 A 号 | 天津民晟资产管理有限公司 | 2013.12.31 | 1.184 1 | 16.79 |
| 华润信托·礼 – “两克金子”量化回报一期 | 深圳礼一投资有限公司 | 2013.12.20 | 1.184 9 | 14.17 |
| 平安财富 * 朱雀丁远指数中性 | 上海朱雀投资发展中心 | 2013.12.27 | 1.191 1 | 12.89 |
| 华宝信托·宁聚爬山虎一期 | 浙江宁聚投资管理有限公司 | 2013.12.27 | 1.120 7 | 10.98 |
| 华宝信托·宁聚映山红 | 浙江宁聚投资管理有限公司 | 2013.12.27 | 1.116 | 10.29 |

B）偏高风险私募基金

| 名称 | 管理人 | 截止日期 | 净值 | 收益率（%） |
|---|---|---|---|---|
| 华融信托 – 盛世景 3 号 | 北京盛世景投资管理有限公司 | 2013.12.27 | 1.476 1 | 62.73 |
| 有限合伙 – 梵晟宏观策略 | 上海梵基股权投资管理有限公司 | 2013.12.31 | 2.573 8 | 62.55 |
| 华融信托 – 盛世景 4 号 | 北京盛世景投资管理有限公司 | 2013.12.27 | 1.476 1 | 62.21 |
| 有限合伙 – 梵基一号 | 上海梵基股权投资管理有限公司 | 2013.12.23 | 140.53 | 62.20 |

续前表

B）偏高风险私募基金

| 名称 | 管理人 | 截止日期 | 净值 | 收益率（%） |
|---|---|---|---|---|
| 外贸信托－博弘定向增发指数型基金15期 | 上海数君投资有限公司 | 2013.12.31 | 1.140 1 | 45.27 |
| 外贸信托－博弘定向增发指数型基金11期 | 上海数君投资有限公司 | 2013.12.31 | 1.113 6 | 45.26 |
| 外贸信托－博弘定向增发指数型基金24期 | 上海数君投资有限公司 | 2013.12.31 | 1.097 6 | 44.63 |
| 外贸信托－博弘定向增发指数型基金27期 | 上海数君投资有限公司 | 2013.12.31 | 1.122 7 | 44.62 |
| 外贸信托－博弘定向增发指数型基金23期 | 上海数君投资有限公司 | 2013.12.31 | 1.062 9 | 44.59 |
| 外贸信托－博弘定向增发指数型基金26期 | 上海数君投资有限公司 | 2013.12.31 | 1.075 3 | 44.59 |

资料来源：国金证券研究所。

## 产品清盘潮缓解

2013年，私募行业同往年一样依然是几家欢喜几家愁。但相对前几年来说，清盘退出的产品数量开始下降，结束了此前5年私募产品清盘数量连续增长势头（见图9—4）。

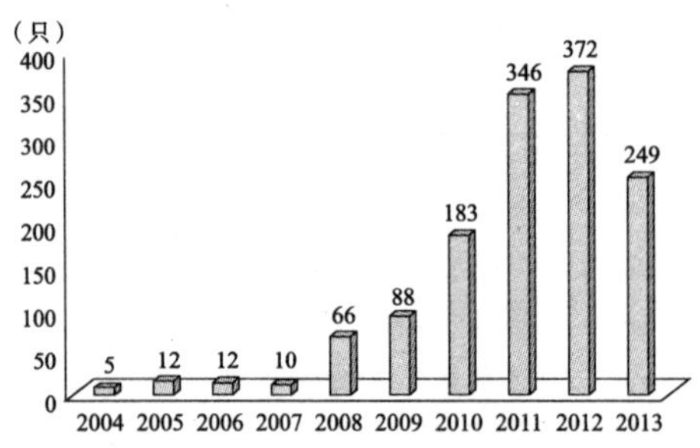


图9—4　阳光私募信托产品年度结束统计

资料来源：朝阳永续。

## 私募业绩再超公募

根据好买基金网的数据显示，股票型私募 2013 年平均收益为 13.31%，好于股票型公募基金平均 11.45% 的收益率。从长期来看，阳光私募基金除了 2011 年和 2012 年业绩略低于公募基金外，其他年份均战胜了股票型公募基金和大盘指数，再次彰显了其灵活多变的优势。

从年度收益率区间来看，非结构化产品、结构化产品及其他类产品的业绩在共同的 A 股市场背景下分布较为相似，主要集中在 –10% ~ 10% 的收益区间内（见图 9—5）。其中非结构化产品年平均收益为 10.5%，结构化产品年平均收益为 2.23%，其他类产品年平均收益为 5.56%。

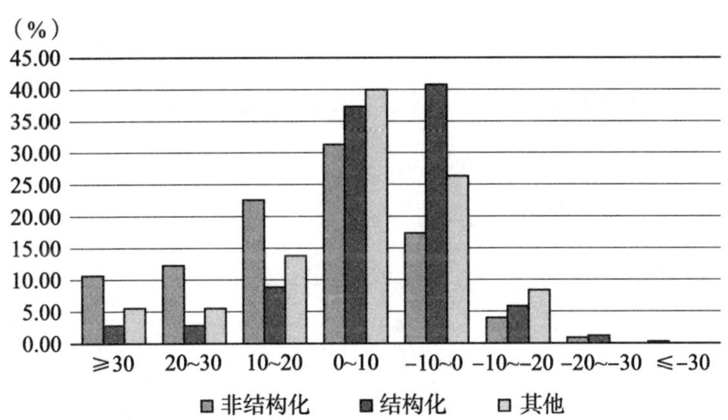


**图 9—5　各个收益区间产品数量占比分布**

资料来源：朝阳永续。

## 从业者流动更趋多元

根据格上理财数据显示，截至 2013 年 12 月 31 日，阳光私募行业已经汇聚 704 位基金经理，其中 429 位基金经理可以明确归类：出身券商的基金经理人数最多（229位），其次是来自于公转私的基金经理（125位），草根出身的基金经理稍少（75位）；而海外、媒体、保险和期货背景的基金经理则属于真正的少数派（见图9—6，图9—7）。但我们仍然希望公众关注到的是，私募从业者转公的成功案例也时有发生（见表9—3举例）。

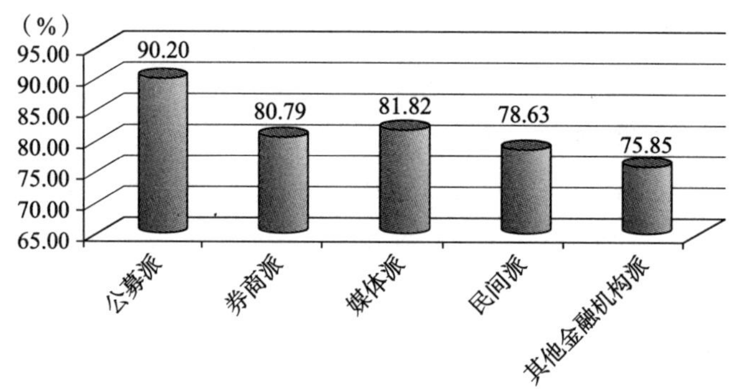


**图9—6　各派别基金经理取得正收益的比例**

资料来源：Wind资讯，钱景财富基金研究中心。

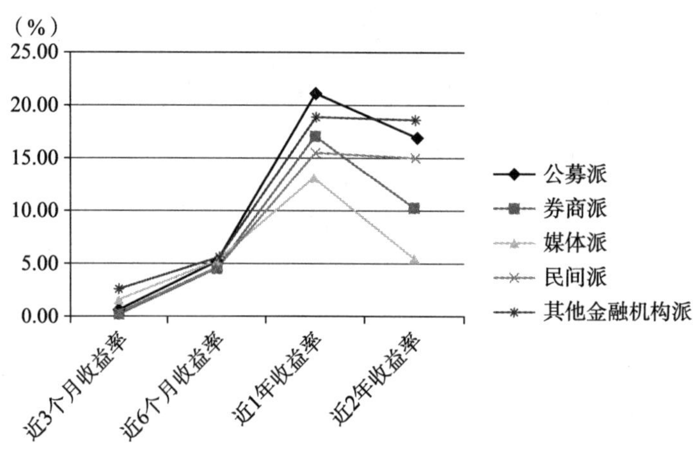


**图9—7　阳光私募机构各派别相对收益率**

资料来源：Wind资讯，钱景财富基金研究中心。

表 9—3　　不同派别的私募基金举例

| 派别 | 基金简称 | 基金经理 | 成立日期 | 净值日期 | 今年以来收益(%) | 成立至今收益(%) |
|---|---|---|---|---|---|---|
| 公募派 | 淡水泉成长 | 赵军 | 2007.09.06 | 03.07 | 3.89 | 130.65 |
| | 从容全天候 1 期 | 吕俊 | 2012.12.25 | 02.28 | 3.02 | 30.66 |
| 券商派 | 道谊稳健 | 卢柏良 | 2012.08.02 | 03.07 | 4.04 | 34.53 |
| | 朱雀 1 期 | 李华轮 | 2007.09.17 | 02.14 | 1.50 | 99.66 |
| 民间派 | 创势翔 1 号 | 黄平 | 2010.05.31 | 03.02 | 25.25 | 131.63 |
| | 神农 1 期 | 陈宇 | 2010.07.28 | 03.07 | 6.62 | 60.11 |

资料来源：好买基金研究中心，截至 2014 年 3 月 13 日。

## ‖券商派‖

券商派出身的私募基金管理人仍是占比最高。据不完全统计，2013 年底占比达到 53%。券商派私募基金经理大多是从原来的券商分析师、股评家或投资顾问身份转型。虽然目前整体缺少超大规模的私募基金，但其中具有一定规模和影响力的中大型私募基金数量较多。如果考虑到交易的活跃度，其影响力并不逊色于公募派。

**券商出身的私募基金经理风格差异较大，但普遍比较灵活，且注重实战，交易型选手较多。**券商的研究力量也十分雄厚，研究员能覆盖主要行业及大部分上市企业，投资决策人能拿到最及时的行业报告，便于投资决策。券商资管因为没有最低仓位的限制，通常以择时与快进快出著称，因而券商出身的基金经理通常操作灵活，换手率会高于公募出身的基金经理，适合震荡的行情。他们在此前的工作经历中掌握资源较多，除传统的募资渠道便捷外，从新股 IPO 上市、卖方研究和上市公司信息方面，都有其天然优势，是诞生优秀阳光私募人才的重要基地之一。

## ‖公募派‖

公募派出身的私募基金经理则是阳光私募行业中的第二大派别。**阳光私**

**募行业中绩效和个人业绩挂钩的机制，灵活的仓位配置和较少的投资风格限制，以及个人创业梦想的实现是多数公募基金经理“奔私”的原因。**

公募系的基金经理以基本面选股为主，有较为严格的风控标准，会将投资决策与交易决策分开，基金经理并不直接参与股票的买入与卖出，会下达指令由交易员代理完成。而由于股票型公募基金有最低仓位的限制，所以公募出身的基金经理相对更习惯保持一定底仓，他们通常换手率较低，持股周期较长，适合趋势性或结构性的牛市市场。

作为老牌“公募一哥”的原华夏基金投资决策委员会主席王亚伟，在2013年以全年13.86%、略高于行业平均水平的收益，中规中矩地完成了他的私募首秀年度。

### ‖民间派‖

出身民间的基金经理有的来自上市公司董秘，有的来自实业的管理层，也有资产过千万的股民大户，不同的民间炒股高手有不同的投资偏好。**他们擅长准确把握市场运行节奏，有极高的市场敏锐度，注重在投资上的提前动作，充分分享资本市场每个阶段的投资主题带来的机会；在投资者心理和行为特征研究上往往有比较深厚的修炼，善于在市场的博弈中把握交易性投资机会，重视实战经验操作，最为灵活也最具备择时能力。**而2013年恰恰是适合这种风格的绝佳机会。2013年度阳光私募股票策略型冠军“粤财信托–创势翔1号”管理人黄平，曾经是传说中的“涨停敢死队”成员之一，正就是典型的出身于民间投资者的基金经理。

### ‖保险派‖

在中国证券市场的参与者当中，保险公司由于其资产管理规模庞大，被市场称为大买方。由于保险资金来源于保费的特殊性，投资的目标更注重长期回报，其培养的投资人才往往具有更加宽广的宏观视野，较强的业绩稳定性。

**因此，具有保险资管背景的私募基金经理往往在单个年度中的业绩表现并不突出，但按长期指标来看，经过风险调整后的累积业绩表现却非常优异。**而在保险派的私募基金管理人中，核心团队均出自中国人寿的北京源乐晟资产管理公司颇具代表性。北京源乐晟自2008年成立至今仅6年时间，却已于2013年获得私募排排网4年期风险收益调整后的排行榜冠军。

# 以多元化应对变化

## 阳光私募的问题与机遇

### ‖低迷股市倒逼私募多元化‖

阳光私募行业历来是一个竞争十分残酷的行业，私募基金公司随时可能被市场所消灭，成为市场的过客（见图9—8举例）。根据私募排排网的数据显示，阳光私募公司80%的资产掌握在20%公司的手上，20%的管理资产分布在规模较小的阳光私募公司手中。在市场行情好时，阳光私募公司为了将尽可能多的资产掌握在自己手中，会不断发行新产品；在行情不好时，传统以做多为主的投资策略很难为投资者取得绝对回报。因此，阳光私募公司为了能够在市场上生存下来，必须走出多元化发展之路，开发多种投资策略。

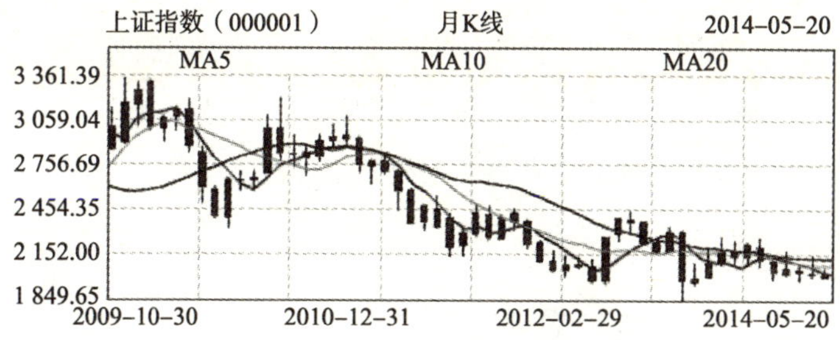


**图9—8 上证指数月线图**

资料来源：腾讯财经。

## 私募备案点亮私募新机遇

“阳光私募”一词本身就反映了私募基金发展的一种尴尬：私募基金管理公司必须作为投资顾问，必须借助于信托计划才得以实现“阳光化”。2013年新《证券投资基金法》的正式实施，终于给了阳光私募基金一个合法的身份，作为新基金法的配套产品私募备案的正式启动，为行业的发展带来新的机遇。

### （1）私募备案确立合法地位

2014年上半年，中国证监会分多次正式向阳光私募基金进行备案，使私募基金正式获得国家的认可，同时也为阳光私募基金拓展机构客户提供了坚实的法律保障。证监会私募基金监管部副主任杨文辉此前在清华五道口全球金融论坛上表示，截至2014年4月底，已经有超过5 000家私募机构申请备案登记，其中1 500家已登记完毕，通过备案的私募基金管理人所管理的基金超过3 700只，规模接近1万亿元。而在1 500多家已经登记的私募基金管理人中，私募证券基金管理人491家，私募股权基金管理人816家，创业投资基金管理人245家，其他类型私募基金管理人7家。

### （2）通道“放活”提升产品设计

私募牌照的发放确立了行业的合法地位，私募基金既可以借道公募基金、信托等渠道实现阳光化，也可以独立发行新产品。渠道的多元化不仅能够降低管理费的水平，也能使私募基金充分享受渠道带来的增值服务，提升产品设计方面的技术含量。特别是在私募备案“一种牌照、多种业务”的政策支持下，一家私募公司可同时开展证券私募、股权私募等多类业务，为阳光私募的多元化转型打下了基础。

### （3）打开公募通道扩张规模

新《证券投资基金法》允许私募基金涉足公募产品的发行（公募产品的发行标准包括实缴资本不低于1 000万元，最近三年内资产管理规模不低于

20 亿元等）。公募牌照的下放令行业两极分化的局面得以进一步显现，一批资本实力充足、投研风控完善的公司有望迅速利用公募产品扩充管理规模，同时企业的运营管理也会因为市场监督作用的提升逐步规范化和透明化。公募牌照毕竟代表一种更高的准入制度，具备公募牌照的资格对于私募管理人而言，其对社保、养老基金和企业年金方面的管理较同行更具优势。因此，业绩规模突出的私募基金也会积极向公募牌照靠拢，以求在未来掌握更多的高端客户资源。

## 阳光私募创新的动力

### ‖激励机制市场化‖

**阳光私募比公募基金有着更优化的激励机制。**基金管理人利益和投资者利益是一致的，私募基金固定管理费很少，主要依靠提取 20% 的业绩报酬生存发展，而超额业绩费是在净值每次创出新高后才可提取的。只有投资者赚到钱，私募才能赚到钱。所以私募基金需要追求绝对的正收益，对下行风险的控制相对严格。

阳光私募基金的净值，就是私募老板的生意家当，不为客户赚钱自己也就无钱可分，因此必须励精图治。而一旦出了好成绩，公司信誉和规模都会成倍放大。

### ‖灵活的决策机制‖

**公募基金虽然有更强的研究能力及运作资源，但与此相配套的，是公募基金面临更严格的监管；而私募来自市场，效率高，机制灵活。**经过在中国证券投资基金业协会登记备案之后，私募基金在产品设计上的身段就更加灵活。“法无禁止即可为”将更加有助于充分实现私募基金的量化投资策略，有助于设计出多样化和个性化的产品，也有助于进一步激活私募基金整个行业的活力。

## ‖投资范围更广‖

从投资范围来看，私募规定的都较为宽泛，一般都包括法律范围内许可的股票、债券、基金、其他理财产品等。但一些设计较激进的产品还留下融资融券、投资权证的口子，如从容投资较激进的从容成长系列等。证书颁布后，阳光私募的产品创新也有可能出现几何级数的增长。

**一方面，私募基金行业的产品形式将呈现多元化趋势。**私募基金管理人可以选择最合适的基金组织形式，既能够不借道信托、公募专户等通道，以契约制、合伙制甚至公司制募集成立私募基金，也能够继续沿用过去信托型的阳光私募产品模式。

**另一方面，阳光私募产品的投资方向也会出现大范围的创新。**股指期货、商品期货等衍生工具投资限制的放开，将丰富私募基金的产品线。相对公募基金而言，私募基金公司的数量更多，机制也更为灵活，如果在创新方面放开手脚，产品创新的数量也有可能出现爆发性增长。

## ‖精英管理‖

**阳光私募基金的资产管理人，大多经历了中国股市 20 多年“牛熊转换”的实战考验。**他们有的曾经是公募基金的明星基金经理，有的曾在券商中担任自营部投资经理或资深行业研究员，有的曾被任命为管理关系民生的保险资金、社保组合及企业年金，而有的源于民间股神的华丽转身。

## ‖量身定制‖

**由于阳光私募向少数特定对象募集，更能满足客户“量身定制”的需求，如果运作适当，投资收益率相对公募也往往较高。**与传统的大型金融机构的同质化特点相比，阳光私募基金往往有着更加鲜明的风格和特点：有的专注于自下而上精选个股的价值投资；有的专注于自上而下研究宏观和产业经济的宏观策略；有的专注于投资大宗商品期货；有的是风格激进快进快出的“技术派”；

有的是事件驱动型投资；也有基于市场中性的量化对冲基金。

不同的风格形成了不同的风险收益特征，有的表现出明显的“高风险、高回报”的特点，让投资者充分体验到资本市场的大起大落的刺激和心跳；也有的则呈现出“中低风险、中高回报”的特点，投资者只承担类似于债券的波动，却可以享受到股票的预期收益。

在投资者选择私募机构的同时，阳光私募机构同样也在选择认可利益分配方式的投资者，不会干扰私募基金经理的投资决策。

### 结构组合能力强

长期以来，阳光私募基金发行产品都要借助各种通道。如借助信托公司平台发行投资于证券市场的产品，私募基金公司只负责资金的运营管理，并定期公示业绩，而资金、证券分别交由银行、证券公司托管。

业内人士认为，借助信托平台发行产品，虽然有助于私募机构及其产品的增信，但这种模式有着明显弊端，它一方面导致私募在产业链中处于弱势地位，缺乏主导权；另一方面信托产品本身的诸多限制使私募基金投资策略单一、灵活性降低。**不过，未来私募产品发行渠道的拓宽已是大势所趋。**

有分析人士表示，由于契约型私募基金不需缴纳通道费用，税收上也有优势，因而更加适合大型私募公司。在合伙制、契约制私募大量出现后，信托通道费用将有望降低，更适合需要增信的中小型私募公司，传统阳光私募产品也将继续存在。

## 阳光私募的多元化转型之路

### 阳光私募进军上游市场

传统阳光私募的产品主要存在于二级市场，阳光私募的业绩表现受二级市场表现的影响很大，不利于阳光私募公司长期稳定的发展。但是阳光私募常年处于二级市场，对市场的偏好十分了解，在一级市场具体项目的选择上，有一定的比较优势。同时，阳光私募公司对行业的研究不仅适用于二级市场，也适用于一级市场。

因此，在近年来，我们看到一些阳光私募已经开始进军一级市场，发力PE/VC业务。曾获得2009年阳光私募冠军的新价值投资的罗伟广在二级市场一度走弱之后，却在一级市场上实现了超过13倍的收益，成功翻盘。另外一家著名私募六合投资则在一级半市场（上市公司定向增发）大展拳脚，取得了不错的业绩，在业界声望甚高。目前，同时涉足一、二级市场的阳光私募公司还有上海菁英时代、景林资产、上海睿信投资等。显然，进军一级或一级半市场已成为阳光私募多元化的一个最重要的途径，并且我们相信这种趋势在未来会得到进一步加强。

### ‖践行股东积极主义‖

**阳光私募界最近最大的亮点是一改往年低调作风，开始积极践行股东积极主义策略，在上市公司的治理及利润分配上尽可能发出自己的声音，表达自己对股价的诉求意愿。**事实上，股东积极主义的践行，不得不让人联想到巴菲特的投资模式，这未尝不是中国阳光私募管理人向更高层面迈进的一次可圈可点的尝试。

在实践股东积极主义的众多阳光私募中，最为高调的是著名阳光私募泽熙投资。泽熙投资自2013年以来已经增持并举牌多只个股，在二级市场斩获颇丰之外又大胆地参与上市公司分配决策、表达对于股价的诉求。2014年4月9日，泽熙投资通过“华润信托·泽熙6期单一资金信托计划”向宁波联合发出申请，希望能更改宁波联合2013年利润分配方案，从原来10派1.6元现金分红的基础上，10股转增15股。公告发布次日，宁波联合股价封住涨停板并创出年内新高。但是，泽熙投资这一提案最终因赞成票未达50%而被否决。

除了宁波联合外，泽熙投资还深度介入了宁波热电、惠天热电、黔源电力等，颇受市场关注。

## ‖走出国门，掘金海外市场‖

在2013年的A股市场上还有一个流行词“美股映射”。即美股比较火的股票在A股同类股票也会有类似的表现，美股映射尤其在科技股大牛市中。究其原因在于，随着中国经济的快速发展，中美经济之间质的差距越来越小，很多在美国行之有效的商业模式在中国也同样有效。阳光私募基金利用这种联动性，以及自己本身优秀的投研能力，纷纷出海远航，探索自己的国际化之路。

根据私募排排网的数据显示，截至2013年11月，市场上共有56只具有中国背景的海外基金产品，投资收益率平均达到25.76%，业绩好于国内的阳光私募基金平均业绩。海外基金的赚钱效应吸引了中国阳光私募基金开始加大对海外产品的投入力度，希望能在市场上分到一杯羹。国内知名阳光私募公司源乐晟基于对中国乃至全球移动互联网相关细分行业即将到来的持续性、爆发式增长机会，也于2013年开始积极布局全球配置，并于2013年7月设立海外基金Longrising China Growth，2013年12月末实现净值1.3445（见图9—9）。

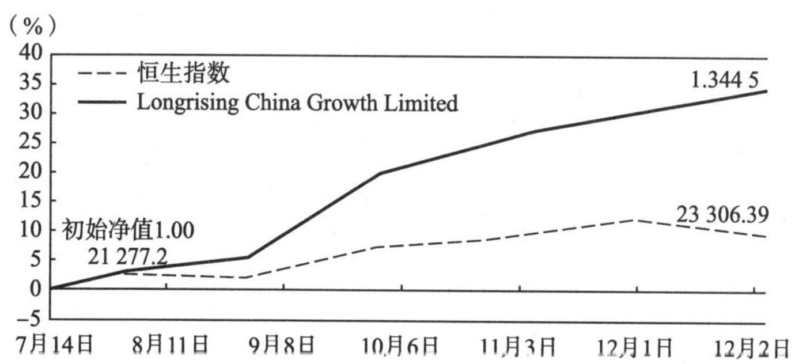


**图9—9　源乐晟海外基金净值走势**

资料来源：源乐晟。

同样值得一提的是，2008 年远离 A 股出走海外的赵丹阳在 2014 年重新回归 A 股。这位“中国私募之父”所在的东方港湾，曾经于 2008 年发行了中国第一只海外对冲基金产品——赤子之心，其国际化探索为中国阳光私募行业的出海创始开端。

## 量化投资开凿掘金新路径

量化投资是利用数学知识构建交易模型的一种投资方法，最早起源于西方，目前在国内已经逐渐流行开来。量化投资相对于传统的投资方法有三方面优势：一是投资决策完全“靠数据说话”，避免基金经理情绪波动的干扰；二是通过复杂的数学模型以及计算机的高速运算，可以突破人工处理数据在广度、深度方面的限制；三是通过程序化交易，可大幅提高交易的及时性。根据私募排排网的数据显示，目前市场上共有 21 只股票型量化产品，2013 年的平均收益为 1.67%，与传统的阳光私募基金相比，表现稍显弱势。

上海富善投资是一个以量化投资见长的投资公司，由朱雀投资与其合伙人林成栋共同发起设立。根据公司量化模式的历史交易数据回测，公司旗下产品最大回撤为 3%～4%，而预期年化收益率有望达到 15%～20%，具有优秀的风险收益比。富善投资旗下的致远 1 号产品，于 2013 年 5 月成立，截至 2014 年 5 月 12 日，净值达到 1.372 9（见图 9—10）。

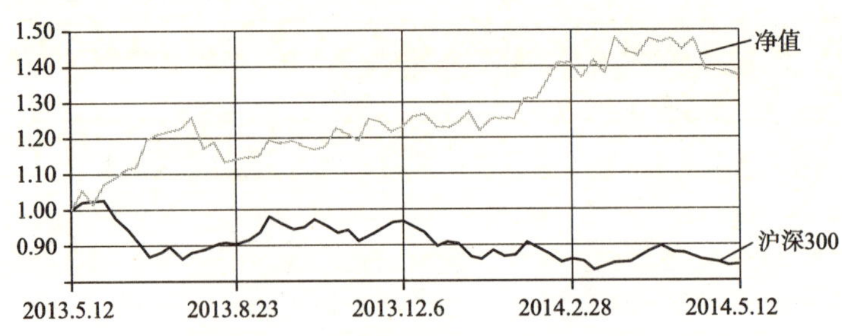


**图 9—10　致远 CTA1 号净值走势图**

资料来源：富善投资。

# 中国式对冲百舸争流

对冲基金操作的宗旨，在于通过承担风险来追求绝对收益，同时运用对冲工具避免可能产生的重大亏损。对冲基金的投资策略更加层出不穷，包括信用套利、垃圾债券、固定收益证券、量化投资、多策略投资等。随着中国金融市场创新的大步迈进，对冲策略在中国越来越普及，产品线越来越丰富，投资者对于这类产品的认知和接受程度也越来越高。

## 中国式对冲的发展现状

一直以来，由于缺乏有效的对冲工具和相关政策法规的支持，国内的私募基金长期只能单边做多“靠天吃饭”，在投资手段、投资渠道、客户渠道、客户群体上实则基本与公募基金一致，更像是在投资工具上受制约的缩小版公募基金。**但随着新《证券投资基金法》的实施，以及此前股指期货、融资融券工具的推出和发展，阳光私募已经具备了走向对冲基金之路的基础条件。**根据私募排排网数据统计，截至 2013 年 12 月，国内目前在运行的对冲基金数量约为 394 只，约占整体私募基金数量的 7%，相较于 2013 年 4 月初的 130 余只，私募对冲基金在产品发行数量上，有了进一步增长。其中相对价值策略对冲基金有 168 只，数量最多（见表 9—4）。

在收益率方面，2013 年以来，国内专业研究机构好买基金研究中心发布的中国对冲基金指数上涨了 13.13%，而同期沪深 300 指数下跌 5.91%，对冲基金在市场单边向下的行情表现出了更加稳健的盈利能力（见图 9—11）。

2014 年 4 月在阳光私募行业的重量级奖项——“第 5 届中国私募金牛奖”上，上海泓湖投资、深圳礼一投资、上海重阳投资三家公司共同获得了首次单独颁发的“金牛私募管理公司（对冲策略）”奖，标志着对冲基金凭借其业绩获得了业内的认可。

表 9—4　　2013 年新发行的对冲基金

| 品种 | 数量（只，运行中） | 备注 |
|---|---|---|
| 相对价值策略 | 168 | 包括股票市场中性策略、可转换套利、固定收益套利、ETF 套利、相对价值复合策略等子策略 |
| （全球）宏观策略 | 7 | 根据全球宏观经济制定投资策略，投资于股票、债券、外汇、货币、商品等不同的资产类别，在世界各国的资本市场中，进行做多或做空的杠杆投资交易 |
| 事件驱动策略 | 163 | 着眼于标的公司并购、重组、财务危机、收购报价、股票回购、债务调换、证券发行（定向增发），以及其他资本结构调整等 |
| 中国背景海外对冲策略 | 56 | 投资范围是在中国香港地区乃至于在全球市场，投资标的除股票外，还可涉及多种衍生品、外汇等 |

资料来源：《2013 年中国对冲基金年度报告》，源乐晟。

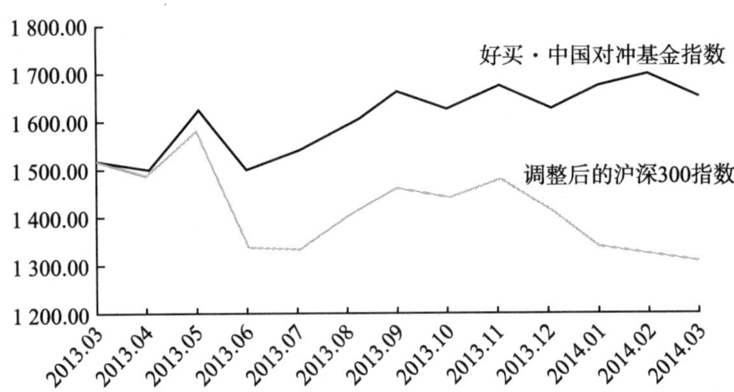


图 9—11　好买·中国对冲基金指数（HCHFI）走势图（2013.03—2014.03）

资料来源：好买基金网。

## 对冲基金的发展困境

根据市场有效理论，一个投资组合的收益可以分为两部分：与市场相关的贝塔收益，即相对收益；与市场无关的阿尔法收益，即绝对收益或称超额收益。其中，相对收益，尽管大部分时候都是占总收益的大部分，但是一般比较容易获得而且较便宜，如指数基金、ETF 等，管理费用都很低廉。但是如果市场震荡或单边向下，相对收益一般为负，那么投资的总收益就不太理想。现代对冲基金的发展思路就是利用有效的对冲工具对冲市场风险。但如果可以利用对冲工具对冲（或部分对冲）市场风险，主动放弃市场方面的收益而只博取投资组合绝对收益的部分，再通过杠杆在低风险下获得高收益，这样就实现了只抓取确定性的绝对收益的目标。

在成熟的资本市场，运行多年的优异基金一般在收益上都会呈现出稳定持续增长且回撤小的特点。根据瀚鑫泰安资产整理的资料显示，美国桥水基金下设的绝对阿尔法基金很好地诠释了这一特点。绝对阿尔法基金成立于 1991 年，23 年来的年化收益 18%，年化波动率 16%，目前基金规模是 330 亿美元。该基金 1991 年成立时定下的目标是以年化 18% 的波动率实现年化 18% 的收益率，收益风险比为 1:1。图 9—12 中，线①是以年化 18% 指数增长的曲线，线②（两条）是假定 18% 波动率时偏离线① 1 个标准差的边界值，绝对阿尔法基金的净值曲线围绕着线①起伏向上，几乎没有突破 1 个标准差的边界。

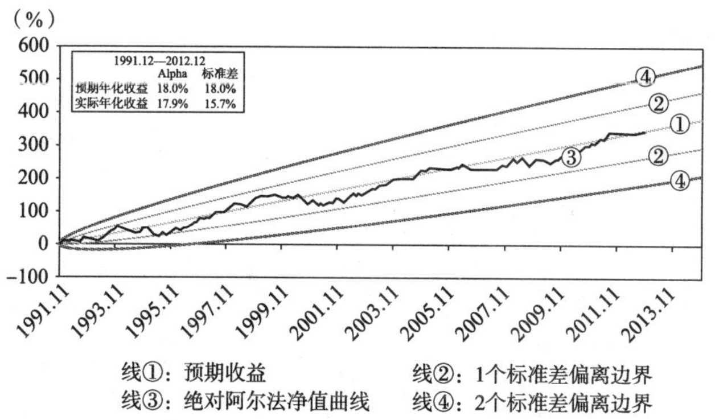


**图 9—12　桥水基金业绩表现**

资料来源：瀚鑫泰安资产。

而在市场单边向下的几次大危机中，在2000年纳斯达克泡沫和2008年金融危机标普大幅下跌期间，绝对阿尔法基金净值维持震荡而不发生大幅回撤，显示出了绝对阿尔法基金与市场的弱关联性和持续稳健增长的能力。也正是这样稳健的投资回报，促成了桥水基金登上了全球最大的对冲基金的宝座（见图9—13）。

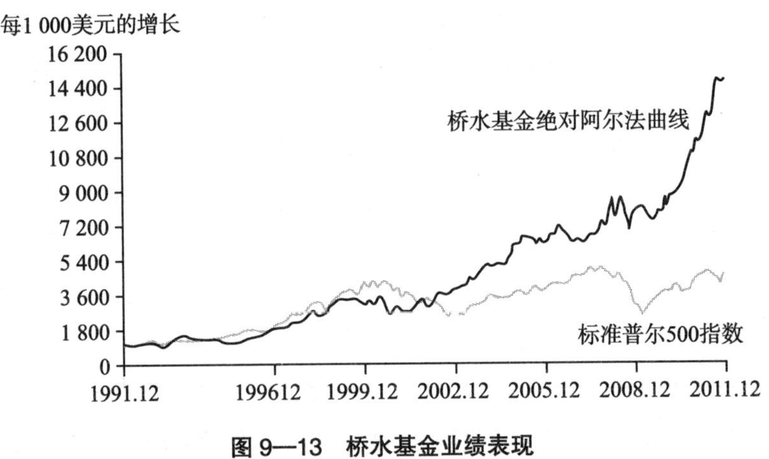


**图9—13　桥水基金业绩表现**

资料来源：瀚鑫泰安资产。

而想要把这样的业绩映射到中国资本市场上，在中国找一个类似的基金，却不是那么容易。由于成立时间短、规模小、历史业绩样本不足，在制度、工具、人才、有效途径、资金上都比较匮乏，整个对冲基金行业仍然相对不成熟。因此现在摆在中国对冲基金经理面前，仍然有几大棘手难题。

## ‖投资工具欠缺，渠道不畅‖

**第一，A股目前的金融衍生品、做空工具仍然不足。**与纽约和伦敦相比，国内的金融产品和金融工具的数量都有较大差距。尽管已经推出了商品期货、股指期货、融资融券、转融通、国债期货等工具，但目前在股票市场上，可以做空的工具目前仅有沪深300股指期货以及融资融券，这大大限制了对冲基金的交易策略创新。

**第二，对冲成本过高在很大程度上限制了A股对冲策略的应用。**目前融资融券年化成本在8.5%左右，而海外市场上的融券成本则是根据市场供需而浮动调整。另一方面，目前融资融券标的股达700只，但仍不及A股总数的1/3，融券数量在目前市场还有诸多限制。

**第三，境外投资渠道不畅，境内外资本市场相互隔阂。**在当前尚处资本管制的市场环境里面，对冲基金也无法有效利用国际上资本市场的工具对冲风险；同时对国际市场的机会，比如2013年的美股大牛市，也无法有效直接把握。

**第四，高素质人才仍然紧缺。**首先，从总量上看，美国最大的对冲基金公司员工过千人，但中国员工超过30人的对冲基金公司也乏善可陈，整个对冲基金的基金经理人数也仅有百位左右。其次，从人才素质上而言，一个合格的对冲基金经理应该拥有多年的实战经验，经历过股票、商品期货、股指期货，甚至更高等级的衍生品操作。而中国本土培养目前的对冲经理，由于资本市场发展的缓慢，在衍生品方面的操作经历还是极度匮乏。对冲基金首先强调的是风险控制，风险控制的实现离不开组合管理，在某种意义上，中国很多对冲基金经理都还是“Stock Picker”（精选个股者），很少有真正意义上的“Portfolio Manager”（资产组合经理）。而从国外回归的“海归”，除了毕业时间较短的新人，真正的华尔街人才不仅数量过少，而且对国内资本市场的熟悉程度还有待提高。

## ‖对冲基金吸引力仍显不足‖

**首先，无风险收益率过高。**具有高流动性的10年期国债的收益率已经达到了4.2%的高水平。刚性的无风险收益远超其他发达国家，更不要说过去几年内地房地产、矿业信托的快速崛起，动辄10%以上的收益率，再加上刚性兑付的预期，使得当下对冲基金的收益预期很难打动挑剔的中国高净值投资者，更多的对冲基金投资者目前还只是抱着试水的态度来参与。

**其次，中国的对冲策略基金即使是最早成立的产品，持续运行的时间仍然尚短，历史业绩还缺乏足够的说服力。**毕竟，目前中国对冲基金大部分都是在2012年以后才成立，两年的时间对于检验一个对冲基金的成色还实在太短。策略的持续有效性，在“黑天鹅事件”中的表现，与大盘的长期低关联度，都有待进一步的检验。即使未来预期的无风险收益下降，对冲基金稳健的绝对收益仍然需要用更长期的实际业绩才能征服投资者。

## 中国对冲基金发展前瞻

### ‖沪港通带来的对冲新机遇‖

2014年4月10日，沪港通的试点方案受到业界普遍欢迎。沪港通的互联互通机制建立后，上交所蓝筹股对境外资金有很大的吸引力，有望为沪市带来可观的交易量，亦为港股市场注入“活水”，可谓双赢。对于对冲基金而言，沪港通的推出带来了明显的投资机会：

**首先，同股不同价的套利空间。**由于相同类型个股在内地及香港市场的估值差异由来已久，A股“轻大盘、重小盘”，而港股呈现的特征是“轻小盘、重大盘”。其结果是，A股很多大盘股相对港股有折价，而中小盘则依然呈现较为明显的估值溢价。但由于此前两市处于隔绝状态，股价驱动因素不同，因此估值差异仍有可能长期存在，并且即使发现了差异也难以真正有效套利。

**其次，更丰富的市场工具。**相比A股市场，香港市场衍生工具和结构性工具较A股更为丰富，对冲基金可以充分利用这些对冲工具消除系统性风险。

**最后，先进的市场制度。**两地市场在市场基本制度（IPO、再融资、退市、回购等）以及交易制度（交易机制、交易费用）上都有差异。值得一提的是，股票供应制度，如增发与配股，比A股更加灵活，再加上市场多空工具比A

股更加丰富，市场定价纠错机制要比A股更加完善。在一个更加完善的市场中，对冲策略也能更有效地发挥作用。

在可以预见的未来，沪港通乃至更进一步的人民币国际化将把中国金融业纳入到世界金融圈内。对于国内的对冲基金而言，这不仅是一种机遇，更是一种挑战，一方面给对冲基金带来了广阔的施展平台，另一方面也对基金自身的投资水平、对冲能力和人才培养提出了更高的要求。

## ‖个股期权填补对冲版图‖

如果把2013年称作“期权仿真元年”，那么2014年可以称为“期权落地元年”。根据上交所公布的工作部署，个股期权方案以及与之相匹配的风控、技术等系统会于2014年推出，这对于进一步完善国内金融衍生工具，提高金融市场运行效率有重大意义。特别是对于对冲基金而言，个股期权在提高投资杠杆，对冲特定风险都有着积极的意义。

作为一个金融衍生品种，个股期权在海外已经发展多年。其在各国的发展也很不一样，这与各国投资者有很大关系。美国目前的个股期权交易量在其整个金融衍生品交易量中比重最大约占31%；而韩国在个股期权上几乎没有太多交易，因为股指期权就占了其整个金融衍生品交易量的93%。**对中国而言，个股期权发展情况，不仅在很大程度上取决于其自身的产品水平，也在很大程度上取决于整个中国投资者的投资风格。**

## ‖“T+0”加速对冲发展‖

**交易机制的完善是未来证券市场制度改革的重点方向之一。**日内回转交易“T+0”是目前国际证券市场通行的一项交易制度。“T+0”制度对市场有多方面的积极作用。而目前A股市场所采用的“T+1”制度，一方面，在股指期货推出后现货和期货市场交易机制不统一，期货“T+0”和现货“T+1”造成了一定的交易阻碍以及公平问题。另一方面，如果个股期权等衍生品陆续推出，股票市场采取“T+1”制度也会阻碍一些对冲交易的进行。从海外市场经验来看，目前各成熟市场普遍采用了“T+0”制度。

无论是对于对冲基金而言，还是对于量化投资者而言，伴随“T+0”而来的更好的流动性能够进一步促进市场有效竞争，提高市场活跃程度，促进对冲策略的完善和降低交易成本，有利于中国阳光私募基金的下一步发展。

## 对冲策略的多元尝试

尽管面对着对冲工具的限制和人才匮乏导致当前市场上策略高度同质化，但是随着市场进一步发展，可以采取的对冲策略将会越来越多，包括市场中性策略、相对价值策略、宏观对冲策略、事件驱动策略等，不同的量化手段正在被越来越多地应用到实践中（见图 9—14）。

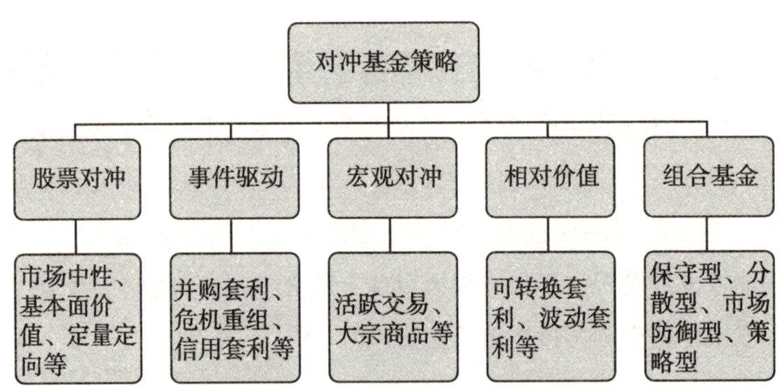


**图 9—14　全球对冲基金的主要对冲策略**

资料来源：华泰证券，Wind 资讯。

### 市场中性策略

市场中性策略主要是寻找市场的无效性，前提是股票价值在短期内会出现一定的背离，但长期看会实现自我修正。采取市场中性策略的投资者，主要通过优先强势个股构造股票多头、同时做空指数或代表性的个股等建立空头头寸，从而在任何市场环境下都有机会获得稳定的阿尔法收益，即绝对收益。**这一策略在波动较大的市场环境中往往能取得更好效果，但收益的获得主要取决于基金经理的选股能力。**在中国的阳光私募基金行业中，北京尊嘉资产是以该种策略为主的私募基金公司，而老牌私募中的朱雀和民森也有相应的产品采取这一策略。

但是，由于目前国内股指期货仅有沪深300一个品种，因此市场中性策略主要是通过对冲沪深300股指期货来锁定股票多头阿尔法套利策略，其实质是赚取所选个股跑赢沪深300指数的收益。

目前市场中性策略是主流发展较为成熟的对冲策略。自2011年7月《信托公司参与股指期货交易业务指引》发布以后，此类产品发行规模较大，对冲操作可实施性强，历史业绩表现出稳健增长、回撤小的特点。在目前乃至今后很长的一段时间内，这类策略都将是国内对冲基金重要的策略之一。

根据国金证券研究所的统计，2013年，市场中性策略平均收益率为9.51%。收益率最低为－4.18%，最高为28.63%，首尾相差近33个百分点。纳入统计的18只产品中，仅1只产品收益为负，2只产品收益率超过20%。

### ‖多空双向策略‖

这类基金一般不是市场中性，而是随着市场的变化灵活运用多空工具，根据基金经理的判断不断做多或做空。在A股的单边做多时代，阿尔法通常代表选股能力、贝塔代表择时能力。而股指期货推出后，市场中性代表着主动放弃贝塔收益换得比较平滑的正阿尔法收益，激进的多空双向策略就是想在赚阿尔法后再赚一层贝塔。

**多空双向投资策略与传统的单边多头策略有一定的类性似，更加考验基金经理对于行业和个股的把握能力。**根据私募排排网统计，目前运行的多空仓策略的阳光私募仅有25只，成立时间普遍在2012年下半年以后，业绩的分化明显。长期来看，此类策略将随着做空工具的不断增多，市场投资环境的改善，将有其长足发展的空间。目前在中国A股市场上，多空双向策略投资者所面临的最大问题是：A股做空条件较差、成本高。

## ‖事件驱动策略‖

在事件驱动策略中，基金经理持有股票并参与或即将参与公司的并购、重组、财务危机、收购、回购、债务调换、证券发行或其他资本结构调整。国内目前的事件驱动策略主要包括两类子策略，即定向增发策略和大宗交易策略。

定向增发策略是指，基金经理参与上市公司的定向增发，获取股价上涨收益和定增折价收益。定向增发是个利好信号，暗示上市公司发掘到好的项目用于扩充产能、拓展销售渠道、开发客户等，通常能够改善公司的收入规模和/或盈利水平，股价具有上涨的预期。同时，管理层参与定向增发，表明对公司未来的发展有信心。

大宗交易策略是指，基金经理在大宗交易平台以较二级市场价格按一定的折价批量买入股票，获取股价上涨收益和大宗交易折价收益。不过，由于该策略的成交量较大，卖出时需关注流动性风险。瑞安思考投资管理有限公司的产品以该种策略为主。

目前业内的定向增发的基金产品大部分基于传统的项目折价而获利。但是在过去几年市场行情恶劣，股票价格往下走，再加上长达一年的锁定期，定向增发策略的基金完全无法对冲市场风险，收益依赖于最后的股价表现，因此普遍呈现出非常高的波动率，从这个意义上看，目前的市场驱动策略大部分还称不上是对冲基金。**显然，事件驱动策略虽然可能取得的收益率较高，但是标准差、下行风险均远高于其他多元策略，因而其风险调整后收益水平（夏普比率）相对落后。**

从2013年事件驱动策略私募基金业绩的表现也能看出这一特征。2013年，事件驱动策略私募基金平均收益率为36.29%；最低为–10.98%，最高为62.73%，首尾相差约74个百分点。在纳入统计的产品中，仅1只产品收益率为负，2只产品收益率超过50%，14只产品收益率介于20%～50%。

事件驱动策略的真正发展还有待于A股市场的对冲工具的完善。比如，通过股指期货、融券等做空工具的运用，将可以在持有定增股票期间，消除锁定期间内系统性风险对利润的侵蚀，提前锁定定向增发的收益。

## ‖相对价值策略‖

相对价值策略利用分级基金、ETF、股指期货的定价偏差来获取套利收益。为了避免市场波动对业绩的影响，该策略通常会通过空头头寸和多头头寸，保持对市场的中性，因而风险较低。由于是依靠在市场中寻找定价误差来获得微小收益，相对价值策略被市场戏称为“吃蚊子肉”，但其收益非常稳健，可以独立于市场行情。

**相对价值策略最大的风险是模型风险和交易速度。**因为该策略通常会借助计算机模型来实现，但在市场不断变化的过程中，选股模型、统计套利等数量模型可能存在模型失效、模型整体表现不佳的情况，包括交易速度达不到模型要求等现实状况，这些都可能给产品带来一定的损失，需要基金经理有足够的经验和技巧进行调整。

2013年，相对价值套利策略的阳光私募基金平均收益率为9.50%。收益率最低为4.10%，最高为18.79%，首尾相差约15个百分点。值得一提的是，纳入统计的该策略产品全部取得了正收益。

目前国内相对价值策略主要还是集中在ETF套利上，相较于国外的套利策略，国内的套利在政策上仍面临着资本管制、跨品种套利受限、“T+0”政策还未推出等问题。在硬件上，国外套利已经进入微秒级交易，但国内交易尚处于毫秒级别。未来的相对策略中，基于量化高频方向的套利策略仍将是主流。

## ‖（全球）宏观策略‖

在（全球）宏观策略中，基金经理基于对宏观经济指标的变动方向以及其对股票、固定收益和大宗商品市场的影响的预测来进行投资。目前，国内实施这一策略的产品主要配置国内市场的股票、固定收益、大宗商品，与真正意义的全球宏观策略还存在相当大的差距。（全球）宏观策略对基金经理的要求较高，要求其对各类型投资品种都有深入研究。国内已有泓湖投资和梵基股权的产品以该种策略为主。

2013年，（全球）宏观策略私募平均收益率为32.69%。纳入统计的成立满一年的产品中，有限合伙－梵晟宏观策略和有限合伙－梵基一号的收益率较高，分别为62.55%和62.20%。上海梵基股权投资管理有限公司成立于2010年8月，专注于对冲基金管理，秉承的投资策略和方法是在大宏观政治经济体系下的金融市场布局以及周期性的趋势价值投资。其核心人物张巍，曾任第一创业证券副总裁，主管资产管理及自营投资业务。

相比起其他对冲策略，（全球）宏观基金投资范围广、投资体量大，尤其是专注于全球市场的（全球）宏观基金，更是能对一个国家或地区的金融甚至整体经济造成重大影响。**（全球）宏观策略产品兼顾收益弹性大和风险可控的特点，各项风险指标在高风险类别中较为适中，因而风险调整后收益水平较为理想。**

从长期来看，得益于人民币国际化的进程提速和中国整体经济地位的提高，我们相信，（全球）宏观基金将会在今后随政策放开而拥有巨大的发展空间。

# 关于源乐晟

自源乐晟首只阳光私募产品“中融信托·乐晟股票精选”2008 年 7 月 8 日成立以来，以管理 4000 万元资金起步，稳扎稳打至管理人民币资产 20 亿元，客户群包括工商银行、中国银行、平安罗素、上海交大教育发展基金会等诸多专业机构投资者和高净值个人。

在超过 5 年的历程中，源乐晟以累计收益率 147%、年复合收益率 25% 夺得 4 年期股票策略私募业绩冠军（2009—2012 年），并获得了诸多阳光私募主流奖项，连续 4 年夺得国内权威的阳光私募奖项“金牛奖”，荣获“第 6 届中国私募基金年会”5 年优胜奖。2013 年，源乐晟受邀成为中国证券投资基金业协会资产管理类首批特别会员，并于 2014 年 3 月获得私募基金管理人登记证书，成为开展私募证券投资、股权投资、创业投资等私募基金业务的金融机构。

# 第10章

# 私募股权市场适时转型与规范发展

## 本章导读

- 2013 年，随着国内经济增速平稳反弹与 IPO 重新开闸，募资和投资热情复苏高涨。截至 2013 年年底，股权投资行业管理机构已逾 8 000 家，管理资本量超过 4 万亿元人民币。房地产投资的活跃和大宗交易频发是 2013 年度股权投资的重要特点。
- 2013 年下半年，互联网金融迅速发展，第三方支付、P2P 等引发股权投资的追捧。国内 IPO 关闸，致使 PE 退出策略转变由 IPO 退出转为并购退出。在并购热潮下，投资策略往前后端移。同时海外上市窗口重启，中概股在美国市场受瞩，2013 年共有 8 只中概股成功登陆美国资本市场。上海自贸区和深圳前海的建设不断为 PE 行业提供新的机遇。私募房地产基金逆市活跃，总量达到 132 只，同 2012 年相比，增长 40% 以上。
- 2014 年，中国私募股权投资行业迎来重要发展机遇，党的十八届三中全会深化了金融改革，政府层面的总体认可对私募行业发展形成较大的促进作用。《私募投资基金管理人登记和基金备案办法（试行）》的出台，将推动股权投资行业步入规范化发展时代。IPO 重启、注册制改革、“新三板”也对 PE 业发展形成重要利好。机构对募资市场普遍看好，接近 95.0% 的本土机构在 2014 年有募集计划。同时，国企改革也为 PE 股权投资提供了新的策略选择。在政策的推动下，环保、医疗、互联网行业的投资热点更是不断涌现。

2013 年，受 IPO 重新开闸、互联网金融的发展等影响，我国私募股权投资市场发生了重大变化，出现了很多新的特点。而 2014 年，随着各项政策、法规的推出，私募股权投资市场又将迎来新的机遇和挑战。因此，本章将对 2013 年我国私募股权投资市场的发展状况以及特点进行总体回顾，然后在此基础上，结合 2014 年出现的新变化，分析私募股权投资市场的未来发展趋势。

# 2013 年中国股权投资深度调整

## 2013 年股权投资市场回顾

中国从 20 世纪 80 年代中期开始探索发展创业投资。2006 年以来，随着国家 10 部委共同颁布的《创业投资企业管理暂行办法》的实施和相关扶持政策的出台，中国初步建立起促进创业投资和股权投资发展的体制，创业投资及股权投资行业呈现出快速发展的势头。各类股权投资企业的投资运作，有力地支持了创业活动。

中国作为世界第二大经济体、经济增长最快的国家，在经历了 20 多年的发展历程后，中国股权投资市场已超很多发达国家，成为美国之后的第二大股权投资市场，也是世界上最具活力的新兴私募股权基金市场。经过 20 多年发展，中国股权投资行业已从最初的萌芽阶段逐步走向成熟。在经历高速增长后，2013 年中国私募股权市场进入深度调整阶段，各 PE 机构受到募资渠道持续收紧、IPO 暂停、大环境继续疲软等多种困难考验。历经行业寒冬后，随着国内经济增速平稳反弹与 IPO 重新开闸，2013 年募资和投资热情再度复苏高涨。

### 2013 年中国股权投资行业管理机构已逾 8 000 家

当前，活跃在中国大陆的股权投资管理机构已超过 8 000 家。自 2009 年本土机构开始爆炸式增长以来，截至2013年年底，本土机构的数量占比已经超过全部活跃机构的75%，达到6 204家；外资机构占1 563家、合资机构347家。从地域分布上看，中国股权投资机构主要分布在东部沿海发达省市，以北、上、广、深最为集中。

## ‖2013年中国股权投资行业管理资本量超过4万亿元人民币‖

从活跃机构的管理资本量来看，截至2013年年底，股权投资机构在中国大陆的管理资本量已超过4万亿元人民币，其中本土机构管理的资本量达到2.39万元亿元人民币（见表10—1）。

表10—1　　中国股权投资机构数量与管理资本量

| 机构类型 | GP个数 | 管理资本总量（亿元） |
| --- | --- | --- |
| 本土 | 6 204 | 23 850.39 |
| 外资 | 1563 | 13 412.74 |
| 合资 | 347 | 4 714.54 |
| 合计 | 8 114 | 41 977.67 |

## ‖2013年中国股权投资行业新募基金数量同比下降，金额同比上升‖

由于2012年华夏银行上海嘉定支行理财产品出现了到期无法兑付的情况，中国银监会规定“严禁销售私募股权基金产品，严禁误导消费者购买”，这在一定程度上抑制了国内募资市场的发展。

与之相反，“股权类”边缘产品私募房地产投资基金的募资情况却如火如荼，一些传统的VC/PE机构也在2013年内进入该领域。与此同时，在本土机构房地产基金募资高涨的同时，2013年一些外资机构的大型美元基金也完成了募集，成为拉动募资金额的主要推动力。此外，机构LP、国资背景LP已成为合格投资人的重要组成部分。

2013 年全年，中国 LP 市场的投资机构及个人共完成了对 548 只 VC/PE 基金的投资，其中披露金额的 532 只基金共募集 2 526.93 亿元人民币。作为 VC/PE 市场深度调整的一年，募集基金总数较 2012 年下降了 11.8%，然而募集金额方面则提高了 19.6%，体现了 VC/PE 市场的募资回暖。从新募基金币种来看，2013 年完成募集人民币基金 511 只，占比为 93.2%，依旧占据募资市场主导地位，其中披露金额的 496 只基金募资总额达 1 811.94 亿元人民币，占募集总额的 71.7%（见图 10—1）。

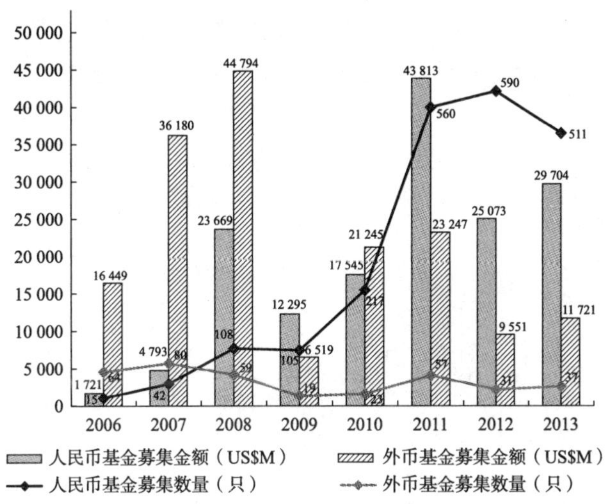


图 10—1　2006—2013 年 VC/PE 行业募资情况（按币种）

## 2013 年中国股权投资行业投资回温，但不及 2011 年水平

受宏观经济环境平稳以及市场对新兴产业的看好，2013 年 VC/PE 投资呈现升温趋势，但投资案例数和金额均低于 2011 年平均水平（见图 10—2）。2013 年，中国创业投资暨私募股权投资市场共发生投资 1 808 起，其中披露金额的 1 590 起投资总额 1 896.12 亿元人民币，投资案例数同比微升 3.3%，投资金额同比提高 14.7%。

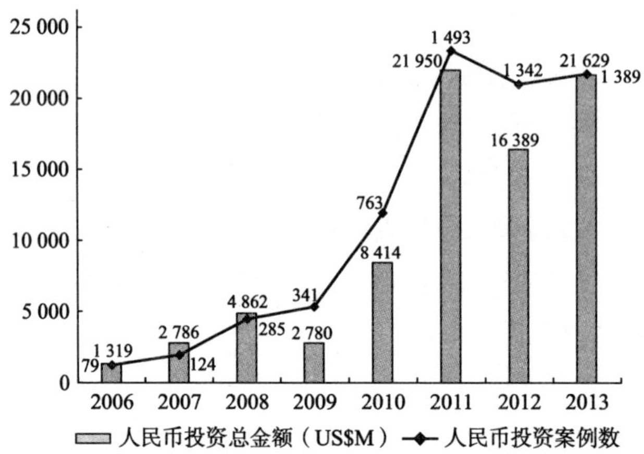


A）2006—2013 年 VC/PE 行业投资情况（人民币）

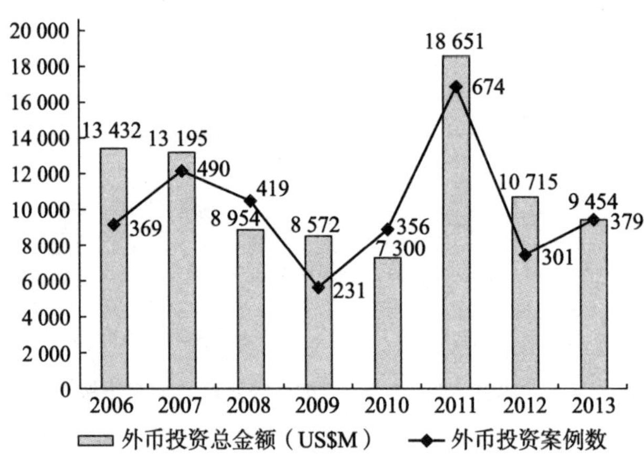


B）2006—2013 年 VC/PE 行业投资情况（外币）

图 10—2　2006—2013 年 VC/PE 行业投资情况（按币种）

房地产领域投资的活跃是 2013 年股权投资最大的亮点。2012 年，国家出台严厉的调控政策，全年房价维持在较低水平，一些中小开发商承受着资金链断裂的风险。在限购限价限贷的打压下，投机性的购房行为已经得到有效抑制，但刚需族的需求还是无法得到释放。被压抑的购买力集中在2013年爆发，全年房价涨幅明显。伴随着楼市热度而来的是房地产投资的活跃，投资周期短、投资回报率高、退出渠道不依赖IPO使得很多VC/PE机构在本年度投资了房地产项目。

2013年投资市场另一特点是大宗交易频发，外资机构、国资背景基金在市场低迷、价格合理时期纷纷出巨资进行并购整合。排除以上影响，传统意义上的投资模式——民间募资、民营背景VC/PE机构、目标境内IPO的投资情况仍不乐观。IPO境内通道的阻塞使得这些缺乏外资、国资支持的机构无论在募资还是投资上，都经历了业务萎缩的一年。

## 2013年中国股权投资行业境内IPO遇零封，并购退出成主流

2013年以来，为打击欺诈上市行为、维护投资者利益，中国证监会对排队上市企业进行了严厉的财务专项核查。根据证监会公布的数据，截至2013年年底，终止审查企业已近300家。其中，深圳创业板终止审查企业较多。由于被投企业终止审查，VC/PE近百亿投资无法通过境内IPO渠道退出。对于那些投资时间早且有迫切退出需求的VC/PE机构，大多转向寻找上市公司或产业投资者收购被投企业、或通过PE二级市场转让基金份额、同一机构新基金接手，抑或是要求被投企业管理层或股东回购，从而解决机构退出需求。而在经历了2012年中概股"滑铁卢"之后，2013年伴随着美国资本市场的回暖，中国企业赴美上市状况也在这一年得到了有效改善，8家中概股成功登陆美国资本市场，有利于提升投资者对中概股的信心（见图10—3）。

总体来看，2013年中国股权投资市场共发生458笔退出交易，较2012年度略涨8.2%。其中并购为主要退出方式，共有138笔并购退出，占总案例数的30.1%；IPO共有74笔退出，涉及上市公司27家，上市地点主要集中于香港主板、纳斯达克和纽约证券交易所。从退出行业来看，房地产、能源及矿产、机械制造、生物技术/医疗健康、互联网、机械制造、电信及增值业务、IT行

业产生较多 VC/PE 退出。

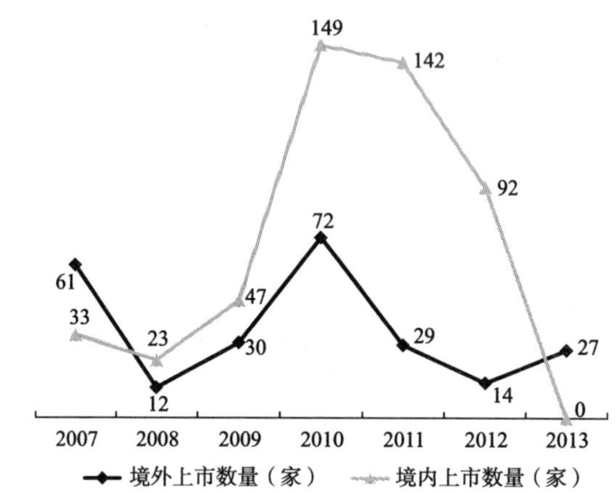


**图 10—3　2007—2013 年 VC/PE 支持境内外上市企业数量**

## 私募股权投资行业突变

### ‖ 国内 IPO 关闸，致使 PE 退出策略转变 ‖

自 2012 年 11 月“浙江世宝”上市以后，境内新股发行审核经历了长达一年多的“空窗期”。2013 年以来，为打击欺诈上市行为、维护投资者利益，中国证监会对排队上市企业进行了严厉的财务专项核查，200 余家企业终止审查，创业板终止审查企业数量较多。这主要是因为，根据证监会的要求，对于申报创业板上市的企业，在报告期内财务指标必须符合成长性要求，如果 2012 年出现业绩下滑，则需立即撤回 IPO 申请，而许多创业板拟上市企业 2012 年业绩下滑乃至亏损。截至 2013 年年末，创业板终止审查企业 140 家，主板、中小板终止审查企业合计 152 家。另外，由于境内 IPO 长达一年多的暂停，等候上市的企业排起了长队，截至 2013 年年末，在审企业合计 753 家，中小板、创业板、主板分别有 309 家、266 家和 178 家，庞大的拟上市队伍极大地考验了市场的消化吸收能力，更对政府监管部门疏堵能力提出挑战。

与IPO相反，并购重组在2013年获得很多政策鼓励。2013年10月8日起，并购重组审核分道制开始实施。中国证监会对并购重组行政许可申请审核时，根据财务顾问的执业能力、上市公司的规范运作和诚信状况产业政策和交易类型的不同，实行差异化的审核制度安排。对符合标准的并购重组申请，实行豁免审核或快速审核。目前，中国证监会对上市公司的并购重组申请正常审核通常是20个工作日左右，未来划入豁免/快速通道的，将取消预审环节，预计审核效率将会提高一倍左右。

受此影响，并购退出取代IPO成为VC/PE最主要的退出方式。并购退出是指VC/PE机构投资标的企业后，通过其他企业对标的企业收购而实现的退出方式。**与IPO退出相比，并购退出时间相对较短，交易完成后即可实现退出，且对企业限制较少。资本市场低迷时期，并购退出的优势尤其明显。**从长期来看，随着收购的杠杆可获得性提高，并购退出将日益可行和普遍。截至2013年12月31日，VC/PE支持并购案例为446起，而同一时期仅有27起VC/PE支持IPO的案例。在VC退出方式中，并购占比33.0%；在PE退出方式中，并购占比27.2%。

## ‖互联网金融热，引发股权投资追捧‖

2013年下半年，互联网金融成为了互联网和金融领域最为火爆的话题，激起国人互联网金融的“中国梦”。从广义上看，目前互联网金融主要有三种商业形态：第一种是传统金融机构将其金融业务互联网化，也就是所谓的金融互联网，如网上银行、券商网络销售基金；第二种是互联网企业以自身技术、数据、渠道等优势来开展金融业务，如余额宝、阿里金融、京东供应链金融等；第三种是以互联网概念为基础开展金融业务，如P2P借贷、众筹等。

从目前VC/PE已投的互联网金融领域项目来看，主要集中于第三方支付、金融的互联网服务平台以及P2P借贷平台。准确地讲，里面真正涉及互联网金融业务的是第三方支付和P2P借贷。对于金融的互联网服务平台，最大优势在于只做平台不参与金融业务，没有法律风险，能更加充分发挥互联网渠道的优势。第三方支付的投资价值在于其作为资金支付过程中的信用中介，在互联网交易中从促进交易完成到创造交易都体现出了巨大的发展潜力，同时，第三方支付也是目前互联网金融领域首先得到监管层认可的业务。**P2P 借贷受到投资机构青睐的原因并非因为其代表了真正意义上的互联网金融，而是中国传统金融体系难以满足国内日渐庞大的中小企业及个人信贷需求，P2P 借贷在一定程度上能够起到补充作用，市场前景非常好。**另外，央行等部门均表态要支持这个行业，也给行业发展注入较大动力。

互联网金融的主要投资价值有以下几点：

**技术背景。**金融和互联网都是具有较高门槛的行业,需要较强的技术背景。金融行业的技术背景体现在对金融行业有深刻的理解，能够对金融体系运行规律有准确把握，特别是在构建金融风控模型等方面具有较强优势。互联网技术背景则体现在前期大量的软硬件设备投入，并在诸如云计算、大数据等技术方面具有较强背景，这在互联网金融企业进行大数据分析、构建风控模型等方面能够形成优势。

**差异化定位。**在未来很长一段时间内，传统金融体系将顽固地存在，不可能受到较大冲击。因此，与传统金融体系市场定位形成差异化，满足其不能满足的需求，对互联网金融至关重要。从差异化角度分析，传统金融机构除拥有无可颠覆的制度性优势外，还有着多年积累下来的数据、技术、人才等资源优势。非金融机构所从事业务如果完全与其对抗，短期内能够发挥其规模小所具有的灵活、反应快等优势，但长远来看，基本上是没有竞争力的。所以，差异化定位无论从短期还是长期角度看，都是互联网金融投资考察的重要方面。

**平台优势。**阿里巴巴、京东等大型电子商务企业在互联网金融行业已作出了一个标杆，其依托的就是电商平台。平台为互联网金融业务提供了构建资信体系和风控模型的基础。在互联网金融这个新兴业务启动初期，能够以平台为基础构建一个完善的生态系统，不仅有利于开展真正意义上的互联网金融业务，还可以借助平台内多方参与所体现出的供需匹配来规避风险，并实现稳定盈利。另外，从互联网金融要实现金融脱媒的角度看，提供平台也是实质所在。

**不越雷池。**金融行业与其他传统行业一个非常大的区别，在于法律监管非常严格，一旦跨越雷池，后果非常严重。目前最具代表性的P2P借贷也可以说是民间借贷网络化，P2P借贷的快速发展在享受政策监管滞后的红利。如果在法律风险规避上不进行仔细调查，后期给投资机构造成的损失将难以估量。所以，在对互联网金融投资方面，对公司所从事业务的法律风险考察绝不可掉以轻心。

## 并购热潮下，投资策略往前后端移

经过连续两年的市场深度盘整，优化完善投资产业链越来越受大牌机构的关注，并购市场、PE二级市场在2013年备受各主流股权投资机构的关注。一些大牌股权投资机构已经设立并购和PE二级市场基金，正在筹备阶段的机构更多。另外，2009年创业板开闸后，紧跟着“全民PE”的两年，在2012年和2013年的股权投资市场持续遇冷，尤其是2013年境内IPO关闸一年，机构逐渐趋于冷静回归本原。国内顶尖机构越来越重视投资产业链的完整性和专业性，一些PE机构在立足本业的基础上逐步将重心转向并购，一些PE则着手组建创业投资团队，一些VC机构成立天使投资基金，另一些VC则尝试进行PIPE投资，从整体来看在不管是VC还是PE，都对投资链条前后端移动具有浓厚兴趣。2014年，并购和PE二级市场基金将迎来新发展，这将会进一步完善股权投资产业布局。对一些大型股权投资机构而言，布局前后端投资市场，有利于搭建相对完整的投资产业链。

## 海外上市窗口重启，中概股美国市场受瞩

2013年，美国经济回暖带动了其资本市场复苏，三大股市涨幅惊人，极

大改善了中概股上市的客观环境。因此中企赴美上市通道也在2013年打开，先后有兰亭集势、中国商务信贷、澜起科技、58同城、去哪儿网、久邦数码、500彩票网和汽车之家8家中概股成功登陆美国资本市场，而2012年仅有两家中企登陆美国资本市场。8家中概股中，互联网企业就达5家，并且获得投资人认可，上市首日均表现优异，去哪儿网、汽车之家、500彩票网、58同城、兰亭集势上市首日股价分别较发行价上涨89.3%、76.9%、53.9%、41.9%、22.2%。去哪儿网、58同城、久邦数码为其背后VC/PE带来的平均账面投资回报倍数分别高达26.15倍、21.33倍和20.01倍。

## ‖互联网并购掀热潮，巨头并购来势汹涌‖

2013年，中国广义互联网行业共发生并购交易317起，其中包括进行中及已完成交易，同比大增100.6%；披露金额的278起交易共涉及交易额143.49亿美元，较2012年同期的54.25亿美元增长达164.5%（见图10—4）。其中国内并购294起，交易金额为138.70亿美元；海外并购16起，涉及的案例金额为2.98亿美元；外资并购仅发生7起，交易金额为1.81亿美元。纵观2013年互联网行业并购交易，其数量占总并购数量1 232起的25.7%，并购金额占总金额932.03亿美元的15.4%，贡献率较往年大幅提高，预计未来还有继续上升的趋势。

截至2013年12月31日，中国互联网并购市场共发生14起大型海外案例，涉及金近23亿美元。并购方的大买家主要为当前中国互联网企业的三大巨头：百度、阿里巴巴腾讯。其中腾讯的并购最为活跃，共发生案例7起；阿里巴巴次之，2013年共发生3起海外并购；百度本年仅并购1起海外企业；奇虎360和探路者分别发生并购2起和1起。他们的投资目的地遍布亚洲、欧洲、北美和南美，其中，美国是最主要投资目的地，共有10家标的公司位于美国（见表10—2）。

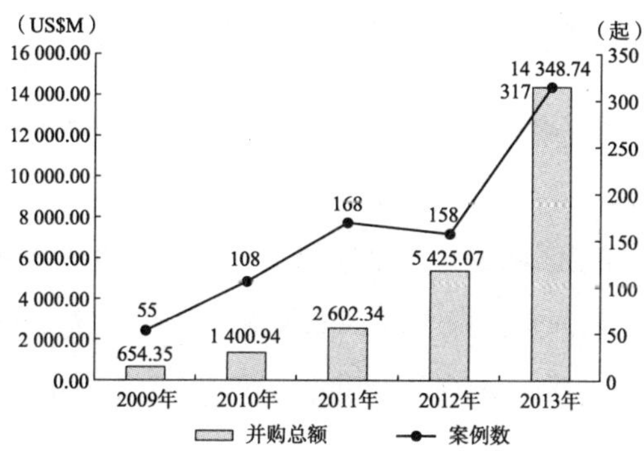


**图 10—4　2009—2013 年中国广义互联网行业并购市场发展趋势**

注：广义互联网行业包括狭义互联网、IT、广播电视及数字电视、娱乐传媒、电信及增值业务等。

资料来源：私募通，2014 年 1 月。

**表 10—2　　2013 年中国互联网行业海外并购情况**

| 日期 | 并购方企业 | 被并购方企业 | 被并购方地区 | 金额（US$M） | 行业 |
|---|---|---|---|---|---|
| 2013.2 | 百度 | TrustGo | 美国 | 30.00 | 移动安全 |
| 2013.6 | 阿里巴巴 | Fanatics | 美国 | 170.00 | 体育用品垂直电商 |
| 2013.6 | 腾讯 | Fab | 美国 | 150.00 | 闪购网站 |
| 2013.7 | 腾讯 | 动视暴雪 | 美国 | 1 400.00 | 游戏开发商 |
| 2013.8 | 阿里巴巴 | ShopRunner | 美国 | 75.00 | 网购配送 |
| 2013.8 | 腾讯 | Redbus | 印度 | 135.00 | 在线车票公司 |
| 2013.8 | 探路者 | Asiatravel | 新加坡 | 6.39 | 在线旅游 |
| 2013.8 | 腾讯 | Kamcord | 美国 | 1.00 | 移动游戏录制公司 |
| 2013.10 | 阿里巴巴 | Quixey | 美国 | 50.00 | 移动应用内搜索 |
| 2013.10 | 腾讯 | Snapchat | 美国 | 200.00 | 社交图片分享 |
| 2013.12 | 腾讯 | Quizup | 美国 | 22.00 | 移动游戏开发 |
| 2013.12 | 奇虎 360 | Klab | 日本 | 5.70 | 手机游戏 |
| 2013.12 | 奇虎 360 | Psafe | 巴西 | 25.00 | 手机杀毒软件 |
| 2013.12 | 腾讯 | CyanogenMod | 美国 | 23.00 | 安卓第三方 ROM 开发 |

资料来源：私幕通，2014 年 1 月。

## ‖上海自贸区、深圳前海，PE 行业新机遇不断‖

2013 年 7 月 3 日，国务院印发《中国（上海）自由贸易试验区总体方案》，将在上海外高桥保税区、外高桥保税物流园区、洋山港保税区以及空港综合保税区 4 个海关特殊监管区域内，建设中国（上海）自由贸易试验区（以下简称“自贸区”）。建设自贸区是顺应全球经贸发展新趋势，实行更加积极主动开放战略的一项重大举措，对于促进中国经济升级、推动并深化改革具有重大意义。

上海自贸区的建设具有以下亮点：

**第一，先行先试加快人民币国际化进程，境外投资或在此起航。**例如前不久刚刚面世的 QDLP（合格境内有限合伙人）政策或借此时机实现新的突破，其几大难点问题可能会在自贸区建设中得以一定程度上的解决。首先，关于 QDLP 政策的汇率风险有很大程度上的降低。自贸区试点的内容涉及金融方面的包括了利率市场化、汇率自由汇兑、金融业务的对外开放及离岸业务等一系列的改革与创新，这无疑为人民币“走出去”创造了有利条件。特别是在 QDLP 政策中，因投资过程中存在的汇率浮动风险将会在更便利、更自由的汇兑环境中逐渐抵消，同时使得外流资金更好的周转，提高人民币的使用效率。其次，对外投资的经济成本将会大幅降低。自贸区带来的政策利好更多的将会体现在离岸贸易、金融采用低税率、对外投资收益采用分期缴纳所得税等方面，这将减轻一直困扰着境内投资者的成本负担，从更大程度上便利投资者的对外投资。

**第二，政策法规的突破及金融服务的创新将带来相关行业的发展良机，投资机会涌现。**上海自贸区的发展势必将带动区内以及周边地区的土地开发，参照以往各类特区的发展经验来看，土地价值将会出现大幅度提升，从而对地产相关行业、基础设施建设相关行业等构成利好，孕育投资良机。同时，自贸区的建设还将直接带动贸易领域、国际货运中转业务等领域的快速发展，对与之相关的港口、仓储、物流、运输公司等相关行业及航运服务业构成利好。另一方面，上海或将推动税收创新，自贸区或将争取到 15% 的企业所得税优惠，若企业满足自贸区内符合税收优惠的条件，将对企业的业绩构成直接利好，这也为企业吸引投资增添有利条件，资本将在自贸区的引领下注入实体经济，优化社会资源配置。

前海合作区的对外开放主要着眼于深港、粤港合作的进一步深化（见表 10—3）。前海的定位一是以现代服务业发展促进产业结构优化升级，为我国构建对外开放新格局，为全国转变经济发展方式、实现科学发展发挥示范带动作用；二是全国现代服务业的重要基地和具有强大辐射能力的生产性服务业中心，引领带动我国现代服务业的发展升级；三是粤港现代服务业创新合作示范区，在全面推进香港地区与内地服务业合作中发挥先导作用。换言之，毗邻香港地区是前海得天独厚的优势，维持香港地区的繁荣稳定是中央的既定目标，前海的开发开放进一步将香港地区和内地紧密联系起来，巩固香港地区全球金融中心的地位，维持香港地区经济的健康发展。

**表 10—3　　前海合作区发展重点**

| 主导产业 | 金融业、现代物流业、信息服务业、科技服务和其他专业服务业 |
|---|---|
| 金融业发展重点 | • 推动以跨境人民币业务为重点的金融领域创新合作<br>• 稳步推进深港资本市场合作<br>• 大力推进保险创新发展试验区建设 |
| 现代物流业发展重点 | • 打造区域生产组织中枢和国际供应链管理中心<br>• 积极发展港口航运配套服务 |
| 信息服务业发展重点 | • 高水平发展信息传输服务业<br>• 大力发展软件和信息技术服务业<br>• 全力打造南方物流信息交换中枢和国际电子商务中心<br>• 大力发展信息内容服务业 |

前海合作区是国家开放对接香港地区的全新服务平台。经香港制度信息引进、消化、吸收后，前海合作区将向香港地区完全开放，深港两地高度融合以服务内地经济和社会转型升级。根据前海合作区改革创新思路，前海将率先放开针对港资投资的审批限制，率先放开香港地区金融企业开展金融业务的准

入条件，设点深港银行跨境人民币贷款、同业转贷款等业务。同时，探索建立港澳通行卡等签证居留制度。

## ‖私募房地产基金逆市活跃，募投退创新高‖

2013 年新募房地产基金数量继续保持了 2012 年以来的增长趋势，同比增幅超过 40.0%，总量达到 132 只；从披露的募资金额看，2013 年的募资金额较 2012 年有较大幅度的增长，幅度达到 79.1%，募资总额达到 106.67 亿美元（见图 10—5）。从新募基金的机构类型来看，本土机构无论是在基金只数还是募资金额，都处于主导地位，大大超过外资机构和合资机构。132 只新募基金中，由本土机构募集的有 121 只，外资机构募集的有 9 只，合资机构有 2 只。募资总金额方面，本土机构共募资 68.33 亿美元，外资机构共募集 34.05 亿美元，合资机构共募集 4.29 亿美元。从募资规模角度分析，单只募集规模小于 5 000 万美元的基金依然为多数，占比达到 67.9%，但是此部分基金的总募资金额只占所有基金募资额度的 16.5%；而超过 1 亿美元的基金个数共有 27 只，占总只数的 20.5%，此部分基金的新增资本量占所有基金新增资本量的 73.5%。

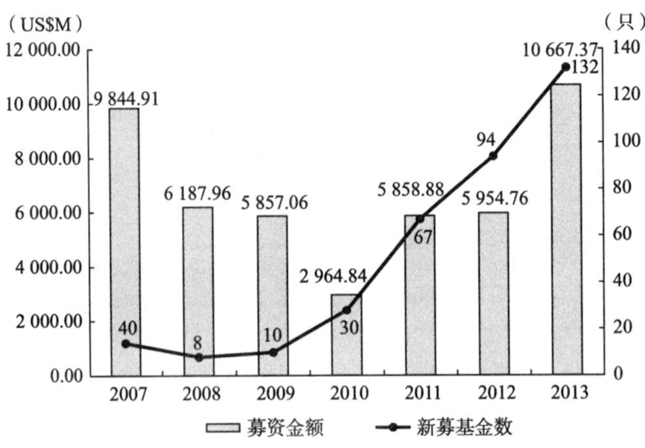


**图 10—5　2007—2013 年中国私募房地产投资基金募资总量年度环比**

资料来源：私募通，2014 年 3 月。

2013 年房地产行业共完成 148 起并购交易，同比上升 48.0%。此外，在并购金额方面，房地产行业并购总金额仍处于高位。2013 年，该行业全部披露金额的 145 起案例共涉及交易额 142.75 亿美元，同比巨幅上升 265.7%（见图 10—6）。2013 年，房地产行业的平均并购金额达 9 845.08 万美元，较 2012 年同期增长 142.1%。

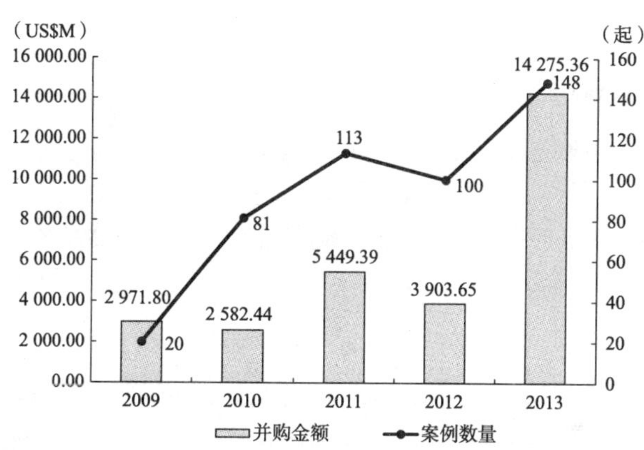


**图 10—6　2009—2013 年房地产行业并购分布（按被并购方）**

资料来源：私募通，2014 年 3 月。

投资领域，2013 年的投资活动比 2012 年更加活跃，投资案例数量增长 31.3%，与 2012 年 29.0% 的增长率基本持平，但是在披露的投资金额方面，猛增 96.8%，达到创规模的 63.16 亿美元（见图 10—7）。从投资地域分布来看，2013 年房地产基金的投资地域主要分布在 23 个省份。其中上海共有 12 起，数量排名第一；江苏排名第二，共有 11 起投资案例 。从机构类型来看，本土投资机构依然处于主要地位，其较 2012 年有较大幅度增长，投资金额从 2012 年的 26.66 亿美元增长到 2013 年的 45.79 亿美元；外资机构的基金数量和投资金额也实现了增长，案例数达到 22 个，而投资金额也从 2012 年的 5.43 亿美元增长到 2013 年的 14.43 亿美元。从投资规模看，有 29 起投资案例集中在位于 2 000 万 ~ 5 000 万美元的区间，为投资案例最多的区间。而 1 亿 ~ 2 亿美元为投资总金额最多的区间。

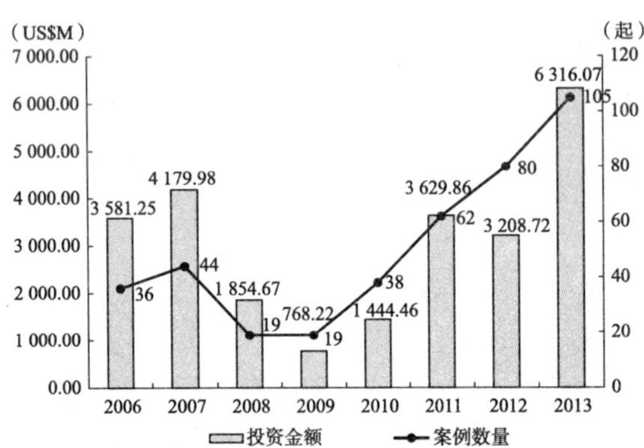


图 10—7　2006—2013 年中国私募房地产投资基金投资总量年度环比

资料来源：私募通，2014 年 3 月。

2013 年中国私募房地产投资基金共完成退出 64 笔。其中股东回购为主要的退出方式，有 25 笔案例；股权转让为排名第二的退出方式，共发生 14 笔退出，之后有 6 笔退出是并购方式（见图 10—8）。

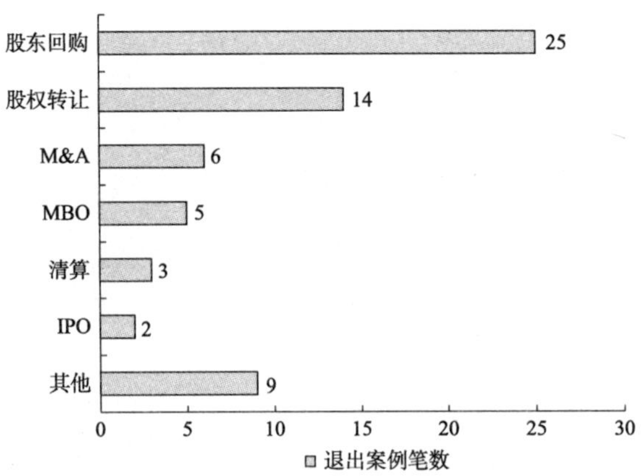


图 10—8　2013 年中国私募房地产投资基金退出方式统计

资料来源：私募通，2014 年 3 月。

### ‖监管新变化：证监会接手发改委成为VC/PE行业直接监管部门‖

2013年6月27日，中央编制办公室印发《关于私募股权基金管理职责分工的通知》。该通知明确，证监会负责私募股权基金的监督管理，实行适度监管，保护投资者权益；发改委负责组织拟订促进私募股权基金发展的政策措施，会同有关部门研究制定政府对私募股权基金出资的标准和规范；两部门要建立协调配合机制，实现信息共享。自此，争论已久的PE监管权成为定局。

证监会监管权的确立，也为PE市场带来新的变化。2013年年初，证监会发布《私募证券投资基金业务管理暂行办法（征求意见稿）》规定，符合条件的股权投资管理机构、创业投资管理机构应当向基金业协会申请登记。根据清科研究中心统计，截至2013年年底，证监会备案私募类投资机构达到250家，其中股权投资类机构85家。

## 2014年中国私募股权投资厚积薄发

### 十八届三中全会等会议带来利好

党的十八届三中全会审议通过的《中共中央关于全面深化改革若干重大问题的决定》指出，建立健全鼓励原始创新、集成创新、引进消化吸收再创新的体制机制，健全技术创新市场导向机制；建立产学研协同创新机制，强化企业在技术创新中的主体地位，发挥大型企业创新骨干作用，激发中小企业创新活力；健全技术转移机制，改善科技型中小企业融资条件，完善风险投资机制（见表10—4）。

2013年12月28日，十二届全国人大常委会第六次会议审议并通过了《公司法修正案草案》，新《公司法》自2014年3月1日起施行。草案取消了最低注册资本限制，取消了首期必需出资20%及剩余注册资本必需在两年内到位的要求，不再要求提供验资报告等，从而使得设立公司更为便捷，成本更为低廉，这也将更好地鼓励个体以及大学生进行创新，不断刺激个体经济的发展，也将有助于提高我国整体的创新力。

表 10—4　　十八届三中全会 8 项利好

| 8 项利好 | 具体内容 |
|---|---|
| 创业环境优化促投资 | 创新创业环境优化，初创企业发展享受利好，优质创投项目将增多，早期投资机会前景广阔 |
| 文化、教育投资机会多 | 文化、教育、医疗、环保、安全等领域改革，民资进入机会增多，股权投资机会在以上领域将丰富 |
| 二胎政策促母婴市场 | “单独”二胎政策放开，直接带动母婴消费产品的需求增长，催生相关消费品和幼儿教育的投资机会 |
| 资本市场双向开放 | 外商投资和对外投资放宽，资本市场双向开放，人民币 / 美元股权投资基金跨境投资顺畅 |
| IPO 注册制利好退出 | IPO 注册制度改革，大大增加新股发行数量，拓宽机构 IPO 退出通道，但发行市盈率会下降 |
| 非公经济更重要 | 资源配置市场起决定作用，非公经济更重要，民营企业迎发展，股权投资机构手中项目长期发展利好多 |
| 国企改革存并购机会 | 国企改革进一步深化，行业垄断、市场限制将破，股权投资在国企改革可寻找并购投资或参股分享机会 |
| 城镇化发展利好地产基金 | 城镇化健康发展体制机制完善，基础设施建设和运营将允许社会资本参与，房地产基金、基础设施基金将迎更好机遇 |

2014 年 3 月 25 日，李克强总理在国务院常务会议上提出了六大举措促进资本市场健康发展。其中的第三大措施即专门针对私募行业，原文为：“三要培育私募市场，对依法合规的私募发行不设行政审批，鼓励和引导创业投资基金支持中小微企业，创新科技金融产品和服务，促进战略性新兴产业发展。”可以看出，私募行业已成为政府构建多层次完善的资本市场的重要一环。不同于对信托等其他资本市场的态度，政府对私募市场显示出较大的包容性，对应的监管环境也较为宽松，对私募市场对促进科技创新及中小企业发展的价值作出了肯定。2014 年政府层面的总体认可将会对私募行业发展形成较大的促进作用。

## 私募投资基金备案办法出台，行业步入规范化发展时代

2014年1月17日，中国证券投资基金业协会发布了《私募投资基金管理人登记和基金备案办法（试行）》（以下简称《办法》）。《办法》规定了私募投资基金管理人登记、基金备案、从业人员管理、信息报送、自律管理等方面的要求。中国证券投资基金业协会在官网公布了其对办法的解读，提出此次私募基金登记备案的三大特点：实行事后登记备案，开展行业自律管理；全口径登记备案，实行电子化报送；鼓励私募基金进行托管。

《办法》所称私募投资基金，系指以非公开方式向合格投资者募集资金设立的投资基金，包括资产由基金管理人或者普通合伙人管理的，以投资活动为目的设立的公司或者合伙企业。即：私募证券投资基金、私募股权投资基金、创业投资基金等管理人及所管理的基金需进行备案。从这个层面来看，只要是在境内设立并以私募形式募资的机构管理人，包括天使基金、VC、PE、FOF，都有可能纳入监管范围。根据《办法》的规定，个人形式的投资未纳入监管。

根据中国证券投资基金业协会对备案流程的说明，对于非基金业协会会员的机构，需要先申请成为基金业协会会员，以方便协会统一管理与提供服务。根据《中国证券投资基金业协会章程》及《中国证券投资基金业协会会员会费收缴办法》入会需缴纳会费，会费又分为入会费和年会费，会员入会当年可免交年会费。入会费根据机构类型的不同分为2万元和10万元两档；年会费根据机构类型的不同从2万元到60万元不等。

此外，《办法》首次要求股权投资从业人员具备从业资格。第16条规定："从事私募基金业务的专人员应当具备从业资格。具备以下条件之一的，可以认定为具有私募基金从业资格：（1）通过基金业协会组织的私募基金从业资格考试；（2）最近三年从事投资管理相关业务；（3）基金业协会认定的其他情形。"此前，发改委在历次监管文件中，虽然提出管理人员需具备一定资质，但尚未上升到要求具备从业资格的高度。此次证券投资基金业协会首次提出建

立私募基金从业资格，行业从业标准将进一步统一。

## 2014 金融改革之年，股权投资机构募投退策略适时应变

2014 年，机构对募资市场普遍看好，认为 2014 年募资环境会有所好转的比例超过了半数，大大超过了 2013 年的 28.9%，同时认为，募资难度会加大的比例也较 2013 年有了大幅缩减，说明业内机构对 2014 年整体募资活动还是比较乐观的。而在具体募集计划里，有接近 95.0% 的本土机构 2014 年有募集计划，而有 20% 的外资机构选择暂时观望。在募资渠道里，自主募集仍是大部分机构的首选，其次为私人银行。需要指出的是，2013 年中国银监会关于银行禁售私募基金产品的批文主要针对银行柜台销售理财产品行为，而私募股权基金产品的主要销售渠道为服务于高净值个人家族的私人银行，投资人风险意识较为成熟，“误导消费者购买”的概率较小。有理由相信，在经过一轮整治后，私募股权基金产品的销售流程将更加规范。

从目标 LP 群体分类来看，运营规范、投资经验丰富、风险承受度高的机构 LP 依旧最易成为 VC/PE 机构的目标 LP 群体。

投资方面，有 36.5% 的机构选择在 2014 年调整投资策略，而在这些意图调整的 VC/PE 机构中，近 70% 选择扩充并购业务。此外，伴随 2013 年房地产投资的大热，选择向房地产投资方向发展的比例都有所提升。而 VC 机构中选择 PIPE 投资与 PE 机构中选择天使 / 早期投资的比例都有所上升，体现了市场上机构业务多元化发展的趋势。

退出方面，2013 年 12 月 30 日，证监会发行部、创业板部已向 5 家在审企业发放了发行批文，标志着境内 A 股市场尘封长达一年多的 IPO 退出渠道正式打开。截至 2014 年 1 月 3 日，已有 16 家在审企业获得证监会发行批文，预示着 2014 年又将是一个 IPO “大年”。IPO 重启的利好也带动了市场机构对未来的预期的转变。看好退出情况的机构比例达到 33.6%，而不看好的机构不

到20%，而在2013年这个比例超过40%。有47.8%的机构表示，IPO依旧是他们首要的退出渠道，首选的上市地点仍为境内的深圳创业板、深圳中小企业板和上海证券交易所。得益于2013年的经历，83.5%的机构表示除IPO外也会考虑其他退出方式，在这些机构中，94.1%会考虑并购退出方式。

## IPO重启、注册制改革、“新三板”扩容，全国促PE业发展

经过连续两年的市场深度盘整，我国股权投资市场在2014年开端出现一些可喜变化。首先，在宏观层面，行业监管稳步落实，证监会通知机构限期备案。证监会规定，各类境内注册成立的私募投资机构的私募基金管理人和私募基金均应到基金业协会备案，否则不得从事私募投资基金管理业务活动。另一方面，市场发展预期乐观，政策支持逐步完善。2014年3月11日两会记者会上，肖钢在回答记者提问时指出，2014年将大力发展私募市场是2014年资本市场改革的重要内容之一。其次，在微观层面，股权投资机构募资活跃，从机构的反馈和投资数据都可以看出，整个股权投资市场募资显现可喜的复苏之势；投资方面，机构在项目估值方面也较去年有所提升，体现机构对于未来整体走势持乐观态度；退出方面，境内IPO开闸，IPO注册制有序推进，并购、股权转让等退出方式稳步发展，多元化退出选择渐显成熟。

### ‖IPO重启‖

2013年12月30日，中国证监会发行部、创业板部已向5家在审企业发放了发行批文，拿到批文的企业包括上海主板企业纽威股份，中小板企业新宝电器、创业板企业楚天科技、我武生物和全通教育；31日，已过会拟上市主板的企业陕西煤业、中小板企业良信电器、众信国旅、创业板企业奥赛康、炬华科技以及天保重装6家企业获得了批文；2014年1月3日，拟上市主板的企业应流股份、中小板企业光洋股份、天赐材料、创业板企业博腾股份、恒华

科技也获得了批文。从信息披露、路演申购到挂牌上市最快可在 2 周内完成，2014 年 1 月 8 日之后，这批新股就开始申购，包括这 16 家公司在内，将有 82 家公司陆续获得批文，其中创业板将占到 43 家。境内 A 股市场尘封长达一年多的 IPO 退出渠道正式打开。VC/PE 投资的退出渠道主要还是依靠国内上市。IPO 正式重启将使退出渠道重上正轨，全面提升各方信心，尤其是基金投资人（LP）和基金管理人（GP）的信心。

## ‖注册制改革‖

2013 年 11 月 30 日，中国证监会颁布了《关于进一步推进新股发行体制改革的意见》(以下简称《意见》)，标志着我国新股发行改革正朝着“注册制”大步迈进。《意见》从审核理念、发行节奏、发行方式、约束机制等方面推进了市场化改革，为注册制转型打下了良好基础。上市制度改革将很大程度上鼓励“价值投资”与“成长性投资”基金。

此次改革坚持市场化、法制化取向。在审核端，监管部门对新股发行的审核重在合规性审查，提前预披露时点，发行人招股书申报稿正式受理后便在证监会网站披露；将逐步淡化监管机构对拟上市公司盈利能力和投资价值的判断，以信批为中心；由投资者自主判断企业投资价值，并承担相应风险。此外，监管部门要求进一步加强财务信息质量（发审会前财务抽查）。

在发行端，引入主承销商自主配售方式和改良式“市值配售”；完善事前审核、事中监管、事后执法；强化中介机构责任，限定网上申购，体现了对中小投资者的保护。在发行时点上，将由发行人自主选择，证监会不再控制发行节奏。

该《意见》中一直被热议的“存量发行”也被落实，鼓励持股满三年的原有股东将部分老股向投资者转让，随后证监会也相应出台了《首次公开发行股票时公司股东公开发售股份暂行规定》。实施老股转让的目的在于缓解上市公司资金超募问题，增加可流通股份数量，由于新股发行超募的资金将相应减持发行人老股，因此，该制度实施后将有效的改变过去新股发行超额募集资金的现象；另一方面，存量发行给了大股东套现更加便捷且没有锁定期的便利条件，因此，上市企业背后的VC/PE机构也可借存量发行实现上市即退出。

本次改革后，新股定价市场化程度将提高，监管部门将不再规定具体的定价方式和程序，由市场各方自主博弈、自主定价、自担后果。

## ‖“新三板”扩容‖

继2012年8月“新三板”新增上海张江高新技术产业开发区、武汉东湖新技术产业开发区和天津滨海高新技术产业开发区三个试点园区。2013年，场外市场改革进一步推进，1月16日，全国中小企业股份转让系统正式揭牌运行。自此，“新三板”市场运作平台将由证券业协会自律管理的证券公司代办股份转让系统转为国务院批准设立的全国中小企业股份转让系统有限公司。1月31日，中国证监会公布《全国中小企业股份转让系统有限责任公司管理暂行办法》，确立了全国中小企业股份转让系统的法律地位，是经国务院批准设立的全国性证券交易场所；证监会还引入了做市商制度，做市商制度的引入为“新三板”流动性的注入提供了保障。

2013年12月13日，国务院发布了《关于全国中小企业股份转让系统有关问题的决定》，明确了“新三板”扩容至全国以及搭建转板机制。新三板扩容可以有效促进地方产业结构升级、带动当地经济发展，从而辐射周边区域经济增长。另一方面，新三板扩容也有利于完善我国多层次资本市场体系，满足中小企业融资需求。而作为能够打通场外市场与主板市场间的通道、使盈利能力好的挂牌企业通过“绿色通道”转至高一层次资本市场的转板制度，有利于企业以较低成本进入场内市场获得更大的发展机遇。此外，为贯彻落实国务院的这一决定，中国证监会于12月16日发布了《关于修改〈非上市公众公司监督管理办法〉的决定（征求意见稿）》，向社会公开征求意见，其他配套细则也正在研究中。"新三板"扩容全国、转板机制实施后，我国场内、外市场将被有效连通，退出渠道的通畅、做市商制度实施后交投的活跃，以及扩容后大批量的投资标的，将吸引更多的VC/PE机构驻足（见图10—9）。

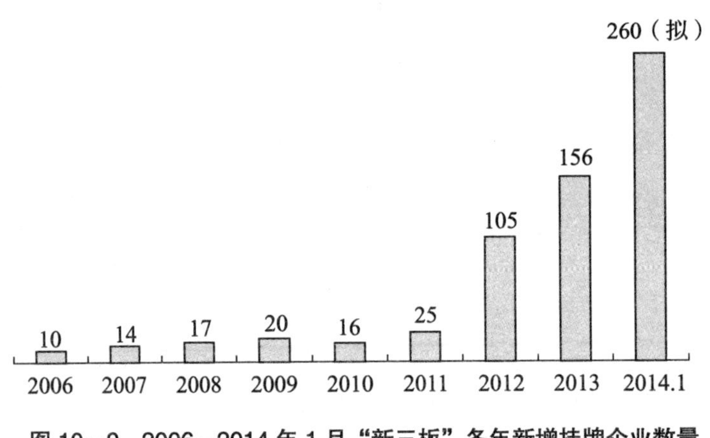


**图10—9　2006—2014年1月"新三板"各年新增挂牌企业数量**

## 国企改革深化，PE探寻新策略

2014年，股权投资基金将有望更多地参与到国企改革和新型城镇化建设中。国企改革引入股权投资基金既有可行性又有必要性。第一，使产权明晰。引入股权投资基金后，PE投资者拥有所购买股份的所有权，能够明晰国有企业产权，重新配置资源，使得资源利用效率提高。第二，基金投资者对公司管理层实施股权等方面的激励，使公司的管理层能更好地将自己的利益与企业利益联系在一起，在解决产权所有者缺位问题的同时也避免了管理层的短期行为。第三，能更好地调整产业结构。在城镇化在与股权投资基金合作方面，一是可以引导民间资本、外资组建基础设施或产业投资基金；二是一些实力较强的融资平台与金融机构、大型机构投资者合作成立股权投资基金；三是直接吸引外资、民间资本、央企等各类资本入股基础设施项目。

在遵循新一轮国资国企改革中确立的“精细化分类改革”原则的前提下。私募基金主要可以从三个角度在国资国企改革中发挥作用：首先，是辅助部分国企进行股权结构的资本化改革；在此基础上，进一步实现管理结构及管理制度的现代化改革；最终实现企业经营策略及理念上的市场化改革。

## 政策利好，环保、医疗、互联网行业投资热点不断

### ‖环保领域‖

近年来，节能环保产业发展在全球范围内引起普遍关注，并迅速成长为推动全球高新技术产业发展的新兴力量，特别是欧美发达国家的节能环保产业已进入较高的发展阶段，节能环保产业已成为发达国家国民经济的支柱产业之一。在国内，过去几十年经济粗放式发展给环境造成严重污染，2012 年入冬以来北方出现严重的“雾霾”天气再一次给我们敲响警钟。环境污染问题已经成为我国经济发展绕不开的问题，在中国经济转型升级过程中，节能环保产业越来越受到各级政府的高度重视。国家“十二五”规划纲要已将节能环保产业列入“培育发展战略性新兴产业”之一。《国务院关于加快发展节能环保产业的意见》（国发 [2013]30 号文）还提出，节能环保产业产值年均增速在 15% 以上，到 2015 年，总产值达到 4.5 万亿元，成为国民经济新的支柱产业的新目标。一些省市也相应出台治理环境污染的相关配套措施和发展目标，并许诺重资治理环境问题，促进节能环保产业的发展。

### ‖医疗领域‖

2014 年 3 月 5 日，国务院总理李克强在《政府工作报告》中对医疗改革提出：推动医改向纵深发展。巩固全民基本医保，通过改革整合城乡居民基本医疗保险制度。完善政府、单位和个人合理分担的基本医疗保险筹资机制，城乡

居民基本医保财政补助标准提高到人均320元。在全国推行城乡居民大病保险。加强城乡医疗救助、疾病应急救助。县级公立医院综合改革试点扩大到1 000个县，覆盖农村5亿人口。扩大城市公立医院综合改革试点。破除以药补医，理顺医药价格，创新社会资本办医机制。巩固完善基本药物制度和基层医疗卫生机构运行新机制。健全分级诊疗体系，加强全科医生培养，推进医师多点执业，让群众能够就近享受优质医疗服务。

短期内，除高端医疗和部分医保外专科外，基层医疗服务市场存在投资机会。一方面，国家高层对医疗改革的一个重要方向就是满足基层医疗卫生服务，另一方面，医师多点执业能够为社会资本构建基层医疗服务体系提供了可能性。如以社区医疗为基础构建的基层医疗服务体系，同时结合大数据等相关技术搭建医疗信息平台，未来会有很大的发展空间。

### ‖互联网领域‖

同样在两会上，李克强总理提出要促进信息消费，实施“宽带中国”战略，加快发展第四代移动通信，推进城市百兆光纤工程和宽带乡村工程，大幅提高互联网网速，在全国推行“三网融合”，鼓励电子商务创新发展 。同时提出“维护网络安全”，随着时代的进步及现代社会的发展，互联网行业在中国宏观经济中所占的比例越来越大。在金融危机影响持续、世界经济增长乏力的大环境下，互联网产业显露出少有的发展活力，成为减缓经济危机影响的重要力量。工信部的研究报告显示，信息消费已经成为引领消费、扩大内需、提振经济的新动力，预计2015年，我国最终信息消费规模将超过2万亿元人民币，年均增长25%以上；信息消费预计将拉动国内生产总值0.7个百分点，带动行业新增产出超过1万亿元人民币。

中国网络经济的增长活跃主要体现在两个方面：一是在基础设施建设和普及上，移动互联网和宽带网络双双发力，成为互联网产业发展的新引擎。移动用户快速增加，手机上网比例已经超过台式电脑上网比例，宽带普及提速工程正式启动，宽带价格进一步下降，为应用的繁荣夯实了基础。二是在商业模式探索和应用推广上，电子商务、网上支付、即时通讯、社交网络等各领域迅猛发展，促使以互联网为引领的信息消费成为中国扩大内需的新引擎。

## ‖2014 年机构重点关注行业‖

从机构关注的重点投资行业看，生物医疗、清洁技术、TMT（电信、媒体和科技）、消费这些投资领域本年度依旧受到追捧（见图 10—10）。新农业、文化产业、先进制造业的受关注度则排在第二梯队上；房地产、能源矿产等资金密集行业排在第三梯队。PE 机构的重点关注领域与 VC 类似，区别于 VC 更偏重于高新技术行业，PE 机构对消费与文化产业的关注相对更高一些。

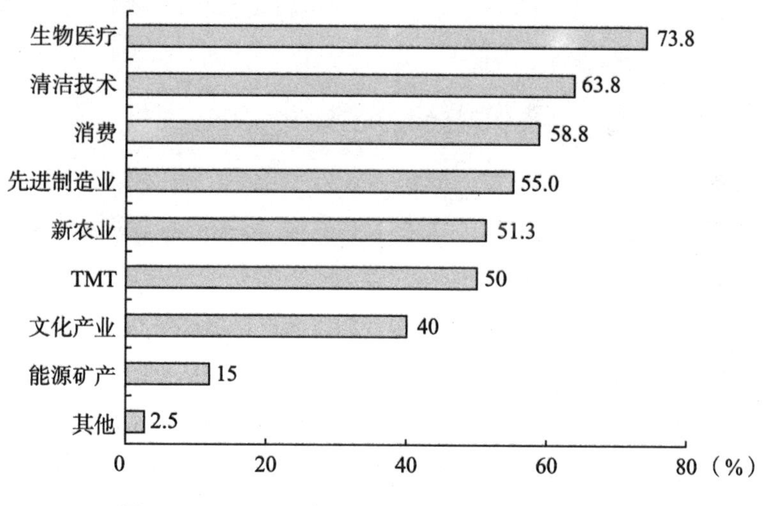


**图 10—10　2014 年 VC / PE 机构关注重点投资行业**

**其中，生物医疗成为 VC/PE 关注度最高的行业。**一方面，在“十二五”规划的战略性新兴产业中，生物医疗产业有现代中药与民族药、新型疫苗、生物技术药物、化学药品与原料药制造、生物分离介质与药用辅料、医疗器械等共 32 个重点产品和服务领域被列入其中，致使改行业细分行业众多，可挖掘的项目也很多。另一方面，众多创投机构宣布布局医疗，已经成立行业基金的就有君联资本、德同资本、高特佳等。作为世界第二大经济体，我国的生物医疗行业还处于初级阶段，医药支出仅占到 GDP 的 6%，预计生物医药行业未来十几年都将处于高速发展的阶段，和健康相关的领域，未来潜力巨大。在过去几年里，中国生物医疗产业受到越来越多的关注，中国已经成为所有大型跨国医药企业的国际重点市场。

## 机构“跨业”监管仍有待落实

中国证监会 2014 年新年伊始为券商直投业务松绑，除了股权投资外，债权投资首次被纳入成为直投子公司的业务范围。此外，短期融资券、债券逆回购也获准成为直投公司标的，而合格投资人则将高净值个人纳入 LP 范畴内。证监会的这次举措标志着券商直投子公司将从诸多限制的单纯性股权投资类机构向业务更全面的资产管理机构转变。

长期以来，横跨一级和二级市场、兼顾股权投资、债权投资、证券投资、房地产投资等多元化业务的综合性资产管理机构，一直是很多机构未来发展的目标。证监会《私募证券投资基金业务管理暂行办法（征求意见稿）》中也明确表示，符合条件的股权投资管理机构、创业投资管理机构等其他资产管理机构可以开展公开募集证券投资基金管理业务，为 VC/PE 机构发行公募基金产品打下理论基础。2013 年 7 月，发改委发布的《关于加强小微企业融资服务支持小微企业发展的指导意见》中也提出，“支持符合条件的创业投资企业、股权投资企业、产业投资基金发行企业债券，专项用于投资小微企业”，为 VC/PE 机构进行企业债业务提供政策支持。

然而国务院办公厅下发的“107 号文”（即《国务院办公厅关于加强影子银行监管有关问题的通知》）规定，“严禁私募股权投资基金开展债权类融资业务”。虽然这份文件目前象征意义大于实际意义，也并未明确指出债权类融资是指机构募资阶段还是投资阶段，但对修炼不足却急于扩张的 VC/PE 机构仍不失为一次警告。当前，证监会已获得股权投资机构的主要监管权，但对于大资管时代中必然要面临的“跨业”经营，尚缺细则引导，究竟是按照机构定性归属，还是按照业务牌照分业监管，都将是未来面临的问题。但可以肯定的是，目前中国的股权投资市场仍处于较为初级的阶段，在市场参与者未成熟前，相关部门都将采取从严管理。

# 第11章

# 金融变革期的高端财富管理转型

## 本章导读

金融变革在当下已经开始，推进汇率、利率的市场化和建设多层次资本市场是变革的主题。高端财富管理也是这场变革的参与者之一，因其市场化程度高，反应最灵敏，事实上最早在 2012 年就开始有所改变。这些改变就是注重提供全方位的服务、构建资产管理能力、培育对基础资产的掌控力，等等。这种变革 2013 年在加速进行。

本章首先以私募股权为例，介绍了高端财富管理的传统产品及其影响因素和长短期发展情况。在此基础上，介绍了高端财富管理机构的未来发展趋势。另外，本章还特别强调了政策对高端财富管理的影响。

- 私募股权投资（俗称 PE、VC）是高端财富管理领域的重要产品。2013 年，客户对私募股权产品的信心有所回升，IPO 渠道或成为最为倚重的退出方式。
- 未来，高端财富管理将以客户需求为导向，不断提高产品研发能力，发挥资产管理和财富管理的协同作用，提供全方位一站式的服务，满足客户的个性化需求。
- 构建资产管理业务，从专注于客户这一端向同时关注资产和客户两端演变。此外，构建外部采购与自主研发并行的产品体系，也将成为财富管理机构下一步的重点任务。

# 金融变革与政策影响下的高端财富管理行业

## 金融变革：利率市场化推动下的金融创新

以各种“宝”为代表的互联网金融是2013年理财市场最热门的话题。它们虽未撼动传统金融机构的坚固地位，但却部分改变了金融市场的利益分配和游戏规则。还有一个热门现象是信托融资的减速和基金子公司资管业务的崛起，后者凭借很少的资本约束和较低的通道成本等优势对前者的业务进行了蚕食。

表面上看这些都是新进入者因为初期的监管约束更少带来的短暂后发优势，但更深层次的原因是，原有金融机构过于依赖政策制度构筑的“护城河”而缺乏主动变革的动力。比如商业银行作为一个整体，因为享有制度保障的存贷款利差，直到利率市场化开始加速、金融脱媒愈演愈烈，才开始提供银行理财产品这一有别于传统定期/活期存款的理财产品。而在“互联网金融—货币市场基金—同业/协议存款”这一链条蚕食了一般存款之后，商业银行作为一个整体已经无力应对，毕竟这是利率市场化大背景下的必然趋势。

再以信托公司为例，信托公司从2007年“两规”（《信托公司管理办法》、《信托公司集合资金信托计划管理办法》）修订颁布之后，迎来了高速发展期。这主要归功于因信贷规模、存贷比等限制而产生的银信合作需求，以及房地产调控和地方政府财权事权不匹配产生的大量非标融资需求。当各类金融机构都被允许进入大资管的“赛场”后，就像在产业领域我们看到的那样，低端加工制造业因为人力成本因素而从中国沿海转移到内地，甚至从中国转移到东南亚。信托公司作为一个整体，其“护城河”——非标融资性业务被资管新政打破，原先属于它的融资性业务大量转移至基金子公司也就不足为奇了。

金融变革在当下已经开始，就像20世纪70年代的美国，其高端财富管理业正是在那个时期发展起来的。推进汇率、利率的市场化和建设多层次资本市场是变革的主题，高端财富管理也是这场变革的参与者之一，因其市场化程度高，反应最灵敏，事实上最早在 2012 年就开始有所改变。这些改变就是注重提供全方位的服务、构建资产管理能力、培育对基础资产的掌控力，等等。这种变革 2013 年在加速进行。

## 政策影响：107 号文的发布

2014 年初，国务院办公厅发布了《国务院办公厅关于加强影子银行监管有关问题的通知》(以下简称“107 号文”)。107 号文是纲领性文件，是目前决策与监管层对影子银行问题的最高级别表态。在 107 号文发布之后，各相关监管部门具体的规范性文件也随后出台,如《关于规范金融机构同业业务的通知》(银发 [2014]127 号)。107 号文中所涉及的内容大多为纲领性指引，对市场的直接影响较小，影响更大的将是各监管部门随后的具体文件。

### ‖ 107 号文的总体影响 ‖

#### (1) 为影子银行正名，扬长避短

107 号文将影子银行定义为“传统银行体系之外的信用中介机构和业务”，这个定义非常宽泛。按照有无金融牌照和有无监管，可以将影子银行分为三类：一类是不持有金融牌照、完全无监管的信用中介机构；第二类是不持有金融牌照、存在监管不足的信用中介机构；第三类是机构持有金融牌照、但存在监管不足或规避监管的业务。

**总体来看，107 号文是在肯定影子银行积极作用的前提下，对影子银行发展中出现的问题、风险进行了规范，引导其健康发展。**107 号文对影子银行的态度，相比以往监管部门的正式与非正式表态，更加积极、正面。

107 号文认为影子银行的作用在于“满足经济社会多层次、多样化金融需求”，但存在“业务不规范、管理不到位和监管套利等”问题。这些问题并非致命性问题，在几乎所有产业与行业中均长期存在。

107号文明确规定："影子银行的产生是金融发展、金融创新的必然结果，作为传统银行体系的有益补充，在服务实体经济、丰富居民投资渠道等方面起到了积极作用。"107号文并非压制影子银行，而是"坚持一手促进金融发展、金融创新，一手加强金融监管、防范金融风险，落实责任，加强协调，疏堵结合，趋利避害"，并强调"在发挥影子银行积极作用的同时，将其负面影响和风险降到最低"。

（2）明确影子银行监管归属，规范发展

107号文中的一个重要内容就是明确对影子银行监管责任，主要体现在以下几点：

**第一，谁批准谁负责，中央地方统分结合。**107号文规定："按照谁批设机构谁负责风险处置的原则，逐一落实各类影子银行主体的监督管理责任，建立中央和地方统分结合，国务院有关部门分工合作，职责明晰、权责匹配、运转高效的监督管理体系。"这就明确了对影子银行的监管责任，同时，中央与地方统分结合的机制，既有利于中央从整体上进行统筹安排，又能赋予地方足够的灵活性。

**第二，统一归口监督管理。**107文中提出："已明确法定监督管理部门的，由相关部门按照法定职责分工分别实施统一归口监督管理……银行业机构的理财业务由银监会负责监管；证券期货机构的理财业务及各类私募投资基金由证监会负责监管；保险机构的理财业务由保监会负责监管；金融机构跨市场理财业务和第三方支付业务由人民银行负责监管协调。"这一规定把影子银行的监管责任落实到各监管部门，从而避免了以后监管中的"多头管理"和"无人管理"等现象，提高了监管的效率。

**第三，将所有影子银行均纳入监管。**针对目前存在的部分未纳入监管的影子银行，107号文规定："对尚未明确监管主体的，抓紧进行研究。其中，第三方理财和非金融机构资产证券化、网络金融活动等，由人民银行会同有关部门共同研究制定办法。”这就将所有游离于监管之内的影子银行“一网打尽”，有利于建立起全方位的监管系统。以上规定有利于明确对影子银行的监管责任，从而达到规范影子银行，促进其健康发展的目的。

#### （3）促使风险显性化，防范系统性风险

107号文认为，影子银行的风险具有“复杂性、隐蔽性、脆弱性、突发性和传染性，容易诱发系统性风险”，对于这一问题，我们可以通过使风险显性化，提前预防来解决。主要体现在以下几个方面：

**第一，业务规模与风险承担能力相适应。**107号文提出：“按照‘业务规模与风险承担能力相适应’的原则，督促相关机构建立内部控制、风险处置制度和风险隔离机制。”在这一原则的指导下，除已有的信托公司净资本管理、银行表内考核（已覆盖保本保收益产品、银信合作产品）、证券公司净资本管理等之外，其他资产管理业务如基金子公司的资产管理业务也会相继出台类似风险准备金计提之类的要求。

**第二，规范发展金融机构理财业务。**107号文要求：“各金融监管部门要按照代客理财、买者自负、卖者尽责的要求，严格监管金融机构理财业务。”通过对金融机构理财业务的监管，减少发生系统风险的可能性。

**第三，规范理财资金池业务。**107号文明确规定，商业银行不得开展理财资金池业务，信托公司不得开展非标准化理财资金池业务。对于信托公司来说，未来的资金池只能涉足债券等标准化资产。

**第四，规范创新业务。**107号文对小额贷款、融资性担保等已经开展较长时间的业务，继续重申既有的规定；对网络金融这样的新型业务，仅原则性地要求遵守相关规定。

以上规定将金融机构目前开展的业务中存在的隐性风险阳光化，使得监管部门能够对其实行有效监管，从而避免了发生系统性风险的可能性。

## ‖ 对财富管理各机构的影响 ‖

### （1）对信托公司的影响

依据107号文，信托公司未来的资金池在债权类资产上只能涉足如债券等标准化资产，这可能会导致信托资金池业务的收益下降。107号文提出，建立完善的信托产品登记信息系统，探索信托受益权流转，这对信托业是非常大的利好。信托登记信息系统的建立和信托受益权流转的实现，一方面使资金信托的二级市场得以形成，资金信托具备流动性后将极大促进资金信托规模增长；另一方面使事务信托得以真正发展，有利于信托公司开展财富管理业务，比如家族信托业务。107号文要求信托公司回归信托主业，但信托主业到底是什么，长期存在争议且尚无定论。信托公司中短期内仍将大致维持目前的业务模式。

### （2）对私募股权基金的影响

107号文明确规定“严禁私募股权投资基金开展债权类融资业务”。我们认为，此项规定主要针对的是个别私募股权投资基金募集环节存在的“给予投资者固定回报承诺”问题。因为这种行为某种程度上有吸收公众存款的嫌疑。而对于市场所担心的是否会影响到并购基金、夹层基金，我们持乐观态度。目前并购和夹层基金常见的运作方式是，依托某些产业领域资本运作的特殊性，通过基金巧妙的结构设计和综合独特的运行方式达到固定收益的预期，即“明股实债”，这也是国际上常见的私募股权投资行为。更为重要的是，由于起步初期的种种限制，目前国内并购基金主要以夹层基金的形式出现，若对此严格禁止，将与国家之前宣布的推进战略转型、鼓励兼并重组的政策方向背道而驰。这项规定的影响还需等待监管部门具体细则出台后方可判断。

### （3）对资产管理业务的影响

资产管理业务往往涉及机构交叉合作，其中部分机构发挥通道功能。107

号文并未如市场预期般否定通道业务，而是要求明确风险承担主体和通道功能主体。此类交叉合作业务的监管由风险承担主体的行业归口部门负责。107号文打消了市场之前担心的通道业务将被限制甚至被叫停的担忧。过往对通道业务的“堵”的政策效果往往不佳，需求总能找到新的规避方式。107号文改为“疏”的方式，有利于真正解决交叉合作业务的权责不明晰风险。

# 我国高端财富管理行业：机遇与挑战并存

随着我国经济高速发展、居民私人财富日益积累，不断壮大的高端客户群体迫切需要专业的金融机构为其提供有针对性的差异化财富管理综合服务，财富管理业务也就成为各大金融机构争相抢占的一片蓝海。

## 中国高端财富管理市场巨大

中国高端财富管理市场的崛起已成为全球财富管理的重要趋势之一。目前，我国的经济增长速度逐渐趋缓，但依然保持稳定增长，居民财富日益增加。根据贝恩公司和招商银行于2013年5月7日共同发布的《2013中国私人财富报告》，2012年我国全社会个人持有的可投资资产规模超过80万亿元，相比2008年的个人可投资资产规模已经翻倍（见图11—1）。我国高净值人群的规模也在不断扩张。

我国居民财富迅猛增长，党的十八大报告也明确指出，到2020年实现国内生产总值和城乡居民人均收入比2010年翻一番。高净值人群保值增值的欲望不断增强，人们消费、投资的意识逐渐加强。另外，随着老龄化社会的到来，人们对建立退休、教育和应急基金，管理个人资产和债务，为未来生活提供保险、合法避税、积累财富等方面的需求越来越大。这都意味着，我国的高端财富管理市场蕴藏巨大的市场潜力。

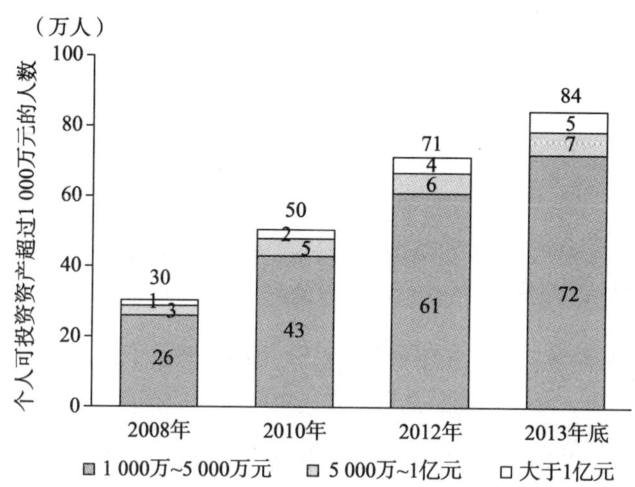


**图 11—1　我国 2008—2013 年高净值人群的规模和构成**

资料来源：《2013 中国私人财富报告》，贝恩公司高净值人群收入 – 财富分布模型。

## 业务规模迅速扩大，产品种类日趋丰富

近年来，国内银行财富管理业务呈现出良好的发展态势，2012—2013 年经历了快速发展阶段，高净值人群数量和资产规模迅速增长。仅以银行理财产品为例，2005 年，全国银行业金融机构理财产品销售额仅为 2 000 亿元，而到 2011 年已突破 17 万亿元，各种集合信托产品规模超过 5 万亿元。高端财富管理的产品种类也日益丰富，包括银行理财、证券基金、阳光私募、信托计划以及保险等多个产品体系。

## 同质化严重，竞争激烈

面对高净值人群市场的日益壮大，众多金融机构已经纷纷涌入财富管理市场，财富管理业务也就成为各大金融机构争相抢占的一片蓝海。银行、证券公司、基金管理公司、第三方理财机构和信托公司的“多级”竞争格局正在逐

步形成。原有高端财富管理机构不断扩大业务规模及范围，同时，不断有新机构加入到高端财富管理市场的竞争。各高端财富管理机构仍然以产品竞争为主，且多是代销，同质化严重。要想在该领域获得进一步发展，需要采取差异化竞争，构建自己的核心竞争力。

### 专业化能力有待提升

尽管我国银行业财富管理近年来取得快速发展且前景广阔，但从总体上讲，还处于起步阶段，特别是与国际先进银行相比，还存在很大差距，比如专业化经营能力有待提升、产品多元化程度有待加强、品牌内涵亟待丰富、系统平台支持功能尚不完善等。为实现财富管理业务的创新发展，国内商业银行必须在思考全球财富发展趋势的基础上，借鉴国际先进银行经验，加快构建起真正符合现代财富管理发展规律的新的经营模式。

### 发展不规范，需加强监管

由于中国缺乏准入机制与监管体系，随着第三方财富管理市场的快速发展，行业丰厚的利润吸引了很多没有专业能力与道德标准的机构加入进来，从而造成行业的信誉责任缺失、行业管理混乱、机构良莠不齐。目前高端财富管理行业处于快速发展阶段，可以预测，一两年内高端财富管理市场必定进行政策性洗牌与管制。所以我们也期盼相关监管政策的尽早出台，让这个行业能够良性有序地发展，让更多投资者受益。

## 高端财富管理未来转型：全方位、个性化

随着我国经济持续快速发展，人均收入水平提高，人们对多样化投资的需求日益上升，特别是富裕人群的闲置资产金融需求强烈，高端财富管理发展潜力巨大。未来，高端财富管理将以客户需求为导向，不断提高产品研发能力，

发挥资产管理和财富管理的协同作用，提供全方位一站式服务，满足客户的个性化需求。

## 提供更加全方位的服务

互联网金融是互联网企业涉足金融业务的尝试，其应用空间远不止于目前我们看到的各种货币市场理财产品。作为非金融企业，互联网企业基于大数据的开发，从客户的非金融行为中挖掘出金融业务需求，然后联合金融机构或自设金融部门提供供给，而这原本与互联网企业是不相干的。

**高端财富管理机构从其中得到的启示是，高端客户的财富管理需求远不止资金的保值增值那么简单。**在财富的使用、延续和传承过程中，产生了旅游、运动、体检、保险、教育、融资、家族财富管理传承等需求，这些都在高端财富管理机构帮助客户进行财富管理过程中体现出来，高端财富管理机构拓展这些业务并非不务正业，而是作为最能理解客户全方位需求的“管家”应该提供的，这正是部分私人银行和高端财富管理机构已经在做的。

## 构建资产管理业务

围绕产品提供高端财富管理服务并非中国的高端财富管理机构急功近利，即使在财富管理业发展历史最悠久的欧洲，根据麦肯锡的调查，直到 2005 年，欧洲财富管理业全部收入中仍有 62% 来自产品分销，在美国这一比例更高。国内高端财富管理机构的主要商业模式目前依然围绕产品进行，但正在从专注于客户这一端向同时关注资产和客户两端演变。以前泾渭分明的财富管理与资产管理正在融合，并迸发生命力。

### | 财富管理与资产管理相互依存 |

财富管理与资产管理同属大资管的范畴，但在概念上容易混淆。二者的区别在于：财富管理从客户需求出发，一般仅提供咨询建议而不直接管理资产；资产管理主要负责投资，以资产价格趋势为出发点，很少考虑客户需求。资产管理业务一般以金融产品为载体，金融产品的销售多由财富管理机构担当。**因此，从产业链的角度看，资产管理是上游，财富管理是中游，客户是下游，财富管理与资产管理更多是互补关系，相互依存。**

资产管理业的出现早于财富管理业。首先是居民财富的增长催生了居民投资理财需求，进而促进了资产管理业的发展，如我们熟知的公募基金。随着居民投资理财需求的增加，传统金融机构，如主要提供存贷款业务与现金管理业务的商业银行、主要提供证券经纪和投资银行业务的证券公司，相继涉足资产管理业务，如银行理财业务和券商资管业务。

资产管理机构大多专注于研发和投资，金融产品的销售需要专门的机构或部门负责。银行理财产品自然由商业银行自行销售，而基金公司因为缺乏销售渠道，使得商业银行成为公募基金的主要分销商。随着产品的日渐丰富和多样，客户对金融产品的筛选和配置产生需求，分销机构开始提供这些增值服务，财富管理机构就此出现。

中国的财富管理机构主要是商业银行理财（或称财富管理）业务部门、私人银行、第三方理财机构。商业银行理财业务部门和私人银行出现较早，2011年之后，第三方理财机构开始大规模出现。很多基金公司成立了专职从事资管产品开发与销售的子公司，这是传统资产管理机构在产业价值链上向财富管理业务的拓展。各家信托公司相继组建的财富管理中心（或功能相似的部门）也已经或将具备财富管理的功能。

## ‖更好地服务客户的财富管理职能‖

在传统资产管理机构拓展财富管理功能的同时，传统财富管理机构也在构建资产管理业务能力。组建资产管理业务板块本质上是出于更好地服务客户的财富管理职能。一方面，随着财富管理机构的爆发式增加，财富管理机构在产品分销竞争中的同质化现象愈加严重，由于并非资产管理人，因此市场竞争往往变成收益率的攀比，而非产品的风险收益匹配。

另一方面，高端客户的需求愈加个性化，这与产品供应商提供的金融产品愈来愈标准化产生了矛盾，高端财富管理机构需要针对客户的个性化需求提供资产管理产品。这促使了传统高端财富管理机构组建资产管理业务板块。此外，资产管理和财富管理业务的结合产生了协同效应，这也促使高端财富管理机构希望为客户提供一站式服务。

资产管理能力对高端财富管理业务有很大帮助。但是欧美的经验表明，资产管理能力的构建不应采取激进的外生性扩张，而应通过集团内部逐渐构建为佳。依靠收购已有资产管理机构来构建资产管理能力面临几个问题：首先，被收购公司的资管能力可能不足；其次，财富管理机构运营资产管理的能力不够；最后，被收购的资产管理机构的企业文化与财富管理机构不同而导致整合障碍。

## 构建“外部采购 + 自主研发”的产品体系

国内业界经常会畅谈真正的理财应该是为客户提供投资建议，以收取咨询费和交易佣金作为主要盈利模式。**但从国外经验来看，以产品销售为核心的咨询模式是大势所趋和务实之举。**对于高端财富管理机构而言，从经验数据观察，以产品销售为核心的咨询模式下，高端财富管理机构的客户价值链更长。高端财富管理机构未来的产品体系将是外部采购与自主研发并行。不管是外部采购还是自主研发，并不取决于产品是标准化还是个性化，而是取决于客户的需求以及自身是否具有相关产品研发生产能力。

2012 年以前，高端财富管理机构多以外部采购产品（代销信托产品、股权投资基金、证券私募基金等）为主要的产品模式。2013 年之后，由于理财市场竞争加剧、金融创新（包括互联网金融）加快、客户需求日趋个性化与多样化，为了弥补外部采购产品在以上各方面的不足，越来越多的高端财富管理机构在继续从外部采购产品的同时，开始自主研发产品。

**在资产管理业务方面，自主产品的研发和管理能力是核心。**从资产配置的角度看，并非简单多样化就可以为客户创造价值。容易被忽视的一点是，多样化也并非一定能为理财机构创造较高的利润，因为产品范围的不当扩大可能会增加高端财富管理机构中后台的压力，产品管理能力往往成为瓶颈。因此，产品管理能力必须与产品开发能力相匹配。

**从对业绩的影响来看，自主研发产品优于从外部采购产品。**从外部采购产品时，高端财富管理机构的盈利模式是向产品供应商收取销售佣金。因为佣金的收取多为一次性收入，因此其业绩好坏取决于产品销售能力，波动性相对较大，且在经济上行期业绩显著增长，在经济下行期业绩可能萎缩。自主研发产品时，因为是向客户收取资产管理费，所以收入具有持续性，波动相对较小，对经济表现的敏感度不高，此时高端财富管理机构的业绩表现更多取决于资产管理能力。

**向专业化产品提供商转型需要内部架构的配合。**以某著名投行的私人财富管理部门设置为例，投资策略小组（资产配置组）帮助客户确定最优资产配置并设计财富管理目标，寻找最佳投资途径实现这一目标；特别投资小组向私人客户推荐该投行推出的另类投资产品，包括 PE 基金、对冲基金、房地产基金等；金融市场组与投资顾问一起向客户提供全球各类金融产品的信息和交易服务；全球结构产品组设计并推广跨资产类别的衍生产品，同时提供咨询和清算服务；固定收益销售交易组提供固定收益和货币产品的投资建议和交易清算；高管覆盖组提供个人财富管理和资产分散建议和帮助构建投资组合，提供风险管理分析；家族投资组为家族资产提供全面而具有个性化的财产管理建议。

寻找新的业务支点，如与金融机构合作推出新的产品，或是自己设立研究机构设计新的金融产品，将成为财富管理机构下一步的重点任务。

## 传统产品发展趋势

2013 年全年 252 只基金完成募集，募集金额约 446 亿美元，规模同比回落 35%，数量上回落 40%（见图 11—2）。2013 年前三个季度，数量同比的降速明显高于规模同比的降速，这种差别性回落表明，当年度完成募集的基金的一个特点是单只募集金额上升。一个可能的解释是，更高比例的产业战略基金与外资基金完成募集。进入 2013 年第 4 季度，这种差别性回落明显减弱，最终全年数量与规模的降速差明显收窄，反映出整个投资者群体的信心有所回升。

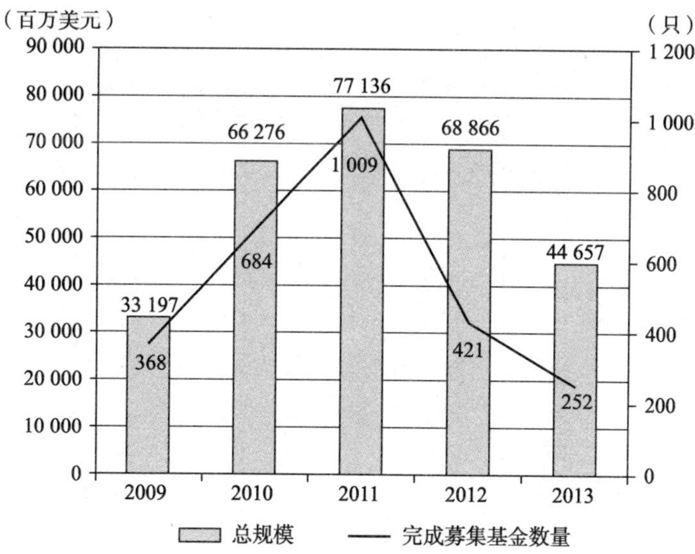


**图 11—2　2008—2013 年中国企业全球资本市场 IPO、并购渠道退出项目规模、回报率比较**

私募股权投资是高端财富管理领域的重要产品。IPO 的重启为这类产品带来了更多希望。过去 4 年，90% 以上的项目通过 IPO 与并购（M&A）渠道完成资本退出。2012 年末与 2013 全年，IPO 渠道受阻使得机构加大寻求产业链纵横双向的机会，并购渠道自 2012 年保持上升势头，达到了创纪录的 283 次，首次在案例数量上超过了 IPO 渠道。

但目前来看，并购渠道只是 IPO 渠道的备选。进入 2014 年后的前两个月，A 股 IPO 重启，并购渠道明显式微，随着 2 月新股发行制度施行不及预期再度关停 A 股 IPO，3 月 IPO 渠道实现资本退出的项目数目占比较 1 月、2 月下滑 6% 至 68%，机构对并购渠道的依赖度再次回升。进入 4 月，情况再度有所变化，并购渠道贡献度增速放缓，中企海外 IPO 显著改善了机构的退出表现，两个渠道比重回到近乎相等，预计 2014 年 IPO 渠道与并购渠道贡献占比将介于 2011—2012 年的水平之间（见图 11—3）。

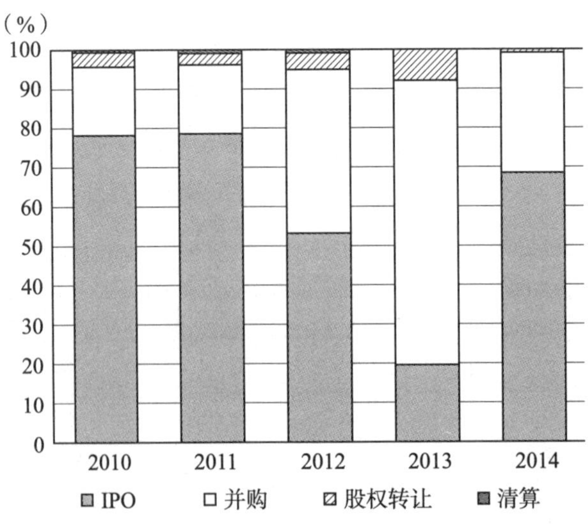


**图 11—3　2013 年中国企业全球资本市场主要渠道退出项目数量比较**

**总体而言，2014 年 IPO 渠道会成为众机构最为倚重的退出方式。**首先，

IPO之前提出的新股发行时间表—— 一两年内完成积压项目IPO依然有效，因此IPO短期可能重新开闸，不过原先的时间表将面临更大压力，市场也势必对期望高估值的IPO企业提出更加严苛的要求。其次，机构对回报率差异较高的敏感度，尤其在历经一年有余的IPO关停，存续基金面临的兑付压力十分严峻。过去4年，尽管通过IPO渠道实现退出的项目在数量上仅占据64.7%份额，但规模贡献率为73.3%，这一差异最近两年保持扩大，2013年已经高达40%。最后，国内私募股权机构在推动同产业上下游或跨产业整合能力整体而言依然孱弱。

不过长期来看，并购渠道的重要性同样不可低估。关键一点是，股权投资高风险的特质决定仅有少量项目可以通过回报率较高的IPO渠道完成资本退出，并购渠道更短的平均退出周期与便捷流程是资本退出刚需的重要保障。

作为高级财富管埋另一个重要组成部分的依托产品，自2006年以来，发展迅猛。但从2013年开始，信托资产规模增长却出现了放缓的迹象，2013年第3季度和第4季度的同比增速连续大幅度下滑。

**信托资产规模增长放缓的主要原因是受到了新崛起的融资类资管业务的冲击**。过去融资类信托业务享有两大制度红利。一是利率“双轨制”，银行信贷利率和其他社会融资利率存在较大落差，这是融资类信托产品可以给予客户较高收益率同时自身有较大盈利的根源；二是信托公司享有私募债务性融资业务的唯一合法地位，这保证了融资类信托业务从2006年以来持续不断增长。但2013年伴随金融业开放创新改革，以券商和基金公司为代表的传统金融机构获得了发展私募融资性业务的资格，券商资管、基金子公司等形态快速发展，抢占了大量融资类信托业务。

从中短期来看，虽然中国经济增速步入了下行通道，但客观上来说，即使7%～7.5%的增速也依然是较快的。利率市场化虽然看似只剩存款利率市场化一个堡垒，但却可能依然遥远；而货币信用环境是真正开始变化的一个因素。2013 年下半年开始，随着投资拉动效率的持续下降及货币增长过快积累的后遗症，决策层已经开始有意识地控制货币信用增速。

**对于当下的信托业来说，货币信用环境变化的一个具体体现就是资金来源的变化。**自从银信合作受到限制后，银行体系资金购买单一信托或单一信托受益权的规模增加（具体规模无法准确统计），这些计入单一信托资产规模。由于影子银行监管逐步升级，特别是 2013 年 5 月底以来银行体系流动性相对趋紧，这部分单一信托需求受到一定抑制。长远来看，随着商业银行资管计划额度的增加，配合债权直接融资工具，单一信托作为银行理财通道的价值将消失殆尽。这种趋势已经显示在官方数据的变化中。

2014 年稳增长背景下，包括信托产品在内的社会融资需求将依然较大，房地产整体到期兑付压力较小、新增融资需求较大，非标产品存在较多机会，收益率中枢值有望进一步上升。

展望未来，信托资产保持过去 60% ~ 70% 的同比增速在未来将很难实现，但仍将继续保持增长，资管业务在短期内很难赶超。这主要利益于信托公司多年来积累的业务经验和人才储备。而且，国内经济的快速增长以及旺盛的社会融资需求，私募性质的融资性业务市场十分宽广，可以容纳包括信托、券商资管、基金子公司等在内的诸多机构。

## 风险控制应从点到面

当高端财富管理机构管理的客户资产规模越来越大后，市场对其风险管理能力提出了更高的要求。在继续对产品进行风险管控的同时，也需要对客户资产风险和交易对手风险进行管理。

**客户资产风险主要指客户资产组合里的集中度风险，即过多配置某一类（既指类别也指领域）资产可能引发的风险。这种风险可能是资产的真实损失，**

**也可能是产生的担忧。**后者往往更常见，比如作为国内居民重要资产类别的房地产。因为国内可供投资的渠道过于单一，房地产在投资者资产配置中的占比向来较大，再加上中国人的传统（土地）房产情节，因而房地产市场的风吹草动很容易引起投资者的恐慌情绪。2003年以来，虽然间或有房地产调控政策，但房地产行业一直搭乘中国经济的顺风车高速前行。随着中国潜在经济增速进入长期下行趋势，人口红利递减，新一届政府对调结构、促改革的坚定决心和动作，房地产行业发展增速放缓。伴随市场上一些“房地产崩溃论”的盛行，投资者的资产虽未受损，但心理上承受了较大压力。

**交易对手风险指的是与单个交易对手合作规模过大带来的风险。解决方法是对交易对手进行风险评估，评级是其中的重要环节。**2013—2014年，随着经济潜在增速的下行及信用环境的收缩，信用风险开始释放，金融产品兑付风险事件频发。金融产品尤其是非标产品的风险引起了投资者的重视。领先的高端财富管理机构已经构建并持续完善自身的风险评估体系，对交易对手、基础资产（项目）和产品的信用风险进行评估。

对于非标类产品，2013年3月，中国银监会发布了《关于规范商业银行理财业务投资运作有关问题的通知》，首次提出“非标准化债权资产”（以下简称“非标”）这个概念：“非标准化债权资产是指未在银行间市场及证券交易所市场交易的债权性资产，包括但不限于信贷资产、信托贷款、委托债权、承兑汇票、信用证、应收账款、各类受（收）益权、带回购条款的股权性融资等。”

“非标”这个概念可简单地理解为除债券之外的所有债务性融资工具（产品），它涵盖了以往市场上所称的私募性质的融资业务。私募性质的融资业务最初以信托融资为主，后来出现了以券商资管、基金子公司等为发行平台的资管融资产品。

经济意义上的信用是指以信任为基础，以按期偿还为条件的交易关系和价值转移方式，包括银行信用、商业信用和消费信用等。基于此，信用风险是指可能导致不能按期偿还本金及利息（收益）的不确定因素。

**对于非标产品来说，信用风险包括交易对手的违约风险、基础资产（项目）的收入风险，及产品交易结构风险。其中，交易对手最为关键。**以房地产非标产品为例，首先是房地产企业的违约风险，这取决于房地产企业的经营能力、偿债能力、盈利能力和成长能力等。对这些方面的评估既要基于财务报表上的客观数据，也要使用尽调访谈得到的主观信息。其次是房地产开发项目的收入风险，这取决于房地产开发项目所在城市的房地产供需状况、所在区域的竞争状况、项目定价的合理程度、项目去化预期等。对这些方面的评估既要立足具体城市区域进行深入研究，也要放眼全国考察城市间的差异。此外还要考虑产品交易结构，包括交易安排的合法合规合理性、增信措施的有效保障、现金流偿付的优先劣后安排等。

以市场瞩目的“11 超日债”为例，评级变化预示了之后的违约结果。2012 年 3 月该债券发行时的评级为 AA，仅仅 9 个月之后（2012 年 12 月）就降为 AA–，2013 年 4 月进一步降为 BBB+，2013 年 5 月更是降到 CCC 级（垃圾级）。换句话说，“11 超日债”的违约至少在 2013 年 5 月之后就成为可预见的结果。

但规模与债券市场不相上下的非标产品却鲜见类似的评级。非标产品最近几年发展很快，基础资产涉及实体经济中的几乎全部行业和领域，其中以基础设施、房地产为主。以信托产品为例，截至 2013 年底，信托资产的规模达 10.9 万亿元，融资类业务占比接近 50%（虽然资管融资产品尚无准确可靠的统计数据，但可以想见非标产品的总规模颇为巨大）。从融资主体性质可比的角度看，包括企业债、短融、中票、公司债在内的“标准化债权资产”截至 2013 年底的存量规模为 8.1 万亿元。

一般来说，信用风险的管理手段主要包括：风险定价、信用担保 / 保险、缩减授信额度、借款人多元化等。对于单个非标产品来说，风险定价是最为有效的方法。风险定价，顾名思义是基于风险的定价，而定价的前提正是评级。

传统融资业务，如银行信贷、债券等，均有内部或第三方评级。其必要性在于，评级的高低直接反映了企业违约风险的高低。评级报告是银行或投资人了解当期信贷或债券的投融资风险的直观途径。而且，评级结果对银行信贷利率和债券发行定价有着重要影响。

**总之，真正的财富管理不能仅限于某一领域。**根据国外经验，国内高端财富管理机构也将逐步从单一的产品推销发展到客户理财规划服务层面，在服务方面进一步深耕细作，差异化也将进一步加大。而单纯以代销为主的第三方理财机构必定在未来两年遭受重创，淘汰是必然趋势。目前，已有不少财富管理机构谋求转型，拓展自身业务，提高资产管理能力，并向自主研发产品进军。

## 财富管理机构下一步的重点

在金融变革的背景下，高端财富管理机构无论是产品还是机构自身都面临着新的挑战。财富管理机构应为客户提供更加全方位的服务，而不止资金的保值增值，全方位满足高端客户旅游、运动、体检、保险、教育、融资、家族财富管理传承等需求。同时，构建资产管理业务，从专注于客户这一端向同时关注资产和客户两端演变。此外，构建外部采购与自主研发并行的产品体系，也将成为财富管理机构下一步的重点任务。当高端财富管理机构管理的客户资产规模越来越大后，在继续对产品进行风险管控的同时，也需要对客户资产风险和交易对手风险进行管理，以达到市场对其风险管理能力提出的更高要求。

# 后 记

当又一年的年度资产管理报告定稿之时，掩卷算来，这已是我们的研究团队连续第9年对中国资产管理市场进行持续的跟踪观察研究了。在2010年报告的后记中我曾提到，一个平常的摄影师，用一个平常的手法，在一个平常的景点拍了一张平常的照片，这本身就是一件平常的事情。但是，如果这个摄影爱好者可以坚持在同一个地点，用同样的手法坚持拍摄10年、20年，把这一系列照片归集在一起，那将会是一个伟大的作品。

正是基于这个认识，我们立志要做“蓬勃发展的中国资产管理行业的持续跟踪的专业观察者”，将年度报告这项有价值的研究持续地坚持下去，希望借助时间和积累的力量，将我们一年年的耕耘，转化为整个资产管理行业发展以及中国金融结构转型的现实动力。

如今，我们对这项研究的坚持已近10年。起步之初感觉似乎遥远的路途已被我们默默地踏过。尽管我们的研究离“伟大”尚有不小的距离，但是坚持的价值已初步可以得到体现：这9年的报告已经构成一副连续的画卷，尝试完整地描述中国资产管理行业规模由小变大、投资品种由少变多、行业结构由较单一变复杂、整个行业从横向至纵深全面快速发展的进化过程。

当我们持续观察资产管理行业至第9年时，我们有何新的发现何思考？在此前，我们经历过了中国资产管理行业由单一的公募基金行业一枝独秀，到信托、银行资产管理、券商资管、基金乃至保险资产管理等各个子行业各领风骚；在2012年和2013年的报告里，我们也观察到了各个资产管理行业边界正趋于模糊，大资管时代正在来临。而今年，我们看到的是在走向经济金融新常态的内外部环境共同作用下，资产管理行业即将迎来另一次新旧格局的交替，而这次新旧格局的交替对于行业发展的影响较此前数次可能要更为深远。

如今的资产管理行业旧版图大格局开始形成于 2010 年前后，地方政府平台、地产为主的快速增长的融资需求与传统的融资渠道供给有限的矛盾，极大地激发了以银行理财产品和信托产品为代表的影子银行体系的快速发展。在刚性兑付和银行信用背书等因素的保驾护航下，信托产品和银行理财产品在权益类二级市场行情不佳的几年里所具备的优势，难以被其他资产管理类产品匹敌，在市场份额上远远超过了券商、公募基金等传统的资产管理类机构所管理的非类信托类产品规模。而到了 2014 年，旧的格局渐渐难以持续：中国经济“新常态”影响下，中国资产管理行业资产端和资金端旧模式均受到冲击，叠加监管层框架逐渐统一过程中带来的不同类型的资产管理产品优劣势重构，资产管理行业版图上的旧格局也将发生巨大改变。

其一，受地方债务清理、部分行业产能过剩及地产市场调控等因素影响，资产管理行业资产端所受挤压明显。一方面，近年来经济转型取代纯粹的经济数字增长逐渐成为中国经济发展过程中的主旋律，旧的经济发展模式逐渐不可持续，产业升级过程尚在探索之中；另一方面，降低全社会尤其是各级地方政府的融资成本是 2014 年全年的政策基调之一，对地方债务的清理、剥离融资平台的政府融资功能和大力推进地方债，也使得具有潜在政府信用担保的高息资产将逐渐退出历史舞台。基于此，资产管理行业的下一波发展亟需一个更为合理的、有益于经济转型升级的投融资模式与之相配合。我们可以看出，在这个过程中，蕴含着巨大的一、二级产业投资机会；同时在新型城镇化推进的过程中，创新政府融资模式，推广资产证券化、PPP 等新模式的过程将会促进资产管理行业新格局的形成。

其二，受社会总体信用风险上行、刚性兑付被打破的预期日益增强等因素影响，2014 年里资产管理行业资金端避险情绪明显上升，叠加监管层对于影子银行体系加强监管和风险控制，并有意破除银行信用背书和刚性兑付等现象，此前占据中国资产管理行业大半规模的银行理财及类信托等产品原有的相较于其他资产管理产品一些较为明显的优势将会逐步丧失，业务模式面临重大调整。在此过程中，一方面此前过度依赖单一类信托业务模式的机构将逐步陷入困境之中；另一方面，不少银行资产管理部门和类信托资产管理机构积极开展创新，以求在行业重构的过程中突出重围，以求在新的版图形成之时求得先机。

从中国资产管理行业发展的整体结构来看，至 2014 年中国资产管理行业中银行资产管理、信托、券商资管、基金等子行业在不同经济周期和经济环境下，通过享受了一定的牌照红利均已基本经历了一轮起落。此前数年的资产管理行业发展史，某种程度上可以被看作是资产管理各个子行业通过开展不同的业务模式,在不同时期的经济社会环境下力量此消彼长的过程。但是自今年起，资产管理行业之间的壁垒逐渐被消除，综合化经营趋势依旧在持续，监管层对于不同类型机构监管要求逐渐开始走向统一。可以预见的是，此后资产管理行业中依靠牌照所带来的业务模式优势靠天吃饭的情形将逐渐减少；决定资产管理行业内企业胜负的将更多的是战略、定位、创新、公司治理制度等因素，在今后的现实案例和报告中，我们可以看到资产管理行业里更多个性化的活力。

基于对以上现象的观察发现，我们开始对今年的资产管理行业进行梳理，最终形成了全书的总体框架和布局。本年度报告是由我和刘少杰、杨倞负责整体的协调组织以及全书的统稿、修订、讨论、出版等事宜，最后由我对全书进行全面修订统稿。各章起草人员包括：巴曙松、刘少杰起草第 1 章；巴曙松、周冠南、马文霄起草第 2 章；郑子龙起草第 3 章；郭红涛起草第 4 章；郑伟一、郭红涛起草第 5 章，刘茜然亦参与本章修订；高扬、吴乔乔起草第 6 章；杨倞起草第 7 章；罗靖、高志杰、陈进起草第 8 章；王猛、曾晓洁、吕小九、胡一帆起草第 9 章，符星华、姬利起草第 10 章；李要深起草第 11 章。除了章节作者之外，刘蕾蕾、张悦、张喆、刘茜然对本书第 8 章至第 11 章的修订工作亦有所贡献。

我们十分感谢湛庐文化的编辑团队为本书的出版所付出的持续的专业努力以及诺亚财富、清科集团、百瑞信托、源乐晟资产管理公司和许多金融界朋友的帮助和支持。有了他们的鼓励和支持，我们的研究也有了继续前行的动力。

对于已经坚持了 9 年的研究来说，每一年的资产管理行业发展报告亦凝聚了我们团队对于行业发展的观察和思考，希望报告能够对资产管理行业的从业者和对行业发展有着浓厚兴趣的读者带来有益帮助。然而，资产管理行业正处于一个迅速变化的时代，报告的缺陷和不足在所难免，欢迎各位读者指正，以便我们在明年的研究中不断改进和提高。

巴曙松<br>于哥伦比亚大学<br>2014 年 11 月 2 日

# 湛庐，与思想有关……

## 如何阅读商业图书

商业图书与其他类型的图书，由于阅读目的和方式的不同，因此有其特定的阅读原则和阅读方法，先从一本书开始尝试，再熟练应用。

**阅读原则1 二八原则**

对商业图书来说，80%的精华价值可能仅占20%的页码。要根据自己的阅读能力，进行阅读时间的分配。

**阅读原则2 集中优势精力原则**

在一个特定的时间段内，集中突破20%的精华内容。也可以在一个时间段内，集中攻克一个主题的阅读。

**阅读原则3 递进原则**

高效率的阅读并不一定要按照页码顺序展开，可以挑选自己感兴趣的部分阅读，再从兴趣点扩展到其他部分。阅读商业图书切忌贪多，从一个小主题开始，先培养自己的阅读能力，了解文字风格、观点阐述以及案例描述的方法，目的在于对方法的掌握，这才是最重要的。

**阅读原则4 好为人师原则**

在朋友圈中主导、控制话题，引导话题向自己设计的方向去发展，可以让读书收获更加扎实、实用、有效。

## 阅读方法与阅读习惯的养成

（1）回想。阅读商业图书常常不会一口气读完，第二次拿起书时，至少用15分钟回想上次阅读的内容，不要翻看，实在想不起来再翻看。严格训练自己，一定要回想，坚持50次，会逐渐养成习惯。

（2）做笔记。不要试图让笔记具有很强的逻辑性和系统性，不需要有深刻的见解和思想，只要是文字，就是对大脑的锻炼。在空白处多写多画，随笔、符号、涂色、书签、便签、折页，甚至拆书都可以。

（3）读后感和PPT。坚持写读后感可以大幅度提高阅读能力，做PPT可以提高逻辑分析能力。从写读后感开始，写上5篇以后，再尝试做PPT。连续做上5个PPT，再重复写三次读后感。如此坚持，阅读能力将会大幅度提高。

（4）思想的超越。要养成上述阅读习惯，通常需要6个月的严格训练，至少完成4本书的阅读。你会慢慢发现，自己的思想开始跳脱出来，开始有了超越作者的感觉。比拟作者、超越作者、试图凌驾于作者之上思考问题，是阅读能力提高的必然结果。

好的方法其实很简单，难就难在执行。需要毅力、执著、长期的坚持，从而养成习惯。用心学习，就会得到心的改变、思想的改变。阅读，与思想有关。

[ 特别感谢：营销及销售行为专家 孙路弘 智慧支持！ ]

## 我们出版的所有图书，封底和前勒口都有“湛庐文化”的标志

**并归于两个品牌**

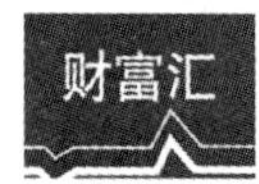

## 找“小红帽”

为了便于读者在浩如烟海的书架陈列中清楚地找到湛庐，我们在每本图书的封面左上角，以及书脊上部 47mm 处，以红色作为标记——称之为**“小红帽”**。同时，封面左上角标记**“湛庐文化 Slogan”**，书脊上标记**“湛庐文化 Logo”**，且下方标注图书所属品牌。

湛庐文化主力打造两个品牌：**财富汇**，致力于为商界人士提供国内外优秀的经济管理类图书；**心视界**，旨在通过心理学大师、心灵导师的专业指导为读者提供改善生活和心境的通路。

## 阅读的最大成本

读者在选购图书的时候，往往把成本支出的焦点放在书价上，其实不然。

**时间才是读者付出的最大阅读成本。**

阅读的时间成本=选择花费的时间+阅读花费的时间+误读浪费的时间

湛庐希望成为一个“与思想有关”的组织，成为中国与世界思想交汇的聚集地。通过我们的工作和努力，潜移默化地改变中国人、商业组织的思维方式，与世界先进的理念接轨，帮助国内的企业和经理人，融入世界，这是我们的使命和价值。

我们知道，这项工作就像跑马拉松，是极其漫长和艰苦的。但是我们有决心和毅力去不断推动，在朝着我们目标前进的道路上，所有人都是同行者和推动者。希望更多的专家、学者、读者一起来加入我们的队伍，在当下改变未来。

# 湛庐文化2008-2013年获奖书目

**《大数据时代》**
国家图书馆“第九届文津奖”十本获奖图书之一
CCTV“2013中国好书”25本获奖图书之一
《光明日报》2013年度《光明书榜》入选图书
《第一财经日报》2013年第一财经金融价值榜“推荐财经图书奖”
2013年度和讯华文财经图书大奖
2013亚马逊年度图书排行榜经济管理类图书榜首
《中国企业家》年度好书经管类TOP10
《创业家》“5年来最值得创业者读的10本书”
《商学院》“2013经理人阅读趣味年报·科技和社会发展趋势类最受关注图书”
《中国新闻出版报》2013年度好书20本之一
2013百道网·中国好书榜·财经类TOP100榜首
2013蓝狮子·腾讯文学十大最佳商业图书和最受欢迎的数字阅读出版物
2013京东经管图书年度畅销榜上榜图书，综合排名第一，经济类榜榜首

**《爱哭鬼小隼》**
国家图书馆“第九届文津奖”十本获奖图书之一
《新京报》“2013年度童书”
《中国教育报》“2013年度教师推荐的10大童书”
新阅读研究所“2013年度最佳童书”

**《牛奶可乐经济学》**
国家图书馆“第四届文津奖”十本获奖图书之一
搜狐、《第一财经日报》2008年十本最佳商业图书

**《影响力》（经典版）**
《商学院》“2013经理人阅读趣味年报·心理学和行为科学类最受关注图书”
2013亚马逊年度图书分类榜心理励志图书第八名
《财富》鼎力推荐的75本商业必读书之一

**《影响力》（教材版）**
《创业家》“5年来最值得创业者读的10本书”

**《大而不倒》**
《金融时报》·高盛2010年度最佳商业图书入选作品
美国《外交政策》杂志评选的全球思想家正在阅读的20本书之一
蓝狮子·新浪2010年度十大最佳商业图书，《智囊悦读》2010年度十大最具价值经管图书

**《第一大亨》**
普利策传记奖，美国国家图书奖
2013中国好书榜·财经类TOP100

**《卡普新生儿安抚法》（最快乐的宝宝1·0~1岁）**
2013新浪“养育有道”年度论坛养育类图书推荐奖

**《正能量》**
《新智囊》2012年经管类十大图书，京东2012好书榜年度新书

**《认知盈余》**
《商学院》“2013经理人阅读趣味年报·科技和社会发展趋势类最受关注图书”
2011年度和讯华文财经图书大奖

**《神话的力量》**
《心理月刊》2011年度最佳图书奖

**《真实的幸福》**
《职场》2010年度最具阅读价值的10本职场书籍

# 延伸阅读

## 《2013 年中国资产管理行业发展报告》

◎ 中国资产管理行业的年度晴雨表。

◎ 立足于整个中国资产管理行业的宏观视角，采用把产业发展理论分析和金融机构实务经验有机结合的研究分析框架，整体理解资产管理产业链的价值和竞争力重构。

◎ 对市场化格局重构的中国资产管理行业而言具有重要的借鉴作用，为正处在“转型困惑期”的资产管理机构寻找转型突破口提供了参考。

## 《当音乐停止之后》

◎ 美国著名经济学家、美联储前副主席、普林斯顿大学经济学教授艾伦·布林德最新力作，一部真实描述美国金融危机历史及其教训的大师级著作。

◎ 国务院发展研究中心金融研究所副所长，中国银行业协会首席经济学家巴曙松领衔翻译。

◎《纽约时报》2013 年度十大好书，《金融时报》·高盛年度图书入选作品。

## 《资本之王》

◎ 全球私募之王黑石集团成长史。

◎ 唯一一部透视黑石集团运作内幕的权威巨著。

◎ 首度展现黑石创始人史蒂夫·施瓦茨曼叱咤风云的私募传奇。

## 《证券分析》（原书第 6 版，套装上下册）

◎“现代证券分析之父”、“华尔街教父”、价值投资理论奠基人格雷厄姆经典力作。

◎ 巴菲特唯一亲笔作序推荐图书，耶鲁首席投资官大卫·斯文森，摩根大通主席兼 CEO 杰米·戴蒙，捐献基金领袖杰克·迈耶等数十位华尔街大鳄联袂推荐。

◎ 巴曙松带领专业人士翻译团队，历时一年半潜心打造的最专业、最权威的中文译本。